U0113729

历史可以更好看

唐史并不如烟

贞观长歌

曲昌春 著

第二部
修订版

中国文史出版社
CHINA CULTURAL AND HISTORICAL PRESS

图书在版编目（CIP）数据

唐史并不如烟．第 2 部，贞观长歌 ／ 曲昌春著．――
修订本．－－北京：中国文史出版社，2015（2022.8 重印）
ISBN 978－7－5034－6217－7

Ⅰ．①唐… Ⅱ．①曲… Ⅲ．①中国历史－唐代－通俗
读物 Ⅳ．① K242.09

中国版本图书馆 CIP 数据核字（2022）第 132652 号

责任编辑：梁玉梅

出版发行：中国文史出版社

社　　址：北京市海淀区西八里庄路 69 号院　　邮编：100142

电　　话：010－81136606　81136602　81136603（发行部）

传　　真：010－81136655

印　　装：北京新华印刷有限公司

经　　销：全国新华书店

开　　本：16 开

印　　张：20.25

字　　数：330 千字

版　　次：2015 年 7 月北京第 1 版

印　　次：2022 年 8 月第 3 次印刷

定　　价：56.00 元

目　录

第一章 死灰复燃

阴差阳错的领袖

大火过后，一切归于平静。然而在平静的表面下，或许还有暗火在积蓄着重新燃烧的力量，所以大火过后的暗火灾难甚于明火。

窦建德覆灭，河北之地被纳入唐朝政府版图，然而在归顺的背后，一股暗火正在蠢蠢欲动。

这股暗火来自哪里呢？来自窦建德的旧部！

当过兵的人都知道，从军营猛地回归社会，总是有一段时间不适应。在这段时间里，很多人无所适从，和平年代尚且如此，战乱年代更甚。现在窦建德的旧部也遭遇了这段不适应的时期。这些人跟随窦建德过惯了呼风唤雨、为所欲为的生活，回归民间他们已经不习惯正常人的生活。相比平淡的生活，他们更喜欢剑走偏锋、刀口舔血的生活，毕竟那样的活法更有劲！

让拿惯锄头的人拿刀是强人所难，让拿惯刀的人拿锄头同样是强人所难，而现在窦建德的旧部就遭遇了这种"强人所难"。

怎么办？真的要拿着锄头种菜？不！只有偷和抢，才是他们熟悉的生活，也是他们的本行。

然而偷和抢与大唐的法律相抵触，毕竟河北不是法外之地。如此一来，两者就发生了不可调和的矛盾！

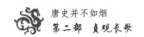

一方面窦建德的旧部为了生活要偷和抢，一方面唐朝地方官员为了维持治安要严打，两者一碰撞就有意外发生，这个意外就是人心惶惶，不可终日。

劣迹斑斑的窦建德旧部高雅贤、王小胡这些人，很不幸就在地方政府的严打范围中。为了躲避这次严打，高雅贤等人不辞辛苦，本着能跑多远就跑多远的原则，从洺州逃亡到了贝州。然而跑了和尚也跑不了庙，唐朝皇帝李渊始终惦记着他们。

当逃到贝州的高雅贤等人还在庆幸躲过严打时，李渊的诏书到了，征召高雅贤、范愿、董康买这些人到长安去。这纸诏书让高雅贤等人更加坐立不安。

按照诏书的表面意思理解，李渊此举是要重用他们，然而从单雄信等人的结局来看，诏书的背后很可能是一个巨大的陷阱，是一个大大的坑！那么这纸诏书到底是邀请函还是屠宰令呢？高雅贤等人举棋不定，冥思苦想。

沉默半晌，同为窦建德旧部的范愿站了起来，沉痛地说道："王世充以洛阳降，其下骁将杨公卿、单雄信之徒皆被夷灭，我辈若至长安，必无保全之理。且夏王往日擒获淮安王李神通，全其性命，遣送还之。唐家今得夏王，即加杀害，我辈残命，若不起兵报仇，实亦耻见天下人物。"

一语惊醒梦中人！

投降是死，不投降也是死，李渊的诏令分明就是一道两头堵的死亡选择题，无论你选哪个，结果都是死。要想躲开这道题只有一个方法，那就是死磕，同窦建德时代一样，再举大旗！

新的问题随之产生，现在群龙无首，该由谁来当这个旗手呢？

高雅贤等人你看我，我看你，谁都想当，谁又都不想当，想当是因为旗手尊贵，不想当是因为责任重大，吃大肉的是旗手，挨大揍的也是旗手。

想来想去，没有别的办法，为了公平起见，避免暗箱操作，那就焚香占卜吧，听听神的指导意见。

一焚香，一占卜，神很快给出了自己的指导意见：刘姓将领当统帅，大吉大利！

刘姓？

高雅贤等人面面相觑，眼前这些人一扒拉，没有一个姓刘的。莫非这些人没有一个适合当领袖？那么又到哪里找刘姓将领呢？

这时有人插了一嘴："刘雅不是姓刘吗？"

刘雅，窦建德部将之一，此时隐居漳南，杜门不出。

对，就是他，找刘雅去！

希望越大，失望越大，找到刘雅时，高雅贤等人的心比冬季的井水还要凉，为什么呢？因为眼前的刘雅太让他们失望了！以前的刘雅眼睛里充满了杀气，现在的刘雅眼睛里有的却是平静生活的淡定之气。

听完高雅贤的计划，刘雅淡淡地说："天下已平，乐在丘园为农夫耳。起兵之事，非所愿也。"

啊？闹了半天，刘雅的理想就是当一个农民，这不是鸡同鸭讲吗？算了，道不同不相为谋，走吧，找别人去！

就在大家要离开时，众人不约而同地定住身子，转回头死死地看着刘雅："不行，这个人已经知道了我们的计划，谁能保证他不告密呢？"

众人相互一对眼，几分钟后，刘雅从地球上消失了。

这个世界上，只有死人告不了密！

打死了刘雅，众人又陷入迷茫之中，到哪里再找一个姓刘的呢？

众人迷惑不解时，一人猛拍一下自己的大腿："闹了半天，怎么把他给忘了呢！"

谁啊？刘黑闼啊！

此时的刘黑闼也隐居在漳南，杜门不出。

如果说刘雅的"杜门不出"是真的，那么刘黑闼的"杜门不出"就是装的，比诸葛亮隐居隆中还要装。

"杜门不出"只是作给政府看的秀，而他一直在等待出门的机会。这一次，他终于等到了机会，高雅贤等人奉神的"指示"找到了他。

高雅贤找到刘黑闼时，刘黑闼正在自己的田里种菜。由于高雅贤的到来，刘黑闼停下了自己的种菜工作，就在菜地的空隙中，听高雅贤和盘托出了起事大计。

高雅贤刚说完，刘黑闼兴奋地跳了起来，他等待这一天已经很久了，不是为了证明他有多么了不起，而是要拿回属于他的东西。刘黑闼沉浸在当统帅的喜悦中，并没有意识到，机遇与风险永远如影随形。等他明白过来后，一切都晚了。

两年后，兵败的刘黑闼一声叹息。

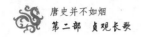
决定起事的刘黑闼立刻放弃了种菜，同时把家里的耕牛改良了品种，从耕牛变成了肉牛，再把肉牛变成了牛肉，此举等于堵死了自己的后路——耕牛没有了，将来即使想当农民也不可能了。

短短一顿饭的工夫，刘黑闼已经聚集了一百多人，这些人就是刘黑闼东山再起的全部家当！

尽管寒酸，但聊胜于无，火柴虽小，但足以燃起熊熊大火，现在刘黑闼就成了那根肇事的火柴。

帮忙的老天爷

公元 621 年七月十九日，刘黑闼率领所部一百余人袭击漳南县，占领县城，此时距离窦建德被公开斩首，仅仅过去八天！

一个月后，刘黑闼攻陷山东夏津县，唐朝政府魏州刺史权威、贝州刺史戴元祥迎战，乱军之中全部阵亡。自此窦建德的旧部口口相传，相约归附，刘黑闼所部从一百余人增加到二千余人。一个月的时间，刘黑闼从连长"晋升"成两个团的团长。

兵多了，将广了，刘黑闼的底气也足了。在漳南，刘黑闼正式兴建高台，祭奠窦建德，向窦建德的在天之灵发出短信息："老大，我们又起义了！"发完短信息，刘黑闼自称大将军，正式举起反抗唐朝政府的大旗。

此时长安城的李渊也得到了刘黑闼起兵的消息，却没有把刘黑闼放在眼里。在他看来，刘黑闼只是条小泥鳅，能掀起多大风浪呢？

按照对付泥鳅的级别，李渊派出将军秦武通、定州总管李玄通率关中步兵骑兵混编部队三千人攻击刘黑闼，同时下令幽州总管李艺（罗艺，《隋唐演义》中罗成的父亲）率领所部与中央军会合，联合攻击刘黑闼。另外参与攻击刘黑闼的还有山东道行台右仆射、淮安王李神通，三管齐下，务必拍死刘黑闼这条泥鳅。

不久，淮安王李神通整合关中步兵骑兵部队与李艺的部队会合，同时征调邢州、洺州、相州、魏州等州军队，各方军队集结，总人数达到了五万人，此时刘黑闼的部队有多少呢？仅仅两千人！

敌我军力之比为 25∶1，二十五个唐兵打一个刘黑闼兵，是不是有点太欺负人呢？刘黑闼这条泥鳅还顶得住吗？

淮安王李神通率领五万大军在饶阳城南与刘黑闼会战，唐军列阵长达十余里，声势浩大，刘黑闼呢？带领手下寒酸的士兵，背靠饶河堤岸列阵。

准确地说，刘黑闼的阵不能叫作阵，相比于正规的战场列阵而言，他的阵什么都不是。战场上列阵一般都讲究层次感，这样进攻有气势，防守有厚度，而刘黑闼的阵呢？沿着饶河堤岸只有一个单行！

真是见过寒酸的，没见过这么寒酸的！用蜡笔小新的话说，穷成这样还好意思出来打仗啊！

这样的阵势进攻没有气势，防守也没有厚度，指望这样的阵取胜，就只能寄希望于老天有眼了。

那一天，老天真的开眼了！

说时迟，那时快，李神通率领五万大军铺天盖地地向刘黑闼的寒酸小阵压了过去，此时正赶上变天，狂风暴雪交加，李神通的五万大军正好顺风！五万大军加上顺风，刘黑闼拿什么来抵抗呢？难道真要靠老天爷？

没错，就是老天爷！

正当李神通的五万大军铺天盖地向刘黑闼进攻时，风向突变，瞬间做了一百八十度的大拐弯，顺风变成了逆风！

五万唐军本来还是气势汹汹，现在连眼睛都睁不开，别说打仗了，能找着方向的就是天才。借着老天爷的帮忙，刘黑闼率所部两千余人向李神通的大军发起冲击，两千人的小阵借着风势发动起来也很拉风，生生把五万人冲得七零八落，满地找牙。战争就是这样奇怪，一旦形势逆转，两千也能干掉五万。

战后一盘点，李神通马匹、军用物资损失殆尽，五万士兵阵亡加逃亡损失三分之二，只剩下一万六千人！

这边李神通惨败，那边李艺却暂时获得小胜，按照部署，李神通率主力攻击刘黑闼，李艺则率军攻击高雅贤部，一通乱打，没有老天爷帮忙的高雅贤一路败逃，而李艺则一路追击。

然而李艺的得意并没有维持多久，李神通惨败的消息很快传到了李艺的军中，这下李艺陷入进退两难的境地。他知道得胜之后的刘黑闼一定会赶来增援高雅贤，到那时候挨打的将是他李艺而不是高雅贤。

进退两难的李艺率军驻扎进了嵩城，然而这也没有顶住刘黑闼的进攻，李艺抵挡不住只能接着跑，跑到最后，李艺跑掉了，手下两员猛将薛万均、薛万彻却没有跑掉，哥俩一起当了刘黑闼的俘虏。

要说刘黑闼也挺不厚道，俘虏了薛万均哥俩还不忘羞辱一番，不仅剪掉了哥俩的头发，还驱使哥俩做苦力当牛做马，看来刘黑闼折腾人也是有一套。好在薛万均哥俩也不含糊，趁刘黑闼没注意，又逃了出来，否则不累死也要憋屈死。

说起来，薛万均一家跟窦建德这一股势力还是很有缘分的，不过这些缘分都是仇！

薛万均和薛万彻的父亲是隋右翊卫将军薛世雄，薛世雄就是被窦建德憋屈死的。

大业十三年七月，隋遣右翊卫将军薛世雄率兵三万讨窦建德，至河间城南，营于七里井。窦建德闻薛世雄至，选精兵数千人伏于河间南界泽中，悉拔诸城伪遁。薛世雄以为建德畏己，遂不设防。窦建德侦察后得知实情，亲率敢死队一千人袭击薛世雄。当时云雾昼晦，两军不辨，隋军大溃，自相践踏，死者万余，薛世雄以数百骑而遁逃，余军悉陷，不久薛世雄郁郁而终。归纳而言，他并不是败给了窦建德，而是败给了那场能见度极低的大雾，不过他的悲剧归根结底还是因窦建德而起。

在薛世雄之后，儿子薛万均、薛万彻跟随李艺投降了李渊，没想到这一次哥俩又遭到了窦建德旧部刘黑闼的羞辱，看来老薛家和老窦家这梁子算结深了！

王　牌

自从借着风势打败李神通和李艺后，刘黑闼这股势力就无法阻挡了。刘黑闼再接再厉攻破了定州，生擒定州总管李玄通。本来刘黑闼还想拉李玄通入伙，没想到李玄通性格刚烈，趁人不备自刺身亡，想让老子投降，墙上挂门帘——没门！

在李玄通之后，又一个总管遭到了厄运，他就是黎州总管李世勣。

李世勣原本驻军宗城，没想到刘黑闼不请自来，一个招呼没打就率领数万大军逼近了宗城。李世勣也是个机灵人，迅速放弃了宗城，转而固守洺州。然而宗城放弃了，洺州也没有守住，已经财大气粗的刘黑闼趁势攻击兵力单薄的李世勣，这一仗李世勣所部五千人马全部被杀，他本人也仅仅逃出了一条命。

短短几个月的时间，李神通兵败，李玄通自杀，李世勣仅仅逃出一命，李艺勉强支撑，李渊派来平叛的兵力几乎损失殆尽，而小泥鳅刘黑闼却越活越滋润，越活越强大。刘黑闼用事实向李渊证明：泥鳅也是鱼！

时间进入公元621年十二月，刘黑闼连克洺州、相州、黎州、卫州，仅仅半年的时间，窦建德时期的版图全部恢复，河北再度成为是非之地。

此时的李渊再也不能用看泥鳅的眼光看待刘黑闼了，他知道对付这个人得出王牌了！

王牌是谁呢？秦王李世民！

十二月十五日，李渊命秦王李世民、齐王李元吉率军再征刘黑闼，此时距离窦建德伏诛过去了五个月零四天，而现在的刘黑闼或许比窦建德更加难缠。

在李世民大军到达之前，刘黑闼达到了自己事业的巅峰，公元622年也就是武德五年的正月，刘黑闼在洺州登基，称汉东王，年号天造（可能是感谢公元621年的那场莫名其妙突然转向的暴风雪）。拥立有功的范愿出任左仆射，董康买出任兵部尚书，高雅贤出任右领军，夏王窦建德时期的文武百官，愿意下岗再就业的全部官复原职。至此，窦建德时期的制度全部恢复，而就个人勇猛指数而言，刘黑闼更在窦建德之上。无疑，对于李世民而言，这将是一块更加难啃的骨头！

猫和老鼠

面对刘黑闼这根骨头，率军东征的李世民并没有选择硬碰硬，而是选择了先扫外围，各个击破。与此同时，此前光顾着挨打的李艺率军数万与李世民会师，联合攻击刘黑闼。

李艺一出现，刘黑闼就莫名地兴奋，在他看来，他太愿意与李艺玩猫捉老鼠的游戏了，只可惜，这一次，猫和老鼠交换了角色。

本着亲力亲为的原则，刘黑闼留下左仆射范愿镇守洺州，自己亲率大将直

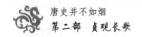

扑李艺，当夜驻扎在沙河，此时的他并不知道，一场猫戏老鼠的好戏正在悄悄拉开序幕。

在刘黑闼率军出征后不久，唐朝政府永宁县令程名振（唐代名将程务挺之父）携带着六十面战鼓到了洺州城西二里的河堤上。

深更半夜带这么多鼓做什么呢？敲山震虎！

程名振一声令下，六十面战鼓鼓声齐鸣，瞬间鼓声的共振效应延伸到了城里。在鼓声的震动下，洺州城里屋瓦震动，一起伴随着鼓声跳舞。没有经历过大场面的范愿哪里见识过这样的阵势，赶紧派人向刘黑闼求救。

一听洺州城外战鼓雷动，城里屋瓦跳舞，刘黑闼坐不住了，当即留下一万人给弟弟刘十善，自己回军救援洺州城。

急于救援的刘黑闼自然带走了主力军，留给刘十善的一万军队其实就是凑数的，这样一来刘黑闼和刘十善就成了唐军戏耍的两只老鼠，刘黑闼疲于赶路，刘十善则遭到了李艺的迎头痛击。李艺拿出了欺负人不讲理的架势，数万唐军攻打刘十善的一万杂牌军。这一仗，李艺终于长长地出了一口气，刘十善的一万人阵亡、被俘、逃亡总计八千人，李艺终于当了一次猫！

猫和老鼠的游戏一旦开始，就不会轻易结束，现在游戏又发展到洺水县城。

洺水县城距离刘黑闼的老巢洺州只有咫尺之遥，占领了洺水城就如同一根钉子钉进了刘黑闼的老巢，因此洺水城成了李世民和刘黑闼的必争之地。

先前洺水城已经向李世民投降，接受投降后李世民派部将王君廓率领一千五百人进驻。没想到，这一进，险些让王君廓有去无回。

壮士罗士信

失去洺水城的刘黑闼自然知道洺水城的重要，对于洺州而言，洺州是牙，洺水城就是包裹牙的嘴唇，现在嘴唇丢了，牙自然危在旦夕。

为了夺回洺水城，刘黑闼下了死手，第一个死手是在城东北挖地道，一直挖向城里，第二个死手是组织防线，严防死守，坚决堵住李世民的外围增援。李世民三次率军增援，愣是没有冲破刘黑闼的防线。

眼看着刘黑闼的防线一天比一天牢固，地道一天比一天接近城里，李世勣忧心忡忡地提醒李世民：地道如果挖到城墙下面，洺水城就完了！

怎么办？难道眼睁睁地看着洺水城被挖开？

行军总管罗士信站了出来："末将愿接替王君廓守城！"疯了，罗士信疯了，然而这就是罗士信，要做就做大事，没有难度的事不做！

无奈之下，李世民命人登上高冈，用旗语命令王君廓突围，罗士信接替。

已经断粮数日、疲惫不堪的王君廓率领残部突围而出，与此同时罗士信率左右侍从二百人冲进了洺水城。罗士信估计用不了几天，他就可以里应外合解了洺水城之围，只可惜罗士信什么都预料到了，唯独没有预料到糟糕的天气！

在罗士信进城后不久，天空开始下雪，大雪纷飞没完没了，这一下就是整整八天！

这八天里，刘黑闼的攻击日夜不停，李世民的援军寸步难行，孤立无援的罗士信没有料到大雪会持续整整八天，更没有想到洺水城居然就是自己人生的终点。

二月二十五日，洺水城破，刘黑闼拿回了自己的嘴唇，罗士信则成了刘黑闼的俘虏。

同对待李玄通一样，刘黑闼也希望罗士信入伙，只可惜这次拉拢也遭到了拒绝，罗士信宁愿被杀，也不投降！

从十四岁跟随张须陀剿匪开始，罗士信辗转在张须陀、李密、王世充、李渊的帐下，从初期连铠甲都撑不起来的毛头小孩到独当一面的大将，六年的时间里，罗士信见证了隋末唐初王朝的变迁和乱世英雄的起起落落。对于人生的结局，他早就看淡了！

公元 622 年二月二十五日，罗士信兵败被杀，时年二十岁。

水 淹 三 军

四天后，李世民率军夺回洺水城，刘黑闼的"嘴唇"再次握在了李世民的手上。至此洺水被李世民彻底控制，南岸驻军，北岸警戒。对付刘黑闼，李世民延续了老办法，一个字，"拖"。

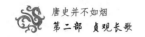
面对刘黑闼的挑战，李世民坚守不出，只派出小部队执行一项特殊任务，破坏粮食补给线！

先前携带六十面大鼓制造共振效应的程名振接受了这个任务，事实证明，此人除了能敲鼓外，糟蹋粮食也是一把好手。为了做到万无一失，刘黑闼的粮食补给实行水陆两路运输，即便这样，粮食也没有逃出程名振的魔掌。程名振将手下一千余人分成两部分，一部分在陆路上烧粮车，另一部分在河道上凿粮船。经过两部分人马的不懈努力，刘黑闼没有接到一粒粮食，自此陷入了粮食危机。吃饭，对于刘黑闼的军队而言，成了奢望！

在破坏粮食的同时，李世民也没有闲着，跟刘黑闼之间的猫捉老鼠游戏还在继续。

三月十一日，李世勣率军进逼刘黑闼的大营，这一次正赶上高雅贤在营中大摆宴席，宴席的主题是庆祝高雅贤升任左仆射。

听说李世勣率军进犯，已经喝高了的高雅贤率军出战，不过他的军队很单薄，将是他自己，兵还是他自己。一句话，一个人单枪匹马就出来了，不用问，都是酒精惹的祸。

醉酒的高雅贤自然不是对手，李世勣的部将潘毛也不是一个讲究人，一定要占这个醉酒人的便宜，拨马上前，抬手一矛将高雅贤刺落马下。等援军赶到时，李世勣的人马已经悄悄地走了，众人把高雅贤扶上了马，没想到，还没走回到营门口，左仆射高雅贤就断了气！

喝酒真是没好处啊！

小的摩擦还在继续，大的手笔已然在酝酿之中。

按照李世民的推算，刘黑闼的断粮之日就是两军决战之时，届时两军必定有一场恶战，然而李世民不准备与刘黑闼面对面死磕！

不面对面死磕，还想消灭对方，可能吗？完全有可能！

这个方法就是水淹三军！

李世民命人在洺水上游筑起大坝，拦截河水，这些被拦截的河水将是消灭刘黑闼军的重磅炸弹！

三月二十六日，刘黑闼率领步兵骑兵共两万人南渡洺水，紧逼唐军大营列阵。李世民率领骑兵出战，击破刘黑闼骑兵营后转而攻击步兵，双方自此陷入混战之中，从中午到黄昏，连续几个小时，刘黑闼军渐渐支持不住。此时刘黑闼的死党王小胡冲到了刘黑闼面前："我们的能力已尽，赶紧抽身走人吧！"

刘黑闼回身看看陷入混战的军队，再看看天色，一挥马鞭与王小胡一起先行撤退，而主力部队和唐军都不知道双方主将早已退出战场，只留下这些毫不知情的士兵陷入无边的混战。

就在刘黑闼退出不久，李世民在洺水上游筑起的大坝被唐军掘开，积蓄多日的大水急速冲下，洺水暴涨，形成一道高达一丈的水墙向混战之中的双方士兵推去，水墙过后，水渍渍一片真干净！

这一道水墙几乎将刘黑闼的全部家当一网打尽，遭受重创的刘黑闼最后只带领二百余骑兵投奔东突厥汗国。一堵水墙就让刘黑闼从汉东王变成了连长（手下二百来人），世事的变化就是如此之快！

然而这一仗对李世民而言也是一场惨胜，毙敌一万，自损八千，疯狂的河水不管谁是唐军，谁是敌军。这一出水淹三军，淹的是对方，也是自己。

战争，只有胜负，没有赢家！

至此，刘黑闼被扑灭到只剩下如豆之火，覆灭也只是时间问题，即便刘黑闼能够延续这点星星之火，他还能再成燎原之势吗？李世民心中没有答案，李渊心中同样没有答案。不过在李世民看来，即便刘黑闼再折腾，也逃不出自己的手掌心，一定会死在自己的手里。

然而令李世民没有想到的是，他再也没有机会对刘黑闼大打出手。因为不久之后，他又开始了另外一场猫和老鼠的游戏，而这场游戏与他一生的命运息息相关！

东突厥的保护费

一个伟人说，星星之火，可以燎原。此言不虚！

三月二十六日，刚刚败逃的刘黑闼并没有经过长时间的喘息，两个月后，刘黑闼卷土重来了。

六月一日，汉东王刘黑闼引领着东突厥军攻击山东，李渊下令李艺出军，再次攻打刘黑闼。

刘黑闼与东突厥纠缠在一起？东突厥不是唐朝的盟友、战略合作伙伴吗？

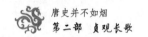

没有永远的敌人，也没有永远的朋友。

实际上，自从李渊出军占领长安之后，东突厥与李渊之间的摩擦一直没有停止。一方面，端起酒杯大家都是朋友，一方面，端起弓箭大家就是敌人，唐朝与东突厥小规模摩擦不断，只是还没有上升到国家层面。

李渊攻占长安之后，东突厥的政治格局也发生了一些变化。始毕可汗阿史那咄吉于公元619年去世，由于儿子阿史那什钵苾还小，大家就拥立阿史那咄吉的弟弟阿史那俟利弗设继位，史称处罗可汗。不过处罗可汗也不是长命的人，公元620年十一月居然就病死了。在东突厥汗国，颇有影响的义成公主主持着处罗可汗身后的大局，由于处罗可汗的儿子阿史那奥射相貌丑陋、能力低下，随即被义成公主排除在外。在义成公主的主持下，处罗可汗的弟弟阿史那咄苾继位，史称颉利可汗，这个颉利可汗比前几任可汗更有攻击性，也正是在他的支持下，刘黑闼快速地恢复元气，进攻山东。

七月，刘黑闼又回到了河北境内，这一次他的进攻目标是定州，旧部曹湛、董康买再次起兵，响应刘黑闼。

面对刘黑闼东山再起，李渊不是不想重视，而是分身乏术，一方面刘黑闼在河北折腾，一方面东突厥在山西虎视眈眈。无奈之下，李渊只能派出十九岁的远房侄子、淮阳王李道玄出任河北道行军总管，秦王李世民则和太子李建成一起调往山西，防范东突厥。事实证明，正是东突厥牵扯了唐朝太多的精力，反而给了刘黑闼折腾的时间。

颉利可汗随即率领十五万骑兵进入雁门，这一招比前几任更加杀气腾腾。面对颉利可汗的咄咄逼人，李渊一手胡萝卜，一手大棒，胡萝卜就是和谈，大棒就是迎战。在李渊的安排下，李建成从陕西彬县出军，李世民从山西河津县出军，李子和（郭子和）奔赴云中正面截击颉利可汗，段德操则奔赴夏州切断东突厥军的退路。

事实上，这四路大军都是做一个姿态，此时的唐朝并没有与东突厥决战的资本，对于这个对手，李渊能用的就是又拉又打，而拉重于打！

历史总是爱开玩笑，四路大军居然都没有起到关键作用，礼部尚书郑元寿这一路却起到了奇兵的作用。

郑元寿这一路人多吗？不多，只有几个人。

几个人就能起到奇兵的作用？靠什么呢？一个字，钱！

郑元寿一行晋见了颉利可汗，与颉利进行了一番秘密和谈。史书上说郑元寿对颉利可汗进行了义正词严的指责，实际上这只是一厢情愿地往自己脸上贴金，郑元寿此行的任务只有一个，求和！谁见过一个求和的使者敢义正词严地指责对方呢？

在双边关系上，义正词严并不取决于使节的性格，而是取决于双方的实力对比！

其实郑元寿的官话没有起到作用，倒是一些上不了台面的私房话起到了关键的作用，"唐与突厥，风俗不同，突厥虽得唐地，不能居也。今虏掠所得，皆入国人，于可汗何有？不如旋师，复修和亲，可无跋涉之劳，坐受金币，又皆入可汗府库，孰与弃昆弟积年之欢，而结子孙无穷之怨乎"！看明白了吧，所谓的成功外交，实际就是用支付保护费的方式打发了颉利。

父子兄弟的签字权

打发了颉利，李渊终于能腾出手来对付刘黑闼，与以往不同的是，这一次率军出征的并不是最能打的李世民，而是齐王李元吉。

此时的李世民已经到了功高震主的地步，尽管还不足以功高震皇帝，但功高震太子，已经足够了。

攻占长安之后，李建成就作为国之储君长期留在李渊身边，跟随老爹处理各种国事，而李世民呢，从此踏上了平定天下的征程。

薛举父子是他平定的，窦建德是他擒获的，王世充是他俘虏的，刘黑闼是他打跑的，武德年间的主要大仗都是他打的，声名不扶摇直上才怪！更要命的是，此时他的手下文有十八学士，武有尉迟敬德、秦叔宝、程咬金、李世勣等人。而李建成呢？武将几乎一个没有，文官只有王珪和魏征。跟秦王相比，太子建成的班底实在太寒酸了，到了这个地步，兄弟俩争斗已经不是新闻，不争斗才是新闻！

不过同秦王李世民相比，太子李建成并非一点优势都没有，他有一个李世民没有的巨大优势，就是后宫中的良好人缘。

后宫中的良好人缘意味着什么呢？意味着他与父皇李渊的嫔妃们保持着良

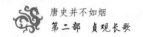
好的私人关系。

从武德元年到武德五年，李世民一直忙于各地平叛，而李建成呢，大部分时间留在父皇的身边处理国事，这就给了李建成接触后宫的机会。

按常理说，在一个成熟的王朝中，太子想要结交后宫是很困难的，但在李渊初创唐朝的武德年间，情况恰恰相反，太子想不结交后宫都难！

当时皇宫内的布局是这样的，李世民住承乾殿（他的太子在这里出生，于是取名李承乾），李元吉住武德殿后院，两家的住处与李渊的皇帝寝殿、李建成的东宫不分昼夜，畅通无阻。李建成等兄弟三人进出李渊的皇帝寝殿可以骑马，可以携带弓箭等各种杂物，彼此之间，跟李渊当皇帝之前一模一样。

更有意思的还在后面，在有关部门那里，"太子令""秦王令""齐王令"与皇帝诏令具有同等效力，如果一个部门同时接到几份命令，那么不好意思，按照先来后到办理，如果"齐王令"在皇帝诏令前面下达，那就按"齐王令"办理。反正父子四人是这个世界上最亲近的人，无论按照谁的命令办理，肉都是烂在了老李家的锅里！

有时候，开国皇帝就是草创乡镇企业的暴发户，参与创业的儿子都有财政的签字权！

在这种背景下，皇子想要结交后宫的妃嫔简直易如反掌，而在这一点上，李建成比李世民有着天然的时间优势，毕竟他在长安的时间比李世民长得多。

后宫的嫔妃愿不愿意结交皇子呢？当然愿意，因为这些得宠的嫔妃都得为自己的将来找好后路。

显而易见，李渊的接班人必定从三个年长的皇子中产生，太子李建成，秦王李世民，齐王李元吉。而这三个人中，太子李建成是嫡长子，具有天然的优势，而嫡长子又长期在身边出没，结交李建成不仅比结交李世民容易，也比结交李世民靠谱，毕竟太子是第一顺位接班人，秦王李世民只能算是第二顺位继承人。

两方面比较下来，后宫人缘指数李建成远远在李世民之上，这是李建成的巨大优势，压得李世民数年间喘不过气！

父子间的芥蒂

对于李世民而言，天下几乎没有他怕的东西，但有一样东西除外——枕边风！一次枕边风并不可怕，无数次枕边风交叉在一起，这就是致命的龙卷风！

最致命的是，他无意中得罪了两个当红的嫔妃，一个是张婕妤，一个是尹德妃。

总体说来，这两次李世民都很无辜。

得罪张婕妤的事由其实不大，只是因为数十亩良田。

这数十亩良田原本是李世民做主赏给劳苦功高的淮安王李神通的，却不承想被张婕妤的父亲看在了眼里，转过头来跟女儿张婕妤要。张婕妤一开口，李渊自然不会拒绝，一抬手就写了诏令，把这数十亩田赠给了这个歪把老丈人。如果是一般人，看见李渊的诏令只能乖乖就范，然而淮安王李神通是个认死理的人，同时他也知道李渊父子四人手令的秘密——就是按照先后顺序来，因此李神通死活不肯把这些田让出来。如此一来，就让李世民无形之中得罪了张婕妤一家，也让李渊下不了台，李渊为此大发雷霆："难道我的诏令不如你的诏令吗？"（我手敕不如汝教邪！）

父子间就此有了芥蒂。

得罪尹德妃的事由更小，小到不值一提。什么事呢？李世民的府属杜如晦经过尹德妃父亲府邸时忘了下马。

由于尹德妃正当红，她的父亲尹阿鼠也是朝中的红人。久而久之，经过他的府邸就养成了"文官下轿，武官下马"的惯例，杜如晦无意之中就违反了这个惯例。

杜如晦忘记了下马，狗仗人势的家奴冲上前对着杜如晦就是一顿暴打，暴打之下，居然打折了杜如晦一根手指头。即便如此，尹阿鼠还不算完，指着杜如晦的鼻子大骂："你算个什么东西，经过我的家门竟敢不下马！"

这个世界上，一般都是恶人先告状的，尹阿鼠也不例外。歪把国丈尹阿鼠到女儿面前狠狠告了杜如晦一状，然后尹德妃再转告到李渊那里，事实就有了一百八十度的改变，"秦王属下杜如晦欺负、辱骂臣妾家人！"（秦王左右陵暴妾家。）

这一状告得太刁了，刁得让李世民百口难辩，肝火上升的李渊当面质问李

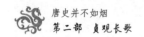

世民："我嫔妃家尚被你的左右欺负，一般小民恐怕更不得了！"（我妃嫔家犹为汝左右所陵，况小民乎！）

芥蒂，无边的芥蒂！

事实上，即使没有张婕妤和尹德妃的枕边风，李渊的心中也对李世民产生了疑虑，隋朝的前朝往事就曾经在他的眼前上演，他太清楚皇帝与皇子的微妙关系了。

皇帝对于皇子，一方面是父与子，一方面是君与臣。普通人家的父与子没有什么顾虑，父亲总是希望儿子早一天超过自己，把自己甩在身后，到那个时候父亲就会略有伤感但更会欣慰地说："我老了，可儿子长大了！"皇帝与皇子是不可能出现这一幕的，皇帝希望皇子早日跟上自己的脚步，但并不希望皇子超越自己。一旦有那么一天，皇帝不会欣慰，更多的是恐惧，"这小子想干什么呢？"

终身制的皇权就是一堆由魔鬼看守的黄金，由于黄金比较珍贵，会让每一个想得到的人都着一点魔，再让其中的一部分人直接变成恶魔！

李渊与李世民的父子芥蒂不仅让李世民失分，也让李建成加分。

史书记载说，李世民每次参加宫中宴会都会思念早逝的母亲，这让李渊很扫兴，也给了当红嫔妃们攻击的口实："海内幸无事，陛下春秋高，唯宜相娱乐，而秦王每独涕泣，正是憎疾妾等。陛下万岁后，妾母子必不为秦王所容，无子遗矣！"在攻击李世民的同时，嫔妃们也没忘了给李建成加分："皇太子仁孝，陛下以妾母子属之，必能保全。"

事情隔了一千多年，我们无法证实这段记载的真假，或许是真的，或许是史官为了美化李世民。

总之，在父亲李渊的猜忌下、当红嫔妃们的枕边风攻击下，以前大红大紫的李世民从武德五年下半年起已经不如以前风光了，而他一生中最黑暗的时光也就此来临。（由是无易太子意，待世民浸疏，而建成、元吉日亲矣。）

邯郸学步李道玄

刘黑闼还在河北纵横，李世民却只能在长安城中观望。

公元 622 年十月十七日，刘黑闼迎来了人生中的第二次高峰，这次高峰是踏着淮阳王李道玄的尸体迎来的！

淮阳王李道玄时年十九岁，堂哥李世民是他的偶像，以前他都是跟随着李世民南征北战，这一次是他第一次独当一面，没有想到，也是最后一次。

年少轻狂的李道玄一直想成为李世民的模仿秀，只可惜跟李世民相比，他太年轻了，同时他还有一个致命的弱点，魅力不足，将帅不和！

十九岁的淮阳王李道玄与老到的史万宝搭档出战，率领三万大军会战刘黑闼。年少轻狂的李道玄有冲锋陷阵的勇气，却没有李世民行军打仗的霸气。勇气或许与生俱来，而霸气则是在战场上慢慢积累的。

李道玄空有勇气，没有霸气，身为副司令的史万宝便对李道玄阳奉阴违，两人的芥蒂最终让李道玄送了命。

与刘黑闼的会战开始后，李道玄率领轻骑兵率先冲入刘黑闼汉东军的阵地，按照李道玄的部署，史万宝应该提领大军随后压上，形成梯队进攻，然而令李道玄没有想到的是，史万宝居然按兵不动，坐看李道玄淹没在汉东军阵中。

史万宝曰："我奉手敕云，淮阳小儿，军事皆委老夫。今王轻脱妄进，若与之俱，必同败没，不如以王饵贼，王败，贼必争进，我坚陈以待之，破之必矣。"

史万宝对亲信宣称，他是奉李渊手谕全面负责大军指挥，此次权且将年幼小娃李道玄当成诱饵，等李道玄失利，汉东军反击时，再全部压上！

如此一来，只可惜了峥嵘少年李道玄，本来一心一意想成为李世民的模仿秀，没想到，到头来却成了史万宝诱敌的鱼饵。

遗憾的是，当李道玄真的成为诱饵丧身战场时，史万宝却再也压不上去了！

因为李道玄的阵亡震慑了全军！

李道玄虽然年少，毕竟是大军统帅，统帅都阵亡了，小兵还有什么盼头呢？一厢情愿的史万宝还想驱军出征，然而军无斗志，兵无胜心，三万大军瞬间崩溃瓦解，史万宝的按兵不动贻误了战机，也动摇了军心！

有时候，自以为是的人比傻子更愚蠢！

经此一战，李道玄身死，三万大军崩溃，山东震动不已，洺州总管庐江王李瑗放弃洺州向西逃走。刘黑闼旧部纷纷响应，前来归附，半个月的时间里，刘黑闼再次恢复夏国全部版图，此时距离他败逃东突厥只有七个月的时间。

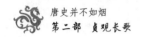

争 权

　　刘黑闼再起，朝野震动，负责领兵平叛的李元吉畏惧刘黑闼的强势就地驻军，停滞不前，皮球再次踢回给了李渊，该派谁再去打刘黑闼这只老鼠呢？

　　李元吉？肯定不行，还没到前线，腿就软了；李世民？不行，现在已经有傲气了，等平定了刘黑闼还不傲到天上？李建成？更不行，进入长安之后就没再打过大仗，他能行呢？难道最后还得让李世民出来收场？

　　在李渊为李世民头疼时，东宫内太子中允王珪、太子洗马魏征正在做太子李建成的工作。在他们看来，此时的刘黑闼正是上天赐给李建成的功业，平定了刘黑闼，李建成的战功簿上将有浓墨重彩的一笔，而太子之位也将更加稳固！

　　王珪、魏征说太子曰："秦王功盖天下，中外归心；殿下但以年长位居东宫，无大功以镇服海内。今刘黑闼散亡之余，众不满万，资粮匮乏，以大军临之，势如拉朽，殿下宜自击之以取功名，因结纳山东豪杰，庶可自安。"

　　打一仗既能增加战功，又能稳定太子之位，这样的好机会李建成自然不能放弃。第二天一早李建成找到李渊请战。这一请战正好给了李渊一个台阶，刘黑闼这只老鼠还是交给太子来打吧！

　　十一月七日，太子李建成正式受命率军出征，同时出征的各军均受李建成节制。李建成拥有应变全权！

　　李建成还是非常幸运的，此时他遭遇的刘黑闼虽然占据河北的版图，但早已是强弩之末，表面的繁荣并不能掩盖实际的疲弱，二次东山再起的战斗力已经大不如前了。

钉 子

　　在河北境内，第一次东山再起的刘黑闼如秋风扫荡落叶，攻无不克，战无不胜，而这一次，这个规律被打破了。

　　在魏州城，刘黑闼遇到了一生中最难拔的钉子。从这一年的十一月开始，刘黑闼一个月内两次围攻魏州城，两次都没有攻破，既耗费了时间，又耗费了兵力。

何以魏州城如此难打呢？这都是因为一个人，魏州总管田留安。

当时，河北等地的豪强纷纷残杀本州官员响应刘黑闼，闹得人心惶惶，上下猜忌，唯独田留安跟以往一样，只要找他办事，无论亲疏远近，一律自由出入卧室汇报。与此同时，田留安还不忘与属下交心："吾与尔曹俱为国御贼，固宜同心协力，必欲弃顺从逆者，但自斩吾首去。"

贼怕捉赃，话怕说开，话一旦说到这个份上，属下反而坦然了："田公推至诚以待人，当共竭死力报之，必不可负。"

有了属下的忠心，田留安就有了继续坦诚的资本。他的属下有一个叫苑竹林的人，本来是刘黑闼一伙的，潜伏在魏州就是为了与刘黑闼里应外合。田留安知道后，就当没这回事，反而将此人安排在自己的左右，并交给他一项重大任务：保管城门钥匙！

这一招彻底把苑竹林震住了，田留安信任自己到了这个程度，自己再三心二意那还是人吗？自此苑竹林也成了田留安的死党，不仅没有帮助刘黑闼成事，反而坏了刘黑闼的事，可见一个无间道反水之后的破坏力有多么大！

在田留安的努力下，魏州城成了刘黑闼始终无法攻克的钉子户，而这个钉子户还时不时来个反击，狠狠地在刘黑闼的胸口上钉几颗钉子。

十二月十七日，田留安击刘黑闼，破之，获其莘州刺史孟柱，降将卒六千人。

在魏州城下前后纠缠了一个多月，刘黑闼没有占到便宜，反而吃了暗亏，此时他赫然发现，战场形势已经发生了逆转，太子李建成、齐王李元吉的大军已经北上抵达昌乐（今河南省南乐县），与魏州近在咫尺。几乎与此同时，幽州总管李艺率军南下，连破廉州、定州，南北合围之势即将形成。

屋漏更逢连夜雨，就在十二月十八日，唐朝政府并州刺史成仁重攻击了刘黑闼部将范愿的部队，范愿的军队全部被打垮，刘黑闼只剩下自己手中的一支军队孤军奋战！

面对李建成和李元吉的紧逼，刘黑闼曾经两次列阵，做出一副攻击的姿态。然而两次列阵之后，刘黑闼随即草草收兵回营，他的葫芦里到底卖的什么药呢？

眼光毒辣的魏征看出了端倪，在他看来，这是刘黑闼军心不稳的征兆，此

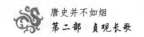

时攻心比攻城更重要。

魏征言于太子曰："前破黑闼，其将帅皆悬名处死，妻子系房；故齐王之来，虽有诏书赦其党与之罪，皆莫之信。今宜悉解其囚俘，慰谕遣之，则可坐视其离散矣！"也就是说，魏征主张优待俘虏，把俘虏当成政府的传声筒，通过释放俘虏来瓦解刘黑闼的军心。

事实证明，魏征的这一招堪比韩信的"四面楚歌"，不同的是韩信以楚歌瓦解项羽军心，魏征则是用俘虏的现身说法表明政府的诚意！

口碑有时候比广告更有效！

经过魏征的安排，再加上一直以来的优待，被释放回营的俘虏都成了唐朝政府的义务宣传员，一时间厌战的情绪在刘黑闼大营中弥漫。就在这时候，刘黑闼的粮草再次出现了问题，吃不饱的士兵更加厌战。这些士兵有的逃亡，有的索性绑架了自己的上司向唐军投降，没有粮草支援的刘黑闼军已经呈现出崩溃的迹象，覆灭真正进入了倒计时。

在覆灭之前，刘黑闼进行着最后的挣扎，由于担心田留安这个钉子户与李建成的大军里应外合，刘黑闼索性趁着天黑，借着夜色的掩护偷偷从魏州城下撤了军，连夜逃到了馆陶。

桥

说起来此时的刘黑闼运气也真够背的，他的退路只剩下一条：向北退入自己的辖区。因为向东、向南、向西都是唐朝政府的辖区，都是死路一条，然而向北的退路也只剩下半条活路，为什么呢？因为向北正是永济运河，而这段运河上恰恰没有桥，也没有船！

既然没有桥，那就架吧，桥一直架到天亮还没有架完，但是李建成和李元吉已经追了上来！

情况紧急，事不宜迟，刘黑闼紧急下令，王小胡背靠永济运河列阵抵抗唐军，自己则亲自督导架桥。

值得庆幸的是，王小胡暂时挡住了唐军，而运河上面的桥终于造好了，向北的退路终于通了！

就在这个关键时刻，刘黑闼彻底暴露了自己的小农本性，他顾不上招呼自己的部下，居然第一个冲上了桥，通过了运河，把生的希望留给了自己，把死的危险留给了部下，这算哪门子领导呢？

刘黑闼一过河，他的大军瞬间崩溃，感到被抛弃的士兵纷纷向唐军投降，他们绝不干被人卖了还帮人数钱的傻事。因此在刘黑闼过河不久，唐军越过停止抵抗的刘黑闼军，开始过河追击！

就在这时，意外又发生了，刘黑闼督造的桥居然是豆腐渣工程，唐军刚刚过去一千余名骑兵，桥居然断了！

这样，数万唐军被隔在了运河这边，一千余名唐军骑兵则在对岸追赶率领数百名骑兵逃亡的刘黑闼。双方的心态不在一个起跑线上，结果刘黑闼还是跑赢了唐军骑兵。

其实这一点也不奇怪，就像一个老追不上野兔的猎狗问野兔："为什么我总是追不上你呢？"

野兔一边跑，一边回头说："你是为了一顿饭，而我是为了一条命！"

失望中，李建成望着运河对岸，一声叹息："完了，打了半天，还是让刘黑闼跑了！"

我原本在家种菜

运气来了总是挡不住，这一次李建成的运气格外好。八天之后，逃跑的野兔刘黑闼掉进了陷阱，而这个陷阱正是他以前的属下——饶州刺史诸葛德威挖的。

刘黑闼过了运河后一路向北疾奔，身后跟着唐朝骑兵将领刘弘基不依不饶。刘黑闼一路跑，刘弘基一路追，一路上刘黑闼马不停蹄，得不到休息，等逃到饶阳时，刘黑闼身边的侍从只剩下一百余人，这下刘黑闼又变成了连长。

到了饶阳城下，这一百余人已经变成了饿死鬼托生，看见什么都像包子。这时刘黑闼任命的饶州刺史诸葛德威出城迎接，再三恳请刘黑闼入城，然而警惕的刘黑闼却迟迟不肯入城。

为了表示自己的诚意，诸葛德威痛哭流涕，指天发誓，指地许愿，总算去

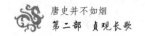

除了刘黑闼的戒心。心一软，刘黑闼跟着诸葛德威进了城，他以为进了城可以安心吃一顿包子，却没有想到，他自己恰恰就是诸葛德威的包子。

入城后的刘黑闼下马开始吃饭，饭刚刚吃了一半，不厚道的诸葛德威发动了突袭，一百多个还没有吃饱的侍从全成了诸葛德威的"包子"，而刘黑闼无疑是那个块头最大的"包子"。

刘黑闼的悲剧也说明了一个道理：穷途末路的时候，熟人比陌生人更可怕！

至此诸葛德威彻底洗白了自己，刘黑闼却只能沿着自己选择的道路一条道跑到黑。

诸葛德威勒兵执之，送诣太子，并与其弟刘十善斩于洺州。刘黑闼在这里登基，又在这里覆灭，洺州是他事业的顶点，也是一生事业的终点，而他的年号，叫作"天造"。

天造之福？还是天造之孽？

刘黑闼临刑前，一声叹息："我本来在家种菜种得好好的，都是高雅贤这些人把我害到今天这一步！"（我幸在家锄菜，为高雅贤罪所误至此。）

历史有时候就是非常搞笑，原本刘黑闼只是统帅的第二人选！

刘黑闼终于了结了，三兄弟争了半天还是由太子建成打死了这只老鼠，此时已经是武德六年，隋末的割据势力已经被消灭的十有八九，唐朝的统治终于有了大国的模样。然而与割据势力同时逝去的还有兄弟同心御外的时代，在外患逐渐平定之后，兄弟阋墙的时代也正式吹响了开场哨。

兄弟阋墙而御于外，是略带辛酸的喜剧；

然而外患一旦解除，兄弟阋墙就成为彻头彻尾的悲剧！

第二章　对手，成就梦想的另一只手

英雄的归宿

在王朝更替的历史中，被记住的永远只是那些最后的胜利者，而那些曾经与胜利者并驾齐驱的失败者都一一被王朝的历史湮没，最后的胜利者就如同金字塔的塔尖，那些失败者则在不经意中成了金字塔的塔基。

隋末唐初，起事者风起云涌，最有资格与唐叫板的是李密、王世充、窦建德，这三家在几轮下来都退出了历史舞台。三个人各有各的死法，李密死于唐军的伏击战，王世充死于独孤修德复仇的刀下，窦建德则被斩首于市，他们都曾怀揣统一天下的梦想，然而最后都以横死收场。

从唐朝的历史来看，李渊这个皇帝当得其实挺郁闷，武德年号总共延续九年，前六年几乎都在平叛。在这六年里，军事就是最大的政治，李渊的政府严格意义上而言就是一个临时的军事管制委员会。

李渊用了六年的时间基本平定国内，而此时的主要矛盾已经从国内转移到家内。太子建成、秦王世民、齐王元吉，三个都是他最爱的儿子，都是出自射箭定亲的窦氏，手心手背都是肉。于是一个最大的难题就出给了李渊，三个儿子互斗，李渊你这个裁判怎么当呢？

从武德六年到武德九年，这个问题困扰了李渊将近四年，这是幸福的烦恼，也是无法解脱的烦恼！

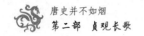

先不去说李渊的烦恼，还是集中说说一批割据势力的结局吧，毕竟他们也是历史的组成部分，唐朝的兴起还要感谢这些倒霉的失败者。

前面已经说到李密、王世充、窦建德的死法，实际上在那个乱世还有一些名字也值得提起，他们都曾经是李唐王朝的对手。

对手，成就梦想的另一只手！

可以称为李唐王朝对手的还有薛举、刘武周、李轨、萧铣、杜伏威、李子通、辅公祏、徐圆朗、林士弘等人，这些人各有各的死法！

薛举：病死，子薛仁杲接替，战败投降李世民被斩首。

刘武周：投奔东突厥后试图逃回马邑郡，被东突厥处决。

李轨：被部将安修仁兄弟劫持，解往长安，被斩首。

杜伏威：投降李渊后显赫一时，于武德七年二月暴卒。

李子通：武德四年投降后，试图再叛被处斩。

辅公祏：矫杜伏威令反叛，失利后被乡村流浪汉斩杀。

徐圆朗：响应刘黑闼起事失败后，被乡村流浪汉所杀。

林士弘：病死。

萧铣：主动投降，被斩首。

这些人中影响力最大的当属萧铣、杜伏威、辅公祏，这三个人值得细细地说一下，而这三个人恰恰又与一位名将紧密联系在一起，这位名将就是差点被李渊斩首的李靖。不过等到李靖平定萧铣和辅公祏后，李渊对李靖彻底刮目相看，兴奋之余对李靖大加赞赏："李靖真是萧铣和辅公祏的克星啊，韩信、白起、卫青、霍去病也赶不上他！"（上深美靖功，曰："靖，萧、辅之膏肓也，古之名将韩、白、卫、霍，岂能及也！"）

不以成败论英雄？那是广告！

皇亲国戚萧铣

还是按照灭亡的先后顺序来吧，先说说萧铣。

萧铣，说起来也是皇亲国戚，不过这个皇亲国戚就有点久远了，萧铣的皇族血脉是从南梁论的。南朝的梁被陈灭国之后，梁的皇族又先后寻求西魏、北周的庇护，并在江陵成立了小朝廷。公元 587 年南梁太师萧岩怕被隋朝灭国，索性带领文武百官以及百姓十万人逃到了陈国，隋文帝杨坚借着这个由头将南梁彻底灭国，而萧岩在陈灭后又被找了后账，尽管投降还是被诛。

这个萧岩就是萧铣的祖父、南梁宣帝的儿子，也就是说萧岩与萧皇后的父亲萧岿是亲兄弟，而萧铣论辈分应该叫萧皇后一声"姑姑"！（辈分总算弄明白了）

尽管萧铣也算皇亲国戚，不过那是前朝的，前朝的皇亲国戚就是过期钞票，看着挺好，就是不实用，因此萧铣这个前朝皇族从小过的是孤苦伶仃的日子，靠帮人写信为生，每每写到信的末尾，还要按照写信人的要求加上一行字："请恕字迹潦草！"

等到隋炀帝杨广登基，萧铣终于迎来了转机，姑姑萧皇后总算给他谋了个差事，杨广把他委任为罗川县令，这下会写"同意"两个字就可以了，总算不用再靠替人写信谋生了。

如果不是时局的变迁，萧铣还会按部就班地当他的县令，效忠他的姑父杨广，然而世事变迁不由人意，大业十三年，时势将萧铣推上了历史舞台。

自 立 为 王

大业十三年，隋朝大地流传着一种病，"叛乱"。

"叛乱"这种病在王朝末年很盛行，杀伤程度跟霍乱一样，这一年巴陵郡的一群士兵也染上了这种病。

校尉董景珍、雷世猛，初级军官郑文秀、许玄彻、万瓒、徐德基、郭华、张绣等人也想学着翟让、李密的样子起义，在隋朝的大蛋糕上写上自己的名字。经过大家协商，众人准备推举校尉董景珍为首领，没想到董景珍却拒绝了。

不过董景珍在拒绝的同时，他又推荐了一个人，这个人就是罗川令萧铣。

董景珍曰："吾素寒贱，虽假名号，众必不从。今若推主，当从众望。罗川令萧铣，梁氏之后，宽仁大度，有武皇之风。吾又闻帝王膺箓，必有符命，而隋氏冠带，尽号'起梁'，斯乃萧家中兴之兆。今请以为主，不亦应天顺人乎？"

董景珍的话一半是实话，一半是忽悠，然而众人还是相信了董景珍的话，他们同样认为具有皇亲国戚背景的萧铣是个不错的领袖人选，要命的是，萧铣恰恰也是这样认为的！

萧铣接受大家推举的过程其实很有传奇色彩，这个过程也昭示着一个王朝末年的无序。

董景珍向萧铣传递拥立之意后，萧铣的皇亲国戚血统瞬间就在体内产生了作用。在他看来，南梁虽小，可也是一国，当初隋文帝贪图南梁国土灭了梁国，实在有点可恨，所以萧铣这种流淌着梁国皇族血液的后人一定要想方设法为祖宗雪耻。隋朝大乱，正是天赐良机。

复国念头已起，萧铣着手招兵买马，几天下来聚集了几千人，不过这几千人是他以隋朝罗川令的身份招募的，用途是防范流窜的贼寇。

说贼寇，贼寇就来，常在颖川流窜的贼寇首领沈柳生率领人马流窜到罗川地面，萧铣习惯性地与沈柳生交了一次手，结果首战不利。仗打到这个份上，萧铣开始思考自己的人生走势，是作为隋朝的罗川令坚持到底呢，还是以前朝皇族的身份复辟呢？

通过比较，萧铣发现，隋朝这个名头已经高度贬值了，以前"尊隋"是流行口号，现在"反隋"才是主流。既然如此，还是放弃隋朝的名号，自立门户吧！萧铣因谓其众曰："岳州豪杰首谋起义，请我为主。今隋政不行，天下皆叛，吾虽欲独守，力不自全。且吾先人昔都此地，若从其请，必复梁祚。"

属下什么反应呢？众皆大悦！

从这一天起，隋炀帝杨广的内侄萧铣开始自称梁公，改隋服色，建梁旗帜，仅仅五天，前来归附的已达数万人。

搞笑的是，萧铣改服换旗之后，他与贼帅沈柳生的交战就再也进行不下去了。为什么呢？因为萧铣的位置已经变了！

以前萧铣尊隋，沈柳生反隋，因此两人要交战，现在萧铣也反隋了，死敌已经变成了同盟军，再加上萧铣还自立为梁公，显然这是一只潜在的题材股。

经过盘算，沈柳生决定率众归附萧铣，被萧铣任命为车骑大将军，跟随萧铣一起去接收巴陵郡（岳阳，董景珍等人占据的城池）。

从这一刻起，萧铣走上了自立为王的道路，一个前朝的皇亲贵族从此怀着复国的梦想走上历史舞台。

然而，事实证明，自立为王这种高难度的工作并不适合萧铣。

李世民的双手既可杀敌，也能治国，而萧铣的双手，只能用来写字！

定时炸弹——内讧

梁公萧铣刚到巴陵郡城下，一个难题就不请自来。这个难题很多人都解决不了，包括李密，包括萧铣。

什么难题呢？内讧！

萧铣到了巴陵郡下，按照约定，董景珍派徐德基、郭华等人出城迎接，还没有接到萧铣，先接到了沈柳生。徐德基等人表现出最大的热情，没有想到沈柳生却生出了活心思，这个活心思也很简单："进了城，我沈柳生往哪里摆呢？"

沈柳生谓其下曰："我先奉梁公，勋居第一。今岳州兵众，位多于我，我若入城，便出其下。不如杀德基，质其首领，独挟梁王进取州城。"

说白了，沈柳生想独占拥立之功，将来萧铣一旦成功，他就是不可多得的重臣。

下定决心后，沈柳生与随从一起干净利落地杀掉了迎宾的徐德基等人，然后再去找萧铣汇报。听完沈柳生的汇报，萧铣大怒："今欲拨乱，忽自相杀，我不能为汝主矣。"说罢走出营门，作势要走，沈柳生见状，赶紧伏地请罪，一再请求萧铣饶恕，萧铣心一软，这件事就算过去了。

萧铣和沈柳生以为这一页翻过去了，董景珍却一直耿耿于怀。在萧铣进驻巴陵郡之后，董景珍又在萧铣耳边嘀咕了一通，主题就是沈柳生为贼已久，凶残成性，现在不杀，将来后悔！

听董景珍说得如此吓人，萧铣也没有了准主意，得，那就杀吧！

不久董景珍在巴陵郡城内斩杀沈柳生，从这一刻起萧铣部下的杀人食物链已经悄悄形成，这条杀人食物链是萧铣没有驾驭能力的表现，也是萧铣小王国的定时炸弹。

还没建国，就背上了定时炸弹，萧铣，够背的！

斩完沈柳生，萧铣筑坛于城南，燔燎告天，自称梁王。当时有人应景地给萧铣上报了发现异鸟的祥瑞，图个吉利，萧铣建元为凤鸣。第二年，萧铣自称皇帝，署置百官，一切依据当年梁朝制度。随后遣其将杨道生攻陷南郡，张绣平定岭表，西至三峡，南尽交趾（今越南），北据汉川，全部归附萧铣，总兵力达四十余万，萧铣的梁国已经粗具规模。

岑 文 本

公元 618 年，萧铣从巴陵郡迁都江陵（今湖北省荆州市），修复园庙，在他看来，定都江陵这才算彻底复国。定都江陵后，萧铣得到了一个人，这个人在贞观年间声名显赫，这个人是谁呢？岑文本！

说起来隋末唐初有一个现象非常值得注意，那就是起义军首领多数身首异处，而起义军首领的幕僚却有很多人在乱世中保全性命，在治世中风生水起。这些人中有几位颇为有名，比如魏征，比如褚亮，比如岑文本，比如李纲。

魏征早年追随元宝藏，后来追随李密，还给窦建德打过短工，就是这样一个经历复杂的人在贞观年间成为李世民的重臣。

褚亮的经历也很奇特，早年跟随过薛举，还曾经忽悠薛举投降唐朝，薛举父子入地，褚亮却得到了李世民的青睐，不仅自己成为"十八学士"之一，儿子褚遂良还成为李世民的托孤大臣。

岑文本同样如此，在萧铣的手下他是中书侍郎，萧铣败亡后，他归附了唐朝，在贞观年间也成为李世民的重臣。

李纲这个人经历同样奇特，隋末变乱之前他是隋朝的尚书右丞，后来被中亚商人何潘仁领导的起义军劫持，变身为何潘仁的幕僚。有一次何潘仁派李纲向李渊汇报工作，结果被李渊赏识，留下做了丞相府司录参军，武德二年，文武百官业绩考核，李纲高居第一。

这些人的经历说明什么呢？或许可以用培根的话解释，"知识就是力量！"（顺便延伸说一句，培根是在监狱中说出这句话的，当时他因为跟贵族太太偷情被投入大狱。）

食 物 链

同样有知识的萧铣却没有力量，他缺少的是为王者最需要的驾驭力。在他的治下，复国的南梁经过短暂的辉煌，迅速走上了下坡路，而他一手导演的杀人食物链，则在大将之间不断延续。

萧铣的手下都是趁乱起兵，这些人平时蛮横骄纵，多专杀戮，萧铣这种拿惯了笔的人自然不习惯这样的生活，冥思苦想之后，他想出了一招：罢兵营农。

"罢兵营农"往好听说是分散士兵从事农业生产，往难听说就是以营农为名解除将帅们的兵权，这下就触了大将们的霉头，"罢兵营农"前他们还是手握兵权的大将，"罢兵营农"后他们就成了光杆司令。

拥立有功的大司马董景珍之弟当时也是一名将军，将军瘾没过几天，就被萧铣以罢兵营农的名义遣散了士兵，这让董将军非常不爽，眼睛一转，造反吧。结果反没造上，就被别人告了密，董将军就只能到地下去带兵了。

诛杀了董景珍之弟，萧铣也没忘了安抚董景珍，声明此事就此了结，一切与董景珍无关，然而人心的猜疑岂能是一个声明就消除的呢？

此时董景珍正镇守长沙，萧铣又给董景珍下了一纸诏令，征召他回江陵报到，这一召就让董景珍成了惊弓之鸟。董景珍忐忑不安，万般无奈就与唐赵郡王李孝恭取得了联系，表明了投降诚意，然而这件事又让萧铣知道了，麻烦更大了。萧铣随即下令，命令齐王张绣（当年董景珍的同盟之一）进攻长沙，处理大司马董景珍。

面对咄咄逼人的张绣，董景珍试图用言语说动，董景珍谓张绣曰："'前年醢彭越，往年杀韩信'，卿岂不见之乎？奈何今日相攻！"董景珍的意思是说，诛杀功臣的迹象已经很明显了，那条杀人的食物链还在延续，难道你没有看到吗？

粗人张绣不答，进兵围之。董景珍溃围而走，为其麾下所杀。

董景珍虽死，然而他的话是对的，南梁小朝廷的诛杀食物链还在继续，很快就延续到了齐王张绣。处理完董景珍后，张绣回到江陵就当上了尚书令，然而尚书令是他一生的顶点，同样也是终点。

不久张绣恃勋傲慢，专恣弄权，萧铣对其厌恶至极，随即授意他人，杀！

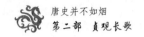
就这样，诛杀的食物链一直在延续，大臣相次诛戮，故人边将皆疑惧，多有叛者，萧铣控制不了局势，兵势益弱。

克星李靖

此时，萧铣的克星李靖来了。

都说猫有九条命，如果人生有前世，那么李靖的前世可能是一只猫。

当年李靖自费从马邑郡到大兴告发李渊，后被困在大兴城内，大兴城破，落入李渊手中，如果没有李世民说情，李靖已经死过一回了。

现在，进攻南梁，李靖又一次遭遇了险情，不过这次险情他当时并不知道。

李靖一直在寻找进攻南梁的合适战机，因为无机可乘，李靖就一直观望等待，然而这一观望惹怒了李渊，在他看来，李靖并没有完全效忠于李唐王朝。恼怒的李渊给硖州都督许绍下了一道密旨："斩！"幸亏许绍深爱李靖之才，顶着抗旨的压力保下了李靖，不然李靖又得死一次！

时间推进到武德四年九月，李靖迎来了总攻的机会，赵郡王李孝恭出任大军统帅，李靖代理大军参谋长（摄行军长史），大军将从夔州顺长江东下，此时遇到了一个难题：江水暴涨！

在其他将领看来，江水暴涨，行舟艰难，不如等水势稍缓再行出军，然而这个意见遭到了李靖的反对。在他看来，兵贵神速，此时大军刚刚集结，萧铣还没有得到消息，理应趁着猛涨的水势东下，直取江陵。

李靖是对的，此时的他始终在心中默念四个字，"出其不意"。

两军对垒，知己知彼并不可怕，可怕的是出其不意！

随即赵郡王李孝恭及李靖率巴蜀兵发自夔州，沿流而下，庐江王李瑗向襄州道，黔州刺史田世康出辰州道，黄州总管周法明向夏口道，四军齐发，直指萧铣。

果然不出李靖所料，萧铣自以为长江水势暴涨，行舟不易，竟然丝毫没有防备。李孝恭与李靖一连攻陷荆门、宜都，进驻夷陵，此时南梁才派出文士弘驻守清江设防，然而一切都晚了。

李孝恭、李靖首战击退文士弘，俘获战舰三百余艘，梁军死伤以万计，李孝恭一直追逐文士弘到百里洲再次击败，南梁江州总管盖彦举以五个州向唐军投降。

此时李孝恭已经率军兵临江陵城下，萧铣一点兵，傻眼了，宿卫兵士仅仅数千人！

不是号称四十万吗？人都哪去了？问你自己！

哪去了？罢兵营农，分散光了，数十万梁军分散在长江沿岸，岭南之地，想集中，至少半个月！

没办法，先拿这几千人守城吧！

空 船 计

兵临城下，李孝恭想顺势攻城，李靖却不同意。在李靖看来，守城士兵多数是乌合之众，刚开始守城必定士气高涨，此时不能攻城。如果缓一天，这些纪律不严的士兵必定会兵力分散，士气减弱，那时才是攻击的最佳时机。

然而这些话李孝恭都听不进去，他想的是一战功成，随即率精兵出击，李靖率剩余部队留守大营。

战事果然如同李靖所料，李孝恭久攻不下，反而被城内的守军打了反击，唐军攻城的士兵纷纷败退，而南梁的军队就势反扑了过来，形势非常危急。

就在这个关键的时刻，南梁军队的低素质给了李靖难得的机会。李靖惊奇地发现，南梁的军队不进攻了，反而就地抢劫唐军的各种军用物资，有抢粮草的，有抢兵器的，总之没有一个人空着手。李靖眼睛扫过，这些士兵全都在肩扛手提，每个人都是满负荷，此时不出击更待何时？

李靖率领留守的士兵全线出击，冲向全部满负荷的南梁士兵，战场形势随即发生了大逆转。南梁士兵放弃军用物资溃散而去，而李靖顺势攻入了外城，顺便占领了城外的码头，在这个码头里，俘获了数千艘战船。

如何处理这些战船呢？李靖和李孝恭组成了统一战线，他们作出了令众将瞠目结舌的决定：所得战船散于江中，随其漂流！

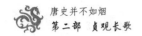

什么？数千艘战船就这么不要了？太败家了吧！再说这样不又送给了敌人吗？

看着疑惑的众将，李靖说出了自己的理由："不然，萧铣伪境，南极岭外，东至洞庭。若攻城未拔，援兵复到，我则内外受敌，进退不可，虽有舟楫，何所用之？今铣缘江州镇忽见船舸乱下，必知铣败，未敢进兵，未去战伺，去淹旬月，用缓其救克必矣！"

事实证明，李靖的策略是对的，当时萧铣的救兵已经到了巴陵（今湖南省岳阳市），看见空空的战船沿江而下，遮蔽江面，皆以为江陵城已破，狐疑不敢轻进。

三国时诸葛亮以空城计退敌，唐武德年间李靖以空船计退敌，可谓愚者各有各的愚蠢，智者却是一脉相承！

正途？歧途！

大军围城，水泄不通，内无可守，外无可依，萧铣知道自己的复国梦该到了梦醒时分。征求一下中书侍郎岑文本的意见，岑文本给出了两个字，"投降"。

"投降"只有两个字，却是萧铣一生中最难写的两个字。

然而难写也要写，不仅为了自己，也为了南梁百姓。痛下决心的萧铣掩饰着自己的伤感，对文武百官说道："天不祚梁，数归于灭。若待力屈，必害黎元，岂以我一人致伤百姓？及城未拔，宜先出降，冀免乱兵，幸全众庶。诸人失我，何患无君？"

说完这番话，满城哭声一片，在哭声中，萧铣却释然了，他感受到从未有过的轻松，如果所有的苦难可以由自己一个人承担，那又何必再把全城百姓当成自己的筹码？

把手握紧，里面什么都没有，把手松开，你拥有整个天地！

"投降"两个字，自古以来写得都很辛苦，然而写下后，皇帝萧铣倒下了，仁者萧铣却站了起来，在中国的大历史中，仁者萧铣要比皇帝萧铣光彩得多！

　　萧铣以太牢（牛、猪、羊各一）告于其庙，随后率文武百官身穿布衣头裹布巾（缌缞布帻）走到唐军大营门前，曰："当死者唯铣，百姓非有罪也，请无杀掠。"（仁者本色）

　　数日后，江南救兵十余万全部赶到，然而一切都晚了，一看皇帝都投降了，十余万救兵随即向李孝恭投降，这些人大部分都是因为被李靖的空船忽悠才姗姗来迟！

　　现在江陵城已经落入唐军之手，等待江陵城的又是什么呢？虽然萧铣以一己之力承担所有过失，然而战后劫掠已经成了潜规则，更何况武德年间国家经济不景气，领兵打仗其实没有多少油水，就指望着战后劫掠贴补生活呢！

　　幸好，在江陵城中还有两个明白人，一个人叫岑文本，一个人叫李靖。

　　岑文本告诫李孝恭，江南百姓在乱世中活到现在，无不翘首以盼圣君出现。萧铣匆匆投降也是为了放下自己的重担，如果此时纵兵劫掠，恐怕江南民心再也不可收服！

　　岑文本一席话打动了李孝恭，也为岑文本的未来铺好了一条路，可谓利国利民利己。

　　不纵兵劫掠？到嘴的肥肉没有了！

　　不抢民也行，要不把南梁那些被杀将领的家产没收了吧，那些人抗拒大军，死有余辜，没收家产就算追加惩罚了！

　　然而这个建议又被另一个人否决了，这个人就是李靖！

　　李靖曰："王者之师，义存吊伐。百姓既受驱逼，拒战岂其所愿？且犬吠非其主，无容同叛逆之科，此蒯通所以免大戮于汉祖也。今新定荆、郢，宜弘宽大，以慰远近之心，降而籍之（没收家产），恐非救焚拯溺之义。但恐自此已南城镇，各坚守不下，非计之善。"

　　在李靖的坚持下，没收家产的建议也被否决了。

　　此后数日，尽管将领们还愤愤不平，他们却看到了从未有过的现象：江南各城，闻风而降。（江、汉之域，闻之莫不争下。）

　　这个世界上什么最贵？人心！

　　萧铣投降后被押往长安，高祖李渊数其罪，萧铣对曰："隋失其鹿，英雄竞逐，铣无天命，故至于此。亦犹田横南面，非负汉朝。若以为罪，甘从鼎镬。"

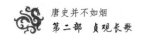

随后萧铣被斩于都市，年三十九岁，此时距离萧铣起事，仅仅五年！

在乱世中，每个人都在寻找出路，萧铣也在寻找自己的出路，然而他却走进了迷途。与萧铣同样有前朝皇族血统的还有两个人，一个是陈叔达，一个是萧瑀，陈叔达是南朝陈国的皇族后裔，萧瑀是南梁的皇族后裔（萧皇后的弟弟）。两个人都在乱世中坚守自己的职责，又在适当的时间里投降了李渊，就在唐朝政坛谋得了自己的一席之地，也走出了与萧铣不同的人生轨迹！

书生握笔是正途，书生握刀便是歧途！

无论是乱世还是治世，每个人都应该守住自己的道！

手 足 情 深

说完书生意气的萧铣，再来说说杜伏威和辅公祏这对草莽英雄。

杜伏威和辅公祏是发小，都是齐州人，从小就是刎颈之交。杜伏威自小放荡不羁，稍大也不治产业，家里经常吃了上顿没下顿，为了活着，杜伏威选择了一个职业：偷盗！

不过偷盗也没有改善杜伏威的生活，他还是非常贫困，这时老朋友辅公祏向他伸出了援手，不过说起来，辅公祏也是个穷人，他又能帮助杜伏威多少呢？

事实上，辅公祏对杜伏威的帮助还是很大的，每隔几天就送杜伏威一只羊，有一只羊就够杜伏威过好一阵子。然而好景不长，辅公祏的助人为乐行为还是被人发现了，而且报了官！

给人送羊还要报官？这还有天理吗？

天理还是有的，因为辅公祏送杜伏威的羊不是他自己的，而是偷他姑妈家的，不报官才没天理呢！

辅姑妈气愤之余报告了官府，杜伏威和辅公祏因此成了官差追捕的嫌疑犯，两个人一着急，就离开了家乡，加入了群盗，从此走上了职业偷盗道路。这一年杜伏威十六岁，辅公祏略大一点，年龄不详。

加入群盗的杜伏威很快显示出超人的胆识和领导才能，每次行动，杜伏威出则居前，入则殿后，众人佩服，共推为主。大业九年，为了寻求更大的发展，杜伏威率领自己的属下加入起义军首领左君行的队伍，本想跟着左头领共赴大业，没想到左君行压根儿就没把他当回事，自觉无趣的杜伏威跟辅公祏一商量，算了，咱还是找个地方，自己单干吧！

声名鹊起

离开左君行，杜伏威转掠淮南，自称将军。在劫掠的同时，杜伏威也没有忘了发展队伍，事实证明，杜伏威很有拉队伍的天赋。

当时下邳有个人叫苗海潮，与杜伏威是同行，也拉了一支队伍聚众为盗。为了收服这支队伍，杜伏威让辅公祏给苗海潮带了几句话："若公能为主，吾当敬从，自揆不堪，可来听命，不则一战以决雄雌。"话说白了就是你要是觉得能领导我，你就当老大，如果自愧不如的话，就来认我当老大，不服咱就打一仗！

接到战争威胁的苗海潮仔细对比了一下双方的实力，最后一拍板，还是你杜伏威当老大，随即率领手下全部归附了杜伏威。

不过也有跟杜伏威较劲的，海陵起义军首领赵破阵就是其中一个，听说杜伏威兵比较少，也就没把杜伏威当回事，跟杜伏威恐吓苗海潮一样，他也强迫杜伏威来拜自己这个码头。

令赵破阵没想到的是，杜伏威真的就来了，还带着十个人抬来了好酒，嘴上还非常客气，看来赵破阵这个老大当定了！赵破阵大喜过望，引领杜伏威进入自己的大营，再召来其他头领一起喝酒，算是收编杜伏威的庆功酒。

然而赵破阵看到的仅仅是假象，杜伏威是来谈收编的不假，不过主语和宾语要颠倒一下，而且杜伏威收编的只是兵，光动嘴不动手的头领他一个不要！酒至半酣，杜伏威动手，将赵破阵及其几个手下斩于座位，顺势通告全营：你们被收编了，我杜伏威是你们的新老大！

自此杜伏威声势日益浩大，江淮间小盗争来附之，与此同时，杜伏威还走向了"精兵化"。

什么是精兵化呢？就是将精锐全部收为帐下，归自己直接领导。

在杜伏威的帐下，有义子三十余人，这些人都是一些头目，勇猛无比，见了杜伏威不叫老大，叫"干爹"。需要指出的是，此时的杜伏威不过二十出头，叫他干爹的，二十，三十，甚至四十岁的都有，在杜伏威那里，"干爹"就是一个尊称，与年龄无关！

除了三十多个干儿子，杜伏威还有五千死士，称为"上募"，估计是上等兵的意思。这五千死士杜伏威宠之甚厚，同甘共苦，每次作战，上募打头阵。每次战事结束后，杜伏威亲自验伤，伤在身前者重赏，伤在背部者立斩！为什么伤在背部者立斩呢？因为你曾经有逃跑的迹象，不然不会把后背露给敌人！（其实还有一种情况，敌人跑过头了呢？那只能算你倒霉了。）

残酷归残酷，杜伏威这个人赏罚非常分明，每次作战所获资财，皆以赏军士，有战死者，以其妻妾殉葬，故人自为战，所向无敌。

经过杜伏威的调教，这支队伍引起了隋炀帝杨广的重视，皇帝一挥手，右御卫将军陈棱以精兵八千讨之！

按照陈棱的本意，他是不敢出战的，他早就听闻杜伏威的凶猛，却没有想到杜伏威更有智谋。面对不出战的陈棱，杜伏威送了他一件礼物：女人的衣服，与衣服同时送达的还有一封信，信的开头是这样写的，"陈姥姥，你好！"

智者与愚者的区别在一件女人衣服和一封信上立刻显现，司马懿面对诸葛亮的挑衅坦然穿上女装，陈棱面对挑衅却选择了出城迎战，这一战陈棱一败涂地，杜伏威名声大噪！

两军对阵，杜伏威亲自出阵挑战，陈棱部将射中他的额头，杜伏威大怒，指着此人发下一句狠话："不杀汝，我终不拔箭。"

随即冲向陈棱的军阵，闯祸的部将混入阵中，以为这下就安全了。然而令他没想到的是，杜伏威真的冲了进来，所向披靡，在乱军中居然找到了他，使其拔箭，然后斩之，携其首级复入陈棱军中奋击，杀数十人。棱阵大溃，仅以身免。

与杜伏威相比，辅公祏也是一个狠人，他的军事才能在对阵李子通的大战中发挥得淋漓尽致。

当时李子通刚刚击败沈法兴，士气正旺，这时杜伏威派辅公祏搅局来了，率领精兵数千渡江挑战李子通。面对辅公祏的挑战，李子通压根儿没有放在眼里，他的麾下有数万人，兵力对比基本为十比一，十个打一个，打不死还打不残吗？

事实证明，十个打一个不仅没打残，还被对方打残了。为什么呢，辅公祏太狠了。

辅公祏先选出披甲战士一千人，这些人全部手执长刀，成为攻击的第一方阵。在第一方阵的背后，另有一千余人随后，辅公祏只给他们一个任务：前队有退却者，斩！

辅公祏自领余众，复居其后。等到两军接战时，无路可退的第一长刀方阵与李子通大军以命死磕，而辅公祏也没有闲着，趁李子通疲于招架之际，将手下殿后士兵一分为二，分左右两翼迂回包抄过去，刚才还是一面接战，转眼之间就变成了多点进攻，再加上长刀方阵有进无退，李子通的数万大军很快抵挡不住，纷纷溃散，一仗下来辅公祏俘敌数千。

有这两个狠人领导，杜伏威和辅公祏的队伍受到了各方势力的重视，宇文化及江都兵变之后任命杜伏威为历阳太守，没想到杜伏威却不买账，他压根儿就看不起宇文化及，就更别提宇文化及任命的官职了。

杜伏威这些人虽然叛乱，虽然割据，但从骨子里他们都是渴望正统的，这也是中国大历史中大分裂之后总能愈合的原因之一。杜伏威得到的第一个所谓的正统任命来自越王杨侗，杨侗任命杜伏威为东道大总管，封楚王。等到王世充被围之后，李渊遣使招降，渴望正统的杜伏威顺势投降唐朝，李渊随即任命杜伏威为东南道行台尚书令、江淮以南安抚大使、上柱国，封吴王，赐姓李氏，预宗正属籍，封其子杜德俊为山阳公，赐帛五千缎、马三百匹。

封王，赐姓，入皇族宗谱，很多人想到却得不到的，杜伏威想到便得到了，至此杜伏威叛乱之心已弱，富贵之心反增。一个人一无所有时无所畏惧，而当富贵在手后就开始小心谨慎，战战兢兢，可以说一个人一生的谨慎程度与财富指数密切相关。

原本杜伏威也想在自己的地盘上终老，然而随着形势的发展，杜伏威发现，想在自己的老巢终老是一件不可能完成的任务。武德五年，李世民先攻刘黑闼，再打徐圆朗，两次大战下来，杜伏威恐慌不已，想来想去只有去长安一条路，在天子脚下当一顺民，或许能保一生平安。

杜伏威虽然一生草莽，还是有几分计谋，在去长安之前，他也留下了后手，临走前安排义子王雄诞辅助辅公祏留守淮南，只要根据地在，那么淮南就是杜伏威的永久护身符！

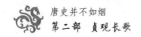
在长安，杜伏威受到了李渊的热烈欢迎，李渊请他坐上御座，以示恩宠，拜为太子太保，仍兼行台尚书令。留于京师，礼之甚厚，位在齐王元吉之上，以宠异之。

被别人改变的命运

如果日子就这样平淡地过下去，杜伏威或许可以在长安继续富贵地生活，然而生活注定充满了变数，杜伏威的日子同样如此。

值得一提的是，杜伏威到长安首先改变了一个人的生活，这个人就是他的手下败将李子通。李子通在兵败后被杜伏威擒获，被当成见面礼送给了李渊。听说杜伏威入长安当闲职太子太保，李子通的心眼又活泛了，在他看来，此时江东局势不稳，如果从长安逃回江东重召旧部，一定能成就一番大业，何必再当李渊的阶下囚呢？

怀着东山再起的梦想，李子通带着部将乐伯通一起逃亡，刚逃到蓝田关，就被抓获，这下不用当阶下囚了，直接去死吧！

杜伏威在无意中改变了李子通的人生，瞬即他的人生也被别人改变。这个别人就是辅公祏，杜伏威的刎颈之交、亲密无间的战友。

就在杜伏威前往长安一年后，辅公祏在淮南发动了兵变，这下彻底撕掉了杜伏威的护身符，淮南一叛乱，杜伏威对于李渊而言，连鸡肋都不是。

我们不知道淮南兵变后杜伏威如何度日，我们只知道，辅公祏兵变六个月后，杜伏威在长安暴卒。暴卒已经是一出人生悲剧，然而杜伏威的悲剧还在身后延续。（杜伏威暴卒有一种说法是，他常年服用一种丹药，超标而死。）

在杜伏威身后，李孝恭平定了辅公祏的叛乱，在平叛的过程中，他风闻辅公祏自称是受杜伏威之命而叛乱，这样杜伏威在死后又背上了叛乱的罪名。李渊接到上奏后，除去杜伏威官名，籍没其妻子。

悲剧一直延续了三年，直到贞观元年，太宗李世民知其冤，赦之，复其官爵，葬以公礼，此时距离杜伏威暴卒已经过去整整三年！

辅公祏的二百天

说完了杜伏威的人生结局，再来说亲密战友辅公祏。

辅公祏为什么要兵变呢？难道他不知道这样会害死杜伏威吗？

理由只有一个，利益面前没有兄弟，无论他们曾经有多亲密！

创业之初，杜伏威与辅公祏亲密无间，形影不离，辅公祏比杜伏威年长，杜伏威以兄事之，后来杜伏威家大业大，收了三十多个义子，这三十多个义子管杜伏威叫"干爹"，顺口就管辅公祏叫"干大爷"了（军中谓之伯父）。

开始时，杜伏威和辅公祏对这些称谓都是一笑了之，然而慢慢地，杜伏威发现，自己这个干爹与辅公祏这个干大爷在军中的地位几乎一样，没有任何区别，换句话说，辅干大爷的威望已经影响到杜干爹的威望，这可怎么办呢？尽管大家都是兄弟，但毕竟一山不容二虎，除非一公一母，然而偏偏杜伏威和辅公祏是两只公老虎，这下就难办了。

盘算多日，杜伏威对身边的人物关系进行了仔细的分析，最终的分析结果出来了："干儿子比干兄弟更靠谱！"

随即杜伏威进行了高层改组，任命一号义子阚棱为左将军，二号义子王雄诞为右将军，同时任命辅公祏为仆射，一人之下，万人之上，外示尊崇，实夺兵权。经过改组，干兄弟辅公祏被踢出核心层，无事可做又快快不乐，怎么办呢？

辅公祏很快想到了一个办法，找到老朋友左游仙学一样手艺吧，什么手艺呢？修道辟谷！

辅公祏难道改了性，真的想当道士？其实当道士是假，掩藏锋芒是真。从这一刻起，亲密兄弟已经荡然无存，留在世上的是不共戴天的两个政敌。

等待了数年，辅公祏等到了机会，武德五年，杜伏威前往长安，辅公祏的机会来了。

为了保持淮南基地的安定团结，临走前杜伏威指定辅公祏主持全面工作，同时指定二号义子王雄诞掌握兵权，辅助辅公祏，临走还交代王雄诞："吾入京，若不失职，无令公祏为变。"杜伏威这个布局大家都明白，辅公祏当家不做主，王雄诞做主不当家，说白了，在杜伏威那里，干儿子还是比干兄弟靠谱。

然而杜伏威什么都安排好了，就是没有安排好王雄诞的智商。

杜伏威走后，辅公祏的朋友左游仙开始游说辅公祏兵变，经过游说，辅公祏表示同意，然而仔细一想，兵变根本没有条件，兵权都握在王雄诞手里，辅公祏根本无法调动一兵一卒。没有兵怎么兵变呢？很简单，夺兵，从低智商的王雄诞手中夺兵！

辅公祏随即伪造了一封密函，这封密函是以杜伏威的口气写给辅公祏的。在密函里，杜伏威对义子王雄诞的忠心产生了怀疑，并嘱咐辅公祏时刻留心，注意防范。在辅公祏的传播下，这封密函就成了公开信，淮南基地上上下下都知道这件事情，这让王雄诞很恼火，也很没有面子，一生气，一上火，王雄诞装病撂挑子不干了！

王雄诞的智商太低了，怎么就不知道世上还有两个字叫"离间"呢！

趁着王雄诞装病撂挑子的工夫，辅公祏马上收回兵权，控制了大局，随即又发布一道密函，声称是杜伏威写的，信的大体内容是："兄弟们我回不来了，你们自己好好干吧！"

公开信一出，淮南上下彻底砸了锅，本来起义军与官府的信任度就很低，再加上谣言一散播，淮南马上就从归附转为叛乱。淮南从此不再是杜伏威的护身符，只是辅公祏起事的筹码。

起事之前，辅公祏还征求了王雄诞的意见，此时王雄诞才恍然大悟，原来是上了辅大爷的当。面对辅公祏的招降，王雄诞终于恢复了正常的智商："今天下方平定，吴王又在京师，大唐兵威，所向无敌，奈何无故自求族灭乎！雄诞有死而已，不敢闻命。今从公为逆，不过延百日之命耳，大丈夫安能爱斯须之死，而自陷于不义乎！"随后，王雄诞被干大爷绞杀，为自己的一生画上了一个结！

尽管王雄诞的智商不高，他最后的话却是对的。此时的辅公祏起事，已经失去了最重要的天时，历史已经进入了武德六年，起事已经不再是起事了，而是叛乱！以淮南一隅，又怎么能和唐朝的兵锋相争呢？

王雄诞预言辅公祏叛乱顶多维持一百天，实际上他错了，大错特错了，人家辅公祏的叛乱维持了二百天，整整比他预言的多一倍！

然而一百天跟二百天相比有意义吗？变的只是天数，不变的是失败的结局！

武德六年八月，辅公祏在丹阳登基，自称皇帝，国号宋，修缮南陈故宫自己入住，署置百官，任命道友左游仙为兵部尚书，大修兵甲，转漕粮馈，在淮南正式另起炉灶，与李渊分庭抗礼！

至此，辅公祏称帝，彻底把当年的刎颈之交杜伏威推向了尴尬之地，六个月后，杜伏威在长安暴卒，死因不明，对于杜伏威莫名其妙的死，辅公祏至少得负一半的责任。

当年偷羊赠兄弟，如今以死赠政敌，十二年共同起事的时光，磨灭的是兄弟之情，不灭的是利益之争。

称帝的辅公祏并没有多大作为，上任后的最大业绩可以总结为两条：一场小胜，一场暗杀。

被辅公祏小胜的是他的一个老对手，也是老朋友，不经打的沈法兴。当时沈法兴盘踞毗陵，辅公祏领兵攻克，逼着沈法兴又搬了一次家，仅此而已。

一场暗杀呢，就是暗杀唐朝黄州总管周法明。当时周法明正在战船上设宴请客，辅公祏委任的西南道大行台张善安趁机派出了刺客，刺客们划着捕鱼的小船接近了周法明的战船，战船上的警卫竟然熟视无睹，以为只是渔民正常的捕鱼。趁着警卫松懈，刺客们一跃而上，将喝得面红耳赤的周法明斩于座前！

让你在工作时间喝酒，该！

除了这两条战绩，辅公祏的业绩实在提不起来，然而他也没有太多的时间做业绩，因为仅仅半个月后，李渊下达了围剿令，赵郡王李孝恭、岭南道特使李靖、怀州总管黄君汉、齐州总管李世勣四路出击，围剿辅公祏。

都说率军出征讲究好彩头，实际上这次出战，李孝恭却遇到了一个极坏的兆头！

临近出发，李孝恭宴请诸将，大家以水代酒，清水端上来了，初时不以为意，瞬间诸将脸色大变，为什么呢？刚才还清澈见底的水，忽然变成了血红色！凶兆！绝对的凶兆！

诸将面面相觑，李孝恭却举止自若，微微一笑："这是辅公祏人头落地的征兆！"（此乃公祏授首之征也）言毕，饮而尽之，众皆悦服。

凶兆变为吉兆，关键取决于每个人的心态！

时间进入武德七年，辅公祏的日子越来越难过了，正月十一日赵郡王李孝恭攻破枞阳，一个月后攻破鹊头镇，二月一十二日行军副总管权文诞攻破枚洄

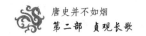

等四镇。三月十六日李孝恭攻克梁山等三镇。五天后安抚使任瑰攻克扬子城，广陵城主龙龛降。

此时辅公祏将宝押在了博望山和青林山，在这里他布下了重兵，这是他最后的防线，也是最后的筹码。辅公祏部将冯慧亮、陈当世将舟师三万屯博望山，陈正通、徐绍宗将步骑二万屯青林山，并在梁山长江两岸拉起铁索以断江路。

此时李孝恭与李靖率领水师已经到达舒州，李世勣率步卒一万渡过淮河，攻克寿阳，抵达硖石，各路唐军蜂拥而至，然而遇到了一个难题，守将冯慧亮坚守不出！

冯慧亮借助山势，坚守不出，唐军就是饿狼，也无法对着冯慧亮这个刺猬下口。怎么办？难道就让这个刺猬猖狂？

李孝恭想到了李世民的老办法，不急，先断了他的粮再说！

摸清了冯慧亮的运粮通道后，李孝恭出奇兵断了冯慧亮的粮道。如此一来，冯慧亮的粮草只减不增，断粮迹象已经出现。然而即使这样，冯慧亮还是坚守不战，看样子是宁可饿死，也不战死，难题又扔给了唐军，不能就在人家的家门口傻等啊！

李孝恭召集众将商议，众将一致建议采用蛙跳战术，绕过博望山和青林山，直指辅公祏的老巢丹阳，只要打下丹阳，冯慧亮自会投降。诸将的话听起来很有道理，李孝恭刚准备同意，李靖站起来提出反对意见，大家这才发现蛙跳战术断不可行，勉强为之，定是自寻死路。

李靖曰："辅公祏精兵虽在此布置水陆二军，然而自己留守的亦为不少，现在博望山尚不能攻克，辅公祏凭借坚城，岂易取哉！进攻丹阳，旬月不下，冯慧亮等尾随我军，届时腹背受敌，此危道也。"

看来蛙跳战术定不可行，那么怎样让冯慧亮这只刺猬露出肚皮呢？李靖支出一招：赢兵挑战，精兵伏击。

赢兵挑战就是安排老弱病残的士兵前去叫阵，诱使对方出兵，等对方倾巢而出时，精兵伏击，一举歼灭。这一招如果用在正规军身上可能不好使，然而用在辅公祏的杂牌军身上，还是很管用的。

李靖派出一批老弱残兵挑战，果然将冯慧亮的大军引到了伏击圈，追击的士兵被杀得七零八落。此时冯慧亮的后续部队又源源不断地赶到，战事的胜负还未可知，然而唐军中有一员大将摘下自己的头盔，向冯慧亮的大军大喊了一声："汝曹不识我邪？何敢来与我战！"

这个人是谁呢？冯慧亮的大军认识这个人吗？

当然认识，这个人原本在淮南名气就很大，他就是杜伏威的头号养子、左将军阚棱，此时他的身份是唐左领军将军。

阚棱一声大喝，冯慧亮再也收束不住，军中有很多人是阚棱的旧部，听到他威风凛凛的这声大喝，有的下拜，有的干脆放下武器转身逃跑。冯慧亮大军瞬间溃散，军心再也无法收束。李孝恭与李靖乘胜追击，博望山、青林山两道防线一起崩溃，冯慧亮、陈正通逃往丹阳，士卒死伤、淹死一万余人。

无 处 可 逃

最后的防线已被突破，丹阳已成孤城，虽然辅公祏手下还有数万士兵，然而数万人都成了惊弓之鸟，只要拉一下弓弦，哗啦啦就能倒下一大片！

李靖率军先到了丹阳，大惊失色的辅公祏不敢固守，居然拥兵数万放弃丹阳城向东而去，计划与道友、兵部尚书左游仙在会稽（今浙江省绍兴市）会合。然而没有想到，烦人的李世勣居然一直在身后追赶得不依不饶！

好不容易跑到了江苏句容，辅公祏又有了第二个没想到。一盘点手下的士兵，辅公祏心凉透了，出丹阳城时还有数万人，到现在一查数，怎么着也应该剩五千吧？

还五千呢？五百！

苍蝇也是肉，五百就五百吧！

当夜辅公祏夜宿常州，本想过了这一夜带着五百人继续赶路，没想到，这五百人也带不走了，因为辅公祏的部将吴骚等人惦记着劫持辅公祏给唐军献礼呢！

仓促中得知消息的辅公祏顾不上接出老婆孩子，带着亲信砍开城门就跑了出去，等跑出去一盘点，还剩多少人呢？几十！

几十就几十吧，等见到道友左游仙，一切都会好起来的！

然而人到走背运时，厄运总是接二连三，好不容易进入了浙江境内，距离

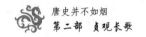

左游仙盘踞的会稽已经不远了,辅公祏的厄运又来了。

在武康(今浙江省德清县西武康镇),辅公祏的队伍遭到了乡间流浪汉的攻击,心腹一一战死,辅公祏被生擒。这些乡间流浪汉也是识货的主,他们知道这个人可能身价不菲,索性押着辅公祏到了丹阳,在那里流浪汉们获得重赏,辅公祏则被公开斩首,此时距离他与杜伏威亡命天涯已经过去了整整十三年,距离此次叛乱仅仅二百余天!

辅公祏猜中了故事的开头,却没有猜中故事的结尾!

随后李孝恭分捕余党,悉诛之,江南皆平,李孝恭因功荣升为东南道行台右仆射,李靖为东南道行台兵部尚书。上深美靖功,曰:"靖,萧、辅之膏肓也,古之名将韩、白、卫、霍,岂能及也!"

赞美,世界上最廉价同时也是最受用的礼物!

顺着李靖说一下另外一个人的结局,这个人就是此前在博望山立下大功的杜伏威一号义子阚棱。

博望山一战,阚棱立下头功一件,然而得意的阚棱怎会想到,一场无妄之灾正向他无情地袭来:辅公祏居然在最后的供词中宣称,阚棱与自己共同策划了这次淮南叛乱!

见过乱咬人的,没见过这么乱咬人的!

其实一切都很好解释,原本阚棱就与这个干大爷有过节,当年正是他和王雄诞一起瓜分了干大爷的兵权,这是旧恨;博望山一战,又是阚棱摘下头盔动摇了军心,导致辅公祏的惨败,这是新仇。新仇和旧恨加在一起,干大爷自然不会放过干侄子,因此就出现了临死前的乱咬!

如果仅仅是辅公祏的乱咬,阚棱还是能保住自己的命,没承想,不久他又触了李孝恭的霉头,为什么呢?居然是因为一次没收!

在追查辅公祏余党的同时,李孝恭顺便把原来在杜伏威、王雄诞、阚棱名下的良田和住宅一起没收了。这让自恃有功的阚棱非常不爽,一气之下居然找李孝恭当面理论,两人争吵起来,争吵起来自然没有好话,阚棱以下犯上,言辞不敬,李孝恭更不是善茬,他既是大军统帅,又是李渊的远房侄子,皇亲国戚,一怒之下,借着辅公祏的口供,以谋反诛之!

早知如此,何必呢?

命该遭遇的时代

至此江南平定，岭南归附，唐朝境内大体底定，战争威胁在南方已经基本消除，帝国的外患转移到北方的突厥，颉利可汗成为武德与贞观两朝的主要敌人。

随着唐朝对手的一一覆灭，草创的李渊政府精力得以由军事渐渐转向国内的政治，与此同时，三个皇子的斗争也正式升级，争储走向白热化！

也是在这一年，李渊的政府终于有了正规的模样，临时管制的军事委员会模式寿终正寝，唐朝中央政府的大体模式终于实现了正规化，大体而言，唐基本延续隋制，框架不变，细部微调。

以太尉、司徒、司空为三公，次为尚书、门下、中书、秘书、殿中、内侍为六省，次御史台，次太常至太府为九寺，次将作监，次国子学，次天策上将府，次左、右卫至左、右领卫为十四卫；东宫置三师、三少、詹事及两坊、三寺、十率府；王、公置府佐、国官，公主置邑司，并为京职事官。州、县、镇、戍为外职事官。自开府仪同三司至将仕郎，二十八阶，称"文散官"；骠骑大将军至陪戎副尉三十一阶，为武散官；上柱国至武骑尉十二等，为勋官。

政治是什么？政治就是人与人的关系，就是无数人纠缠在一起，无数人一起或有意或无意上演的一台戏。其实每个人生来就是演员，任务就是演好自己的角色。

时间走到了武德七年，聚光灯打向了三个年轻人，太子李建成、秦王李世民、齐王李元吉。这一年太子李建成三十五岁，秦王李世民二十六岁，齐王李元吉二十一岁，他们正经历着一生中最好的岁月，同时也是人生中最差的岁月。

莎士比亚说：我们命该遭遇这样的时代！这句话同样适用于李渊和他的三个儿子。

历时三年，李家的三个皇子打造了一出历史大戏，戏的名字很短，只有三个字，《玄武门》。

第三章 走不出的玄武门

杨文干谋反

二十多年前，当太子杨勇与晋王杨广兄弟相争时，旁观者李渊只是不断地摇头，在他看来，手足相残，又何必呢？毕竟一笔写不出两个杨字。回头看看自己的儿子李建成和李世民，李渊的心里充满了安慰，虽然自己没有大富大贵，至少儿子们可以保持兄弟和睦，这个世界上有比兄弟和睦更珍贵的东西吗？

然而，世界会变的，一切都会变的，李渊也不知道究竟是从何时起，儿子们变得不能相容，难道就是因为自己的这个皇位？

是的，就是皇位。皇位面前，只有第一，没有第二，只有君臣，没有兄弟。

同李渊一样，李世民也陷入了迷茫之中，以前他的迷茫是不知道如何尽快平叛天下，而现在他的迷茫是不知道如何走出兄弟相争的困局。古往今来皇位都有排他的唯一性，在竞争皇位的过程中注定不会有大团圆，也不会有哥俩好，那么自己又将如何摆平与建成、元吉的纷争呢？

想了很多天，愁了很多天，李世民抱定了一个信念：随其自然！对于皇位，既不能当仁不让，也不能袖手旁观，一个字，"等"。

"等"不是虚度光阴，而是等待有利的时机！

"等"是将拳头收到自己的怀中，不是不出，而是等待出重拳的机会！

"等"是一种智慧，也是一种态度！

善于等待的李世民并没有等待多久，他就迎来了第一个机会，这个机会就是杨文干谋反！

其实，杨文干谋反只是一个偶然事件，根源还是太子建成与齐王元吉对李世民的算计。

自从兄弟三人的斗争进入白热化以后，建成和元吉的杀机渐起，元吉屡次劝建成除掉秦王李世民。为了表示自己的诚意，元吉甚至说："当为兄手刃之！"

要说元吉也是个混不吝，这个人犯起混来神仙都拦不住，武德初年镇守并州时就是一派恶少的作为，性好畋猎，尝言"我宁三日不食，不能一日不猎"，又纵其左右攘夺百姓，蹂践谷稼，放纵亲昵，公行攘夺，境内六畜，因之殆尽。当衢而射，观人避箭以为笑乐。分遣左右，戏为攻战，至相击刺毁伤至死。夜开府门，宣淫他室。百姓怨毒，各怀愤叹。（李渊咋教育的！）

尽管李元吉是个混不吝，不过他也是个讲信用的人。在对李建成作出承诺后，他就一直在寻找除掉李世民的机会。没过多久，他找到了。

这是个什么样的机会呢？原来李渊与李世民要一起到李元吉家做客！这下就给了李元吉一个千载难逢的机会。

李元吉安排护军宇文宝伏于寝内，欲趁机刺杀李世民，幸好事到临头，李建成又于心不忍，遽止之。为此，哥俩还翻了脸，元吉愠曰："为兄计耳，于我何有！"

事实上，李建成一方面尚存兄弟情谊，一方面则是投鼠忌器，毕竟老爹李渊与李世民一起到元吉家做客，总不能就在老爹的眼皮底下做掉李世民。一旦老爹翻脸，或许哥仨一起被废，反正皇子有得是，二十多个呢！

李世民躲过了这一次近在咫尺的刺杀，太子建成与齐王元吉的敌意却没有丝毫消除，反而变本加厉了。哥俩私召四方骁勇，并募长安恶少两千余人，畜为宫甲，分屯太子宫左、右长林门，号为"长林兵"。这两千余名长林兵成为李建成的关键筹码，在玄武门之变中差点扭转了战局。除了长林兵之外，李建成还把手伸到了外围，密使右虞候率可达志从燕王李艺处征调幽州突骑三百，置宫东诸坊，准备补充进太子亲兵卫队，这三百突骑非同小可，久经考验，百

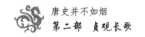

炼成钢。有了这三百突骑，太子建成这只老虎就插上了小翅膀。

然而李建成的算盘并没有拨弄太久，没几天，三百突骑的事情就让李渊知道了，这让李渊也吓了一跳。三百突骑既是对李世民的威胁，也是对李渊的威胁，要知道这三百个狠人就在东宫附近，与李渊的寝宫距离之近，李渊用脚丫子都能量出来！

为了保证自己的睡眠质量，李渊叫来李建成狠狠教育了一通，顺便遣散了三百突骑，再顺便把经手此事的右虞候率可达志流放到了巂州。巂州就是现在的四川省西昌市，现在出名是因为那里有一个卫星发射中心，为什么会在那里建卫星发射中心呢？因为那里荒凉，人烟罕至。那么倒退一千多年，巂州这个地方该荒凉到什么程度呢？

看来李渊这个父亲很护犊，对自己的儿子手软，对别人的儿子手辣得一塌糊涂！

得力干将可达志已经被流放到人烟罕至的巂州，然而太子建成的棋子并不只这一个，庆州（今甘肃省庆阳市）都督杨文干就是其中的一个。

杨文干当过太子宫的卫士，在工作的过程中成了太子建成的铁杆。经太子推荐，杨文干当上了庆阳都督，因此也成了建成的一颗布局的棋子。

出任都督的前期，杨文干的任务就是招募勇士加以训练，训练期满后就将这些人送到长安，编进太子亲兵卫队，其他的时候则是随时待命，等待太子召唤。

武德七年六月，杨文干等到了来自长安的消息：李渊将在本月前往仁智宫避暑。

按道理说，李渊避暑与一个庆州都督根本没有关系，那么杨文干得到这个消息又有什么用呢？当然有用，因为此次李渊前往仁智宫避暑并非一个人，随行的还有秦王李世民和齐王李元吉，此时的京城长安只剩下李建成一个人说了算！

看过古装电视剧的人都知道，皇帝离开京城的时期是最敏感的时期。历史上的很多变故都是在皇帝离京期间发生，现在恰恰李渊也离开了京城！

对于李渊的这次离京，李建成也做了两手准备，一手对付李世民，一手召唤杨文干，两手抓，两手都要硬。对付李世民的任务交给了齐王李元吉，示意李元吉伺机动手，曰："安危之计，决在今岁！"召唤杨文干的任务则落在了内府郎将尔朱焕和校尉桥公山身上，他俩的任务是给杨文干送装备军队的铠甲。

花开两朵，各自斗艳，李建成以为自己两路开花，两路结果，却没有想到，这两路到最后都成了无花果。

为什么两路都会成无花果呢？就是因为送铠甲的这一路掉了链子！

负责送铠甲的尔朱焕和桥公山从长安出发，一路走到了豳州，他们的目的地是杨文干镇守的庆州，此时刚刚走了一半。然而两个人不准备再走了，久在太子身边，他们很清楚此时送铠甲的含义，说白了，就是谋反。谋反可是灭族的罪，自己家里有几颗脑袋够李渊砍呢？哥俩想来想去，终于痛下决心，不往北走了，咱往东走吧！

往北，是杨文干镇守的庆州；往东，是李渊避暑的仁智宫。

往北，可能获得的是未来幸福期权；往东，可能获得的是现金！

比来比去，现金比期权更实在，两人一跺脚，直接把铠甲送到了仁智宫，顺便上报李渊：太子勾结杨文干密谋起事！

太子谋反？别开玩笑了，天下迟早不就是他的吗？

接到奏报的李渊虽然震惊，但仍然心存怀疑，他实在搞不清太子谋反的动机。就在李渊举棋不定时，长安又传来急报：宁州人杜凤举向中央举报，太子谋反。三人成虎，现在已经有三个人说李建成谋反了，莫非是真的？

长于谋略的李渊并没有乱方寸，而是找了个理由召唤太子建成从长安前来晋见，兵法上这叫"投石问路"，试试李建成的深浅。如果李建成真想谋反，那么就让你仓促起兵，首尾不顾；如果不想谋反，那么爷俩就当面把话说清楚，彼此交换一下底牌！

接到李渊召唤的李建成顿时大惊失色，他没有想到送铠甲的一路居然直接将铠甲送给了老爹，这等于直接让老爹看到了自己的底牌，那么接下来怎么办呢？是跟老爹死磕，还是跟老爹服软呢？

太子舍人徐师谟的意见是占据京城，父子死磕；詹事主簿赵弘智的意见则是放弃抵抗，父子和解。

究竟是死磕，还是和解呢？太子建成迅速在脑海中将双方进行了实力对比，颓然发现，自己实在没有跟老爹死磕的资本，自己唯一的资本就是太子身份，然而这个身份恰恰是老爹给予的，自己就是一个狐假虎威的风筝，而控制

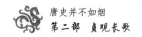

风筝的线却始终在老爹的手中。

当日，李建成出长安奔赴仁智宫，当面向老爹李渊请罪。距离仁智宫还有六十里，李建成将所有部属留在当地，自己只率十几个骑兵赶赴仁智宫，他要用这个姿态向老爹证明，自己绝无反心。然而尽管李建成计划周密，他还是遗忘了一个关键的环节：庆州的杨文干。

父子相见，分外眼红，李渊眼红是急火攻心气的，李建成眼红是装可怜哭的。高祖李渊大怒，建成叩头谢罪，用力过猛，几乎气绝身死（奋身自投于地，几至于绝）。即便这样，李渊还不准备饶恕李建成，当夜将之软禁于帐幕之中，只提供粗麦饭充饥，指派殿中监陈福严密监视，同时派遣司农卿宇文颖前往庆州，召唤杨文干当面对质。

令李渊没有想到的是，司农卿宇文颖居然是个大嘴巴，原本他的任务只是征召杨文干到仁智宫觐见，没想到一见到杨文干，他就把所有的事情都告诉了杨文干。

于是难题一下子摆在了杨文干面前，怎么办？反还是不反呢？

事实证明，杨文干是个彻头彻尾的粗人，如果此时不反，太子建成在李渊面前就不会落下太多把柄，顶多落一个结交外官，行为不检，而杨文干一反，太子建成的罪名就坐实了，浑身是嘴也说不清，跳到长江也洗不清了。

杨文干反了，李世民的机会来了，对付这样的小角色，李世民一根小手指头就够了，关键是，太子不可信任了，那么自己的机会就来了。

接到老爹的召唤，李世民大步流星地赶到了老爹面前，李世民曰："文干竖子，敢为狂逆，计府僚已应擒戮；若不尔，正应遣一将讨之耳。"上曰："不然。文干事连建成，恐应之者众。汝宜自行，还，立汝为太子。吾不能效隋文帝自诛其子，当封建成为蜀王。蜀兵脆弱，它日苟能事汝，汝宜全之；不能事汝，汝取之易耳！"

踏破铁鞋无觅处，得来全不费工夫，李世民期盼多年的变局终于在这次小规模的叛乱中发生了，只要擒下杨文干，自己就是新太子！

李世民兴冲冲地出发了，在他的眼前，皇位已经在向他招手，只要灭掉杨文干，平息太子建成引发的叛乱，他就是大唐的储君！

然而，世上的事总是充满了变数，在李世民出军之后，一场围绕着太子建成的救赎也随之展开。

齐王李元吉，宠妃尹德妃、张婕妤，这些收过李建成好处的人开始在李渊面前为李建成说情，与此同时，隋唐两朝的老油条、侍中封德彝也在政府中网罗一干人等为李建成说情，一个人，两个人，三个人，说的人多了，李渊的耳朵也听出了老茧，也听到了心软，毕竟李建成已经当了七年的太子储君，除了这次疑点重重的疑似叛乱，李建成的表现一直很好。再者，前朝杨勇的悲剧就在自己眼前发生，难道自己也要步姨父的后尘吗？废错太子，可是要动摇国本的！

几天后，李渊的态度发生了逆转，不再提废太子的话题，反而解除李建成的软禁，派遣他回长安继续居守，就当一切从来没有发生过。

然而，发生的终究发生了，这一切又怎么解释呢？李渊的解释是"兄弟不睦，相互指责"。本着凡事都有替罪羊的原则，这次事件李渊归罪于太子中允王珪、左卫率韦挺、天策兵曹参军杜淹，是他们撺掇兄弟不和，三个人一起上路吧，流放嶲州，别忘了替李渊给可达志问个好。（终于凑齐一桌麻将了。）

数天后，李世民出军进逼杨文干据守的庆州，杨文干全军抵挡不住，全线崩溃，杨文干本人被部将刺杀，人头被送给李世民。这场小规模叛乱，刚开了头，就结了尾。

回军路上，李世民得知父亲变卦的消息，心中只能一声叹息：又白忙活一场！

说到底，杨文干谋反就是一件谜案，疑点重重，我们目前看到的材料来自《旧唐书》《新唐书》《资治通鉴》，这三种资料一致宣称杨文干谋反，事实上，杨文干的谋反动机又在哪里呢？难道是李建成想提前登基？难道李建成已经感受到来自李世民的压力？即使李建成占据京城，外有杨文干策应，然而这样的胜算有多大呢？只要李渊一纸诏书，李建成就是乱臣贼子，人人得而诛之，难道李建成从来没有想过这一点吗？

从相关资料来看，当时李建成的地位还比较稳固，目睹前朝废储的李渊在储君的问题上更加谨慎，因为前朝的悲剧历历在目。

然而从李渊最后对此事的处理来看，李渊的结论是"兄弟不睦"，这个结论值得玩味，而三个替罪羊也很有意思，太子中允王珪、左卫率韦挺来自东宫，属于李建成的部属，天策兵曹参军杜淹则来自秦王府，属于李世民的阵营。李渊如此处理，实际就是将李建成和李世民各打五十大板！

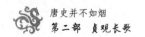
就此，从隐晦的史料中可以作出一个假设：杨文干谋反其实是李世民的一个反向策划！

事实的真相很可能是这样的：

太子建成和杨文干确有内外呼应的企图，但仅仅是企图，而洞悉这一切的李世民在送铠甲的尔朱焕和桥公山身上做了手脚，让这次原本普通的送铠甲事件升级成了谋反（除了杨玄感，谁会在谋反前连铠甲都凑不齐）。同时征召杨文干到行宫对质的宇文颖也很可能是李世民的一个棋子，这个人彻底点燃了杨文干的谋反之火。

由于年代的久远、史实的隐晦，历史的真相已经永远地被掩盖在岁月的浮尘之下，我们只知道，"杨文干谋反"的最大赢家原本是李世民，只不过到最后，李渊将两个皇子各打了五十大板。这场疑似叛乱中，杨文干被杀，宇文颖被斩，王珪、韦挺、杜淹被流放，太子李建成和秦王李世民各自虚惊一场，仅此而已。

然而，兄弟相争，一旦开始，就不会结束，随着第一回合的战平，第二回合接踵而至！

微妙的平衡

杨文干谋反很快成为历史，李建成与李世民的争夺却还在继续，他们的争斗，有时候很大，有时候则很小，然而在皇帝的家中，鸡毛蒜皮也没小事，一件小事或许就能左右皇位的最终归属。

先来说一件小事，有多小呢？实际上就是个迁都的问题。

好好的怎么想起了迁都呢？这一切都是东突厥人惹的祸！

晋阳起兵之初，李渊与东突厥结成了战略合作伙伴关系，然而伙伴关系随着李渊建都长安就演变成了摩擦关系。没有办法，东突厥人不事生产，生活所需的日用品都生产不出来，再加上生产力水平远远低于李渊的唐朝，所以东突厥这个伙伴也就经常不打招呼到唐朝来借点东西，当然借的同时也没打算还！

一天两天还可以接受，时间长了，李渊也受不了，毕竟一睁眼就看见伙伴不打招呼来拿自己的东西，谁看了谁都不爽。

怎么办呢？

死磕？当然不行！唐朝刚刚从国内的硝烟中恢复一点元气，一个大病初愈的人怎么跟虎视眈眈、气喘如牛的人斗呢？

继续花钱买和平？似乎也不行！钱越花越多，和平越来越贵，到什么时候才算个头呢？

那么该怎么办呢？

此时有人提了一个建议：火烧长安，远走他乡！惹不起咱躲得起！

这位天才接着说："突厥所以屡寇关中者，以子女玉帛皆在长安故也。若焚长安而不都，则胡寇自息矣。"

令人感慨的是，李渊这个天才居然同意了这个天才的说法，随即派遣中书侍郎宇文士及逾南山至樊、邓，行可居之地，勘察可以迁都的地方。经过宇文士及的勘察，襄阳似乎是个不错的选择。

对于两个天才的迁都意见，大臣们分成了三派，太子建成、齐王元吉、裴寂属于赞成派，萧瑀等一干大臣属于装聋作哑派，秦王世民则是旗帜鲜明的反对派，在他看来，迁都不是解决问题的根本，说白了是帝国的耻辱。

李世民曰："戎狄为患，自古有之。陛下以圣武龙兴，光宅中夏，精兵百万，所征无敌，奈何以胡寇扰边，遽迁都以避之，贻四海之羞，为百世之笑乎！彼霍去病汉廷一将，犹志灭匈奴；况臣忝备藩维，愿假数年之期，请系颉利之颈，致之阙下。若其不效，迁都未晚。"

显然李世民就是旗帜鲜明的死磕派，在他看来，对于东突厥求和不是办法，迁都也不是办法，唯一的办法就是在求和的掩护下死磕。事实上，在贞观年间，正是李世民一手求和，一手死磕，最终将东突厥打得一败涂地，也用铁的事实验证了自己当年的誓言。

李世民的一席话深深打动了李渊，其实李渊又何尝愿意迁都，他对长安是有感情的，他生于斯长于斯，对长安的感情比杨广深得多，况且长安是他的福地，谁会轻易离开自己的福地呢？

李世民的话尽管打动了李渊，却没有打动太子李建成，在这个问题上，哥俩必定是要唱一出反调的。李建成不动声色地看着李世民："昔樊哙欲以十万众横行匈奴中，秦王之言得无似之！"那意思是说，你李世民说话怎么跟樊哙一样没谱，西汉的樊哙号称以十万之众横扫匈奴是不自量力，你李世民说这大

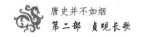

话岂不是更加不自量力！

面对太子的反调，李世民反唇相讥："形势各异，用兵不同，樊哙小竖，何足道乎！不出十年，必定漠北，非敢虚言也！"

其实，太子李建成和秦王李世民各有各的道理，李建成说的是眼前，李世民说的是日后，两个人说的都不算错，只是两个人的话语无形之中昭示着两个人的眼光。相比之下，纵横天下多年的李世民要比养尊处优的太子眼光更加长远，不因为别的，只因为他走的路比太子更多！

读万卷书，行万里路，此言不虚！

经过当廷争论，"迁都"胎死腹中，李世民略胜一筹。

然而，李世民的胜利还是没有延续太久，虽然他的表态深得老爹李渊赏识，不过经过建成与妃嫔的添油加醋之后，李世民的表态就有了另外一种解释。

李建成联合嫔妃们对老爹说："突厥虽屡为边患，得赂则退。秦王外托御寇之名，内欲总兵权，成其篡夺之谋耳！"

同一件事情，往阳光处是一种理解，往阴暗处也是一种理解，李世民主张抵御东突厥可以理解为"为国分忧"，然而也可以理解为"假借御寇之名拥兵自重"。

向左，"为国分忧"，向右，"拥兵自重"，中国式的智慧实在太高深了。

同样的难题其实在中国的大历史中不断上演，比如南宋的岳飞，比如清朝的曾国藩、李鸿章、左宗棠，同一件事情，两种解释，两种标准，作为当事人，又该何去何从呢？

向左，还是向右，李渊同样也陷入了两难，不过善于搞平衡的他还是想到了一个办法，"限制使用"。

何谓"限制使用"呢？简单说来就是平时限制，战时使用，平时就把李世民当大臣一样使用，不搞特殊，没有兵权，战时则假以兵权，命为统帅。说白了李世民就是他的合同制元帅，战争开始，合同签订，战争结束，合同自动终止，如此一来，兵权始终握在李渊自己的手中，毕竟只有刀把握在自己的手里才最安全！

总体说来，"迁都"之争，李世民明胜暗负，表面上得到了老爹的赞许，实际上却受到了老爹的猜忌，这一回合，李世民负于李建成！

说完迁都的小事，再来说另一件小事，这件事也很小，小到这件事的主题只是一匹马！

武德七年的某一天，李渊偕同三个皇子一起到城南打猎。为了检查一下兄弟三人的功课，李渊命三个皇子比赛一下骑马射箭，看看哥仨谁的马上功课更好。

正当李世民准备翻身上马之时，李建成牵过来一匹胡马，这匹马比中原马更加肥壮，不过有一个缺点——飞奔时脚步不稳，容易栽倒。这匹马在皇子中早已名声在外，只是因为马步不稳，没有人敢骑。现在李建成不怀好意地将马牵到了李世民面前，顺势将了李世民一军：“此马甚骏，能超数丈涧。弟善骑，试乘之。”

此时李世民才知道，世间不仅有骑虎难下之说，同样也有骑马难下！

这匹马，骑还是不骑呢？

李世民是一个脸面比命都重要的主，一个字，“骑”。

翻身上马，李世民跨着这匹胡马追逐射鹿，没过多久，胡马果然栽倒，李世民跃立于数步之外，马起，复乘之，如此反复了三次。旁边的人看着秦王如此折腾，不禁投去同情的目光，然而李世民却一脸轻松地回头跟宇文士及说：“彼欲以此见杀，死生有命，庸何伤乎！”

解决了骑马难下的难题，李世民以为事情就此结束了，然而事情还没有完，他随口说的那句话，居然成了难得的把柄！李建成闻之，因令妃嫔潜之于上曰：“秦王自言，我有天命，方为天下主，岂有浪死！”（秦王说了，我有天命，是要拥有天下的主，哪能随随便便死呢！）

有天命，什么意思？难道他要将老爹取而代之？这不是皇帝杨广的做派吗？难道就这么急着让李渊下去陪他姨父杨坚？

是可忍，孰不可忍，李渊大怒，先召建成、元吉入殿，一盘问，哥俩异口同声地说：“当时确有此言！”

又是三人成虎，盛怒之下的李渊召唤李世民入内，责之曰：“天子自有天命，非智力可求，汝求之一何急邪！”李世民免冠顿首，请下法司案验，然而即便如此，李渊的怒火还是无法消除！

如果没有意外发生，或许李世民免不了被软禁几天的处罚，然而此时偏偏有意外发生：东突厥的军队又来入侵了！

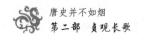
接到奏报，李渊的怒火顿时消了，不消也不行，他还得指望眼前这个儿子打仗呢，瞬即李渊改容，劳勉世民，命之冠带，与谋突厥，没办法，天下没有比他更能打的了！

第三回合最终一盘点，骑马难下的李世民再输一阵。

自此之后，每有寇盗，辄命世民讨之，事平之后，猜嫌益甚！（《资治通鉴》）

李渊猜忌李世民究竟是确有其事，还是李世民事后往自己脸上贴金呢？

从中国大历史来看，恐怕是确有其事。

在此之前，我已经说过，皇家的父子关系不能用普通人家的父子关系来衡量，皇家的父子既是父子，更是君臣，皇帝与皇子的关系既冠冕堂皇，又微妙无比。一方面每个皇帝都希望皇子快快成长，早日接过老爹的重担，而另一方面，皇帝又不希望皇子的羽翼过于丰满，那样自己的皇权就危在旦夕。

那么李渊为什么猜忌次子李世民而不是太子李建成呢？原因很简单，李世民带兵多年，已经在朝中和军中积累下丰厚的人脉，李建成却因为多年留守没有形成强大的关系网，因此对李世民的猜忌自然要高于李建成。

说到底，对李渊影响更大的还是前朝往事，姨父杨坚"天知地知"的结局始终在他的脑海中萦绕，他是断断不会再步姨父的后尘。

怎么办呢？就是之前提到的方法，对李世民"限制使用"。

其实，皇子之间的争斗李渊并非不知，他只是睁一只眼闭一只眼，装不知道而已，试想李建成把两千多名长林兵屯于太子宫左右，作为皇帝他焉能不知？他只是默认太子扩充势力对付秦王李世民而已，在他心中，他绝不希望某一个皇子一股独大！

然而，善于搞平衡的李渊不会想到，他搞了一辈子平衡，却始终搞不定儿子之间的平衡。

清官难断家务事，殊不知，皇帝更难！

升级，决战前夜！

不在沉默中爆发，就在沉默中灭亡！

三回合交锋处于劣势的李世民开始考虑自己的退路，毕竟他的强项是骑马征战，而不是宫廷斗争。

怎么办？难道坐等失败的来临？

如果那样，他就不是李世民了。

思索了几日，李世民将目光落在了洛阳，那里曾经是他擒获窦建德、平定王世充的地方，那里也是他的一块福地。既然宫廷斗争捉襟见肘，那么何不退一步到洛阳去呢？退可以固守洛阳，进可以席卷长安，在李世民心中，洛阳就是他人生中最重要的一块跳板。

选定了洛阳作为跳板，李世民先是派出了行台工部尚书温大雅镇守洛阳，同时派遣秦府车骑将军张亮率领左右侍卫王保等千余人进驻洛阳。在进驻洛阳的同时，张亮还领到了一项特殊的任务：私下结纳山东豪杰，以应对朝廷多变的局势。

为什么会有这项特殊任务呢？说白了就是李世民在洛阳扩充自己的势力，以应不时之需，毕竟长安就在老爹李渊的眼皮底下，在洛阳扩充势力要比长安隐蔽得多。当然为了执行这项特殊的任务，李世民是下了血本的，交给张亮金银财宝无数，总之，一句话，"如果钱能够解决问题，那就不是问题"。（反正他有三个铸钱炉。）

说起来，张亮这个人在唐朝还是有一号的，后来名列凌烟阁二十四功臣之一，这个人的经历也挺复杂。

早年间张亮以种地为生，李密起义之后就跟随了李密，不过起初李密没有把他当回事，没有任何任用。幸好当时李密军中有一场叛乱，给了张亮一个翻身的机会。张亮第一个向李密告了密，因为这次告密，张亮被提升为骠骑将军，顶头上司就是李世勣，李密败亡，张亮就跟李世勣一起投奔了李渊，因此被任命为郑州刺史。

要说张亮的命也够苦的，就在他上任的途中，郑州被王世充攻陷了，张亮这个郑州刺史还没上任就被王世充给注销了。那个时候兵荒马乱，往前走，上不了任，往后走，道路不通又回不了长安，前后都无路，没有办法，张亮一咬牙，一跺脚，就亡命于共城山泽当起了野人，这一当就当了有些日子。后来终于回到了长安，房玄龄、李世勣以张亮倜傥有智谋，推荐给秦王李世民，这下张亮就不用当野人了，改当秦府车骑将军。

知恩图报的张亮将洛阳的扩充工作进展得非常顺利，无论当地的还是附近的，听说张亮的招募都纷纷来投，口口相传，张亮的扩充工作名声在外，这一下惊动了一个人，齐王李元吉！

那个时候，太子李建成和齐王李元吉也将手伸到了洛阳，他们也想在洛阳扩充实力，没想到洛阳地面的强人都归到了张亮的帐下，听说行情还很高。

"张亮收编强人，行情很高"，"张亮原为秦王府车骑将军"，两条线索一并联，李元吉得出了一个结论：秦王府图谋不轨！

李渊很快得到了李元吉的奏报，下令将张亮捉拿入狱，严加审问，这下张亮的麻烦大了！然而令李渊和李元吉都没有想到的是，张亮这个人太绝了，怎么个绝法呢？

进了监狱之后，张亮居然一言不发！

无论如何逼供、诱供，张亮就是一言不发，就像从来不会说话一样！那个年头审案主要看口供，不像现在零口供也能判刑，既然张亮一言不发零口供，那就意味着张亮无罪！

过了一段时间，在秦王李世民的干预下，零口供的张亮被无罪释放，依旧回洛阳任职，招兵买马的工作继续！

零口供的张亮一举赢得了李世民的彻底信任，对于张亮，李世民的评价只有六个字：你办事，我放心！

洛阳的扩充工作在继续，长安的宫廷斗争又何尝停止？不久，李世民又遭遇了一次险情，这次险情也是一件历史谜案！事情的起因是一顿酒！

《资治通鉴》的记载是这样的：建成夜召世民，饮酒而鸩之，世民暴心痛，吐血数升，淮安王神通扶之还西宫。上幸西宫，问世民疾，敕建成曰："秦王素不能饮，自今无得复夜饮！"

《旧唐书》《新唐书》的记载基本相同，基本事实是太子李建成请李世民饮酒，顺便在酒里放了毒！

这件事情究竟是真，还是假呢？天知地知！

一方面，李建成在自己家中请客，然后在酒中放毒，这样的作案手法是否太低劣了呢？另一方面，争储夺嫡已经进入了白热化，秦王李世民能在皇宫中射杀太子，那么太子在自己家中毒死李世民似乎也能说得过去。

争储，一切皆有可能！

在这次疑似下毒案之后，难题再次出给了李渊，两个皇子的相争必须有个了断，不了断，迟早要出人命。

然而，手心手背都是肉，又该怎么了断呢？想来想去，李渊只能采用最简单的办法：一分为二！

李渊因谓世民曰："首建大谋，削平海内，皆汝之功。吾欲立汝为嗣，汝固辞；且建成年长，为嗣日久，吾不忍夺也。观汝兄弟似不相容，同处京邑，必有纷竞，当遣汝还行台，居洛阳，自陕以东皆王之。仍命汝建天子旌旗，如汉梁孝王故事。"世民涕泣，辞以不欲远离膝下。上曰："天下一家，东、西两都，道路甚迩。吾思汝即往，毋烦悲也。"（《资治通鉴》）

也就是说，李渊准备将事情简单化，让李世民居于洛阳，自陕以东均由李世民说了算，相当于分家单过，从此李世民和李建成各顶各的门头，两不相欠，这样就没得打了！

实际上，这是一个馊得不能再馊的主意，一块饼能分，一个馒头能分，天下岂能如此简单的中分？即使中分后能够维持暂时的安宁，然而时间长了呢？一统天下的野心，哪一方能压得住呢？

幸好，这个馊主意很快就被叫停，叫停的居然是李建成和李元吉，难道他们爱好世界和平？

当然不是，他们为的是降低自己的打虎难度！

如果李世民出镇洛阳，建天子旌旗，自陕以东皆王之，那么以李世民的雄才大略，李建成和李元吉从此绝不是李世民的对手；如果将李世民困在长安，势单力薄，那么打死这只孤独的老虎还是相对容易的。

宁打饿虎，不惹群狼，关键在于难度完全不一样！

中分天下无疾而终，分庭抗礼也不现实，困在长安的李世民不得不继续面对宫廷的斗争。坦白地说，若论宫廷斗争，李世民确实不是李建成和李元吉的对手。

其实李建成和李元吉的手段也并不高明，他们只是牢牢地抓住了一点：皇帝的安全感！

难道李渊也没有安全感？是的，自古以来，皇帝最不缺的是钱，最缺的就是安全感！尤其是李渊这种五十岁以后才趁乱登基的皇帝，他们的安全感比其他皇帝更缺失，因为他们知道自己的皇位是如何得来的，同时也担心皇位以同

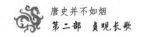

样的方式失去。

现在国内大体底定，割据势力已经不再是皇位的最大威胁，那么现在哪种势力对皇位的威胁最大呢？当然是皇子，尤其是像李世民这种在军中有极高威望的皇子！

翻看唐代的史料我们会发现，多数记载都是李渊猜忌李世民，一方面有李世民为自己贴金的成分，一方面却是出自真实的史实。事实上，像李世民这样的皇子在历代都会被猜忌的，比如李世民在贞观年间也要废掉太子李承乾、魏王李泰，尽管两人各有各的问题，但最大的问题是结党，而结党恰恰构成了对皇帝的威胁。李世民最终选择的皇子是李治，为什么呢？因为那时的李治刚刚十五岁，没有结党，这样的皇子对老爹而言最安全！

有了老皇帝李渊的不安全感，再加上太子李建成和齐王李元吉的诋毁，李世民在李渊心中的形象日益陨落，久而久之，李渊对李世民的戒心也日甚一日，采取行动也只是时间问题。幸好此时还有中间派大臣起了一下缓冲的作用，这个人就是南陈的皇族后裔陈叔达。

陈叔达谏曰："秦王有大功于天下，不可黜也。且性刚烈，若加挫抑，恐不胜忧愤，或有不测之疾，陛下悔之何及！"

一语成谶，陈叔达的话阻止了李渊废李世民的心，却在无意中指出了李渊的险境：或有不测之疾。武德九年的玄武门，就是李渊的不测之疾！

然而，即便陈叔达阻止，齐王李元吉还是不甘心，这一次他做得更彻底，索性向老爹李渊当面密奏：除掉秦王李世民！（一家什么人呢？）

李渊曰："彼有定天下之功，罪状未著，何以为辞！"元吉曰："秦王初平东都，顾望不还，散钱帛以树私恩，又违敕命，非反而何！但应速杀，何患无辞！"李渊不应。

由此可见，三兄弟的争斗其实由来已久了，远在武德四年就开始了，正像我前面所说：外敌当前，兄弟御于外；外敌消灭，兄弟阋于墙！

争斗还在继续，双方都在积蓄着力量，看似平静的背后，掩饰的是兄弟三人能量的不断积累。兄弟三人齐心协力，为初唐的政治打造了一个硕大无比的火药桶，而要命的是，每个人的手中，都有一支点燃火药桶的火把！

争斗继续深入发展，深入到挖对方墙脚的地步。一般到了互挖墙脚的地步，那么离掀开底牌的日子也就不远了。

建成和元吉把挖墙脚的主要方向放在了武将身上，因为他们的阵营尽管有冯立、薛万彻这样的武将，但是跟秦王府的武将比，还是差着数量级。

李建成的第一个目标是尉迟敬德。对于尉迟敬德他闻名已久了，而李元吉更是可以现身说法。为什么这么说呢，因为李元吉曾经是尉迟敬德的手下败将！

事情的起因还要从一场表演说起。有一次李渊与诸皇子举行宴会，兴之所至，李世民让尉迟敬德表演徒手夺矟，矟（槊，Shuò）是古代的一种长矛，而尉迟敬德的拿手好戏就是徒手夺别人手里的矟，无论对方使得多好，一不留神就会被他夺走。看到兴起，李元吉颇为不忿，因为他的兵器也是矟，便起身与尉迟敬德一较高下。原本为了安全起见，尉迟敬德表演夺矟时都将矟尖卸掉，这次为了让李元吉信服，尉迟敬德一挥手："齐王不用卸矟尖了，拿着矟直接来吧。"受了刺激的李元吉连续较量了三次，三次都想刺死尉迟敬德，三次都被尉迟敬德从手中将矟轻松夺走。李元吉当场下不了台，两人自此就算结下了梁子，不过从心底，李元吉还是佩服尉迟敬德！

这样一员虎将，李建成自然垂涎三尺，遂以金银器一车赠予尉迟敬德，并以书招之曰："盼望有幸得到长者的照顾，这点礼物就算加强一下我们贫贱时相识的友情吧！"（愿迂长者之眷，以敦布衣之交。）

当朝太子，话说到这个份上，这就是给尉迟敬德好大的脸了。然而尉迟敬德恰恰是那种给脸不要脸的人，尉迟敬德辞曰："敬德，蓬户甕牖之人，遭隋末乱离，久沦逆地，罪不容诛。秦王赐以更生之恩，今又策名藩邸，唯当杀身以为报；于殿下无功，不敢谬当重赐。若私交殿下，乃是二心，徇利忘忠，殿下亦何所用！"

拒绝了太子，尉迟敬德又将太子挖墙脚的事情报告了秦王李世民。李世民看着尉迟敬德，感动不已，不过在感动的同时也为尉迟敬德担心，拒绝了太子的糖衣，恐怕炮弹就在后面。

果然，没过几天，太子建成居然派出了杀手，目标正是尉迟敬德，既然不能为我所用，那么谁都别用！

不过太子还是低估了尉迟敬德，得知消息的尉迟敬德索性将家中的所有门窗全部打开，自己大喇喇地躺在床上等着刺客上门，刺客几次已经进入了尉迟敬德家的庭院，透过大开的窗户，清晰地看到尉迟敬德正甜美地遨游梦乡，

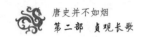

进，还是不进，杀，还是不杀呢？

徘徊了几次，刺客还是不敢进，天知道尉迟敬德葫芦里卖的什么药呢！

死诸葛吓退活司马，靠的是谋略；睡敬德吓退活刺客，靠的则是胆识。

民不畏死，奈何以死相惧；

心底无畏，则生又何欢，死又何惧？

吓退了刺客，尉迟敬德以为躲过了一劫，然而没有想到，太子建成用的是连环劫！

收买不成，刺杀不成，那么还有一招，诬陷！

李元吉又拿出当初对付张亮的那一套，在李渊面前打了一个小报告：尉迟敬德图谋不轨！小报告一上，李渊随即将尉迟敬德逮捕，严加审问。然而这一次李渊又失败了，秦王府的武将们就像用特殊材料做成的，无论如何审问，就是不说！

不过这一次，李渊却准备把恶人做到底，竟然准备将尉迟敬德处死，估计还是想把尉迟敬德当成皇子不和的替罪羊。然而想处死尉迟敬德又谈何容易？秦王李世民楞是顶住压力，非要救尉迟敬德一命，这可怎么办呢？

查无实据，秦王力保，李渊想来想去，还是放过了尉迟敬德，然而这一放就是他的一生之祸！经此劫难之后，尉迟敬德就算把命彻底交给了李世民，从今以后，他眼中只有秦王，没有皇帝，更没有太子和齐王！在日后的玄武门之变中，尉迟敬德射死齐王，进而全副武装威逼老皇帝李渊，玄武门之变，尉迟敬德功劳第二，没有人敢居第一！

其实这一切都是拜李渊和李元吉所赐！

挖不动尉迟敬德的墙脚，太子建成和齐王元吉又将矛头指向了秦王府左一马军总管程知节（程咬金）。已经领教过张亮和尉迟敬德的强硬之后，哥俩给程知节准备的不是敬酒，直接就是罚酒，在李渊面前又是一个小报告，李渊随即将程知节派往康州（今甘肃省成县）担任刺史，意思很明显：哪凉快哪待着吧！

然而没想到，程知节也是个牛人，居然顶着坚决不上任！程知节曰："大王股肱羽翼尽矣，身何能久！知节以死不去，愿早决计！"（由此可见，李渊的皇帝威严是要打折扣的！）

程知节顶牛坚决不上任，李建成和李元吉也没有太多的办法，毕竟他们最管用的法宝就是老爹李渊，然而这个法宝也不能老用，用得多了恐怕就不灵了。

对付完程知节，哥俩转而对付秦王府的另一个牛人，这一次又走回了老路：金钱收买！这个牛人是谁呢？秦王府右二护军段志玄，就是贴身跟随李世民厮杀的那位。

然而，面对送上门的金银绸缎，段志玄的反应跟尉迟敬德一样：原物奉还！

到这个时候，就不得不佩服李世民的人格魅力了。按照规矩，来挖墙脚的出的价钱绝对要高于本主的价钱，不然没有人愿意轻易跳槽，然而即使太子建成开出了大价钱，秦王府的牛人们却一个也没有动，这是为什么呢？只能归结为人格魅力！

如果说全世界什么东西都可以用金钱购买，那么最后一定有一样东西金钱无法收买，这个东西是什么呢？人心！

一直碰壁的建成和元吉不会想到，在他们大张旗鼓挖秦王府墙脚的同时，秦王李世民也不动声色地挖起了墙脚。与建成、元吉不同的是，他的目标很小，行动同样低调，他所挖的人物在太子宫几乎可以忽略不计，然而就是这个小人物的一个消息，让李世民迎来了一生的重要转机！

这个人物暂且不提，稍后他将登上历史的舞台。

回过头来还是说一说秦王府的那些人，这些人在武德七年到九年的日子并不好过，武将要么被挖墙脚，要么受到各种莫名其妙的处分，而文官呢，日子也不好过！秦王的"十八学士"并没有维持多久，这些人就陆陆续续被以各种名义调走，人才流失让李世民叫苦连天，不知所措，无奈之下，求计于房玄龄。房玄龄微微一笑，对李世民说了这样一句话："府僚去者虽多，盖不足惜。杜如晦聪明识达，王佐才也。若大王守藩端拱，无所用之；必欲经营四方，非此人莫可。"

经此推荐，杜如晦一跃成为李世民的重要幕僚。秦王府的重大谋略都是由房玄龄和杜如晦参谋做出，这两个人是李世民名副其实的左膀右臂。

然而左膀右臂现在也成了太子建成的眼中钉，建成谓元吉曰："秦府智略之士，可惮者独房玄龄、杜如晦耳。"随即又给李渊打了一个小报告，李渊很快批示：将此二人赶出秦王府，非皇命不得再进！

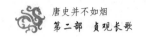

这日子实在没法过了！

我为鱼肉，人为刀俎，粗人樊哙都知道鸿门宴的危局，秦王府的牛人们何尝不知道王府的危局。

其实，在很久之前，房玄龄与长孙无忌已经看到了危局，两个人还有过一次深谈。那时房玄龄担任行台考功郎中，而长孙无忌担任比部郎中，两个人以往关于时局谈论的并不多，然而随着危局逼近，两个自视甚高的人终于走到了一起。

房玄龄曰："今嫌隙已成，一旦祸机窃发，岂惟府朝涂地，乃实社稷之忧；莫若劝王行周公之事以安家国。存亡之机，间不容发，正在今日！"

长孙无忌曰："吾怀此久矣，不敢发口；今吾子所言，正合吾心，谨当白之。"

房玄龄和长孙无忌已经看透了皇子争斗的危局，这个危局在老皇帝李渊那里无药可解，而李世民倒是有解开的可能，这种可能就是行周公之事，说白了，就是将废立大权掌握在自己的手中！

长孙无忌是李世民的大舅哥，两人亲密无间，这种重大的事情只能让长孙无忌先试探一下，然后房玄龄这样的外人才能卷入。

长孙无忌入内与李世民交了底，这一交底让李世民顿时紧张了起来，其实自己掌握废立之事他也曾经想过，然而念头仅仅一闪而过，不敢往深里想，毕竟那将意味着大逆不道！听长孙无忌再次提起，李世民发现，废立之事已经成了华山一条道，自己即便想绕开却怎么也绕不开。

要么杀人，要么被杀，李世民有第三条路可选吗？

重大的事情还是听听房玄龄的意见，李世民召来了房玄龄，房玄龄什么态度呢？当然跟长孙无忌说的一样。房玄龄曰："大王功盖天地，当承大业；今日忧危，乃天赞也，愿大王勿疑！"

到了这个时候，诛杀建成和元吉已经摆上了台面，李世民既没有完全肯定，也没有完全否定，因为他实在找不出第三条道路可走。此时另外一个关键人物也加入游说的队伍，这个人就是房玄龄的老搭档杜如晦。自此三人成虎，总之一句话，"要么杀人，要么被杀"。

房玄龄和杜如晦被扫地出门之后，原来的铁三角只剩下长孙无忌一人，不过长孙无忌还是很快找到了同道中人，这些人都是谁呢？分别是长孙无忌的舅舅、雍州治中高士廉，左候车骑将军侯君集以及老相识尉迟敬德等，这些人的工作就是日夜不停地奉劝李世民诛杀李建成、李元吉。

李世民还是犹豫未决，求计于灵州大都督李靖，李靖环顾左右而言他，就是不表态，随后问计于行军总管李世勣，李世勣同样如此，不置可否！

李靖和李世勣是聪明的，手握兵权的大将万万不能卷入皇子纷争，一旦卷入，凶多吉少，押宝成功或许荣耀一生，押宝失败必定是灭族之罪，说到底，大将不能与皇子走得太近！保持中立，最终你会赢得每一方的尊重！

根据《资治通鉴》记载，李靖、李世勣缄口不言保持中立，同时也有权威史料记载，李靖、李世勣向李世民表过忠心。唯一可以肯定的是，李靖和李世勣没有直接参与玄武门之变，而在李世民登基后，两个人都得到了重用，从这个结果来看，两人在关键时刻应该向李世民表过忠心！

一方摩拳擦掌，一方磨刀霍霍，双方天平的平衡总有一天会被打破，这一天还是要来了！

同大唐开国一样，玄武门之变的直接导火索还是跟东突厥有关，就在双方暗战升级的同时，不受欢迎的邻居东突厥人又来了。这一次东突厥将军阿史那弥射率数万骑兵南下黄河河套，进入唐朝境内，包围乌城（今陕西省定边县南），战争一触即发！

按照惯例，如此规模的大战一般需要李世民出马，然而就在李世民等待李渊征召的同时，太子李建成在李渊面前推荐的却是另外一个人：齐王李元吉！耳根一向偏软的李渊同意了太子的提议，随即命李元吉督右武卫大将军李艺、天纪将军张瑾等救乌城。

帅位被抢，李世民心中不太痛快，然而父皇已经下令，自己也不好再说什么。

令李世民万万没有想到的是，李元吉在李渊面前又提出一个小小的要求：请尉迟敬德、程知节、段志玄及秦叔宝等与之偕行，简阅秦王帐下精锐之士以益元吉军。

李世民顿时明白了一个成语：釜底抽薪！此时的李世民比以往任何时刻都明白这四个字的含义，也更加清楚这四个字的分量，这分明是要把他放在案板上乱剁！

房玄龄、杜如晦被扫地出门，四员猛将再被抽走，精锐士兵被抽调，如果

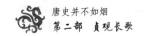

真是这样，秦王李世民在长安城只是一个寓公、一个匹夫而已，届时太子李建成对付他比对付一窝蚂蚁都简单！

怎么办？遵命还是抗命？抗争还是顺从呢？

就在李世民犹豫不定时，一个神秘人物来到了秦王府，这个人就是李世民先前在东宫挖的墙脚，这个人的品级很低，只是一个从七品（副处级），官职也不大，率更丞（东宫纠察署主任秘书）。

这个人叫王晊，他传来了一个令李世民无比震惊的消息，正是这个消息，引爆了长安上空的火药桶。

王晊密告李世民曰："太子语齐王：今汝得秦王骁将精兵，拥数万之众，吾与秦王饯汝于昆明池，使壮士拉杀之于幕下，奏云暴卒，主上宜无不信。吾当使人进说，令授吾国事。敬德等既入汝手，宜悉坑之，孰敢不服！"

这个消息表明，太子李建成和齐王李元吉准备在饯行之时动手除掉李世民，随即向老爹李渊逼宫，顺便将尉迟敬德等人一起坑杀，一了百了！

狠！狠！狠！怎一个狠字了得！

李世民将王晊的话一一告诉了长孙无忌等人，秦王府一下子炸了锅，长孙无忌等随即力劝李世民先事图之。李世民叹曰："骨肉相残，古今大恶。吾诚知祸在朝夕，欲俟其发，然后以义讨之，不亦可乎！"（后发制人）

闻听此言，尉迟敬德曰："人情谁不爱其死！今众人以死奉王，乃天授也。祸机垂发，而王犹晏然不以为忧，大王纵自轻，如宗庙社稷何？大王不用敬德之言，敬德将窜身草泽，不能留居大王左右，交手受戮也！"（将上一军）

尉迟敬德话音刚落，长孙无忌曰："不从敬德之言，事今败矣。敬德等必不为王有，无忌亦当相随而去，不能复事大王矣！"（再将一军）

尉迟敬德与长孙无忌都不同意李世民的后发制人，他们全都主张先下手为强，末了还给李世民下了最后通牒：你如果不先下手，我们这些人就不管你了，我们各自逃命，你自己留下来等死吧！

面对尉迟敬德和长孙无忌的摊牌，李世民急忙阻止："我的意见你们也不能全部推翻，你们再研究一下，看看有没有更为稳妥的方法！"稳妥？刀架在脖子上，到哪里找稳妥呢？

尉迟敬德曰："王今处事有疑，非智也；临难不决，非勇也。且大王素所畜养勇士八百余人，在外者今已入宫，擐甲执兵，事势已成，大王安得已乎！"

尉迟敬德的意思是责怪李世民不智不勇，进而摊牌说，即使你秦王想息事宁人，你手下那磨刀霍霍的八百勇士答应吗？他们手里的刀答应吗？都不会答应！

李世民还在犹豫，他很清楚迈出这一步将有多难，而一旦迈出这一步，就再也不能回头。

成功，则残杀兄弟，逼父退位；失败，则身首异处，落得乱臣贼子的永世骂名。

世界上有比这更难做的选择题吗？

看李世民下不了决心，长孙无忌们继续着自己的游说："齐王凶戾，终不肯事其兄。比闻护军薛实尝谓齐王曰：'大王之名，合之成"唐"字，大王终主唐祀。'齐王喜曰：'但除秦王，取东宫如反掌耳。'彼与太子谋乱未成，已有取太子之心。乱心无厌，何所不为！若使二人得志，恐天下非复唐有。以大王之贤，取二人如拾地芥耳，奈何徇匹夫之节，忘社稷之计乎！"

长孙无忌们的说服还是很有技巧的，他们拉出了李元吉这个话题，进而就增加了说服的力度。在他们看来，即使李世民有"舍身饲虎"的精神，也挡不住李元吉的虎狼之心，因为李元吉明帮太子，实际却暗藏祸心，一旦李世民被除，李建成也不会幸免，届时大唐江山将会落到一个暴戾只好打猎的君主之手，那将是怎样一种景象呢？

看李世民已经有所动心，长孙无忌又拿出了一个更有说服力的案例，舜！

根据《史记》记载，舜在继位之前不受老爹和继母待见，老爹和继母都希望舜的弟弟为王，因此千方百计想置舜于死地，两次险些得手。一次舜正在挖井，老爹和继母在上面动了手脚，把井给填死了，不出意外的话，舜就死定了。不过意外发生了，大智大勇的舜居然像鼹鼠一样从井壁上挖了一个洞，自己又上来了；另一次舜在屋顶上修屋顶，老爹在下面放了一把火，不出意外的话，舜又死定了，结果意外又发生了，舜拿了两个斗笠当翅膀，一抖翅膀，像个鸟人一样从屋顶上飞下，平稳落地，毫发无伤！

现在舜的事迹成了说服李世民的重要工具！

李世民依然犹豫未决，众曰："大王以舜为何如人？"

李世民对曰："圣人也。"

众曰："使舜浚井不出，则为井中之泥；涂廪不下，则为廪上之灰，安能

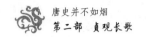

泽被天下，法施后世乎！是以小杖则受，大杖则走，盖所存者大故也。"

众人这席话是什么意思呢？翻译过来就是说，假如舜挖井的时候光认倒霉不出来，那么早就化成井里的泥土，假如在屋顶起火时不下来，那么早就成了屋顶上一堆灰，怎么会有后来的泽被天下，法施后世呢？《论语》中孔子也说过，父母如果用小棍子打，做子女的要承受，如果用大棍子打呢，做子女的就可以逃跑了，毕竟生命关系重大，必须先保住命啊！

是啊，舍身饲虎也要看对象是谁，建成和元吉这样的人，值得为他们舍身饲虎吗？

不值得！要死也要为江山社稷而死，要活也要为江山社稷而活！

尽管已经想到了这一步，李世民的心里还是没有底，因为他知道，这一次他的对手不仅仅是建成和元吉两个，其实还有一个隐形的对手，这个对手就是老爹李渊，自己挑战太子，实际上就是挑战老爹的威严，毕竟废立太子的权力在老爹手中，而不在自己的手中。

一旦与太子决战，实际上也就跟老爹一起走进了死胡同，那时尽管不会到弑父的程度，然而也要逼老爹退位，结束他的政治生命。结束了老爹的政治生命，又与剥夺他的自然生命有多大区别呢？在皇权终身制的背景下，皇帝的政治生命与自然生命如影随形，政治生命结束了，那么自然生命还有多大的意义呢？

在李世民的人生中，经历的大战无数，恶战也无数，然而眼前的这一战却是最难把握、最难抉择的，因为这一战将家和国紧紧捆绑到了一起，又将亲情与皇权裹挟到了一起，要家就不能有国，要国就不能有家，要亲情就别惦记皇权，要皇权也就顾不上亲情，世界上最难打的仗不是大仗，也不是恶仗，而是这种家国缠绕、亲情与皇权裹挟的仗。

既然人无法理清，无法决断，那么问问天意吧！

李世民命人拿出龟壳，准备占卜一下吉凶，问问天意如何，没想到刚拿出龟壳，一个人就冲了过来，将龟壳扔在了地上，什么人这么大胆子？

这个人是李世民的亲密幕僚张公谨，玄武门事变的干将之一。此人不仅力大无比，而且胆识过人，看到李世民还要扔龟壳看天意，张公谨的气就不打一处来，说道："占卜的目的是要请神明决断，现在我们都已经决断了，还占卜什么？如果占卜结果不利，难道我们就不干了？"（卜以决疑；今事在不疑，尚何卜乎！卜而不吉，庸得已乎！）

一语惊醒梦中人，事到如今，你李世民还有别的选择吗？

不干，前面死路一条；干，死路也能变成活路，你是干呢，干呢，还是干呢？

一个字，干！

孟子曰，行一不义，杀一无辜，而得天下，皆不为也。这句话符合儒家的标准，但从来不是帝王的准则，在通往皇权的道路上，没有什么可以阻挡！

下定死磕的决心后，李世民命长孙无忌召唤被扫地出门的房玄龄和杜如晦前来共商大事，令人意外的是，这对左膀右臂居然拒绝了这次召唤，这是为什么呢？难道这两个人要背叛李世民？

其实都是让李渊给吓的，李渊当初将二人扫地出门时说得已经很清楚，非皇命不得私见秦王，所以房玄龄才说："敕旨不听复事王；今若私谒，必坐死，不敢奉教。"

听到长孙无忌的回话，李世民怒不可遏，难道这两个人敢背叛我？随即取下佩刀交给尉迟敬德："公往观之，若无来心，可断其首以来。"

要么人来，要么头来，自己选！

看着杀气腾腾的尉迟敬德，房玄龄和杜如晦知道这位老兄除了李世民，天王老子的话都不听。两人对视一眼，他们知道，决战的时刻到了，他们命中躲不过这次决战。

胜则帝王将相，败则乱臣贼子，是胜是败都要壮着胆子搏上一搏！

按照尉迟敬德的安排，房玄龄与杜如晦换上了道士服，两个假道士与长孙无忌一起快步走进了秦王府，尉迟敬德则走了另一条路，随后回到了秦王府，他们知道，这一次将是他们最后一次平静地走进秦王府，等到走出王府时，就一定会让长安的上空石破天惊！

时间走到了武德九年六月一日，这一天，天空有异象出现：太白昼见，金星白昼划过长空。如果放在现在，这只是一次非常普通的天文现象，而在古代，这是人间巨变的一个征兆，《汉书·天文志》记载，金星白昼划过长空，昭示着人间将发生巨变，天下将要更换君王！

太白昼见，说白了，就是白天能看到金星！白天看到金星的效果是什么样呢，就是天上有两个太阳，一个亮，一个相对较暗，亮的是太阳，相对较暗的

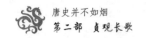
是金星，尽管两个一明一暗，但最终的结果是二日并存！

这一天，长安城中很多人看到了划过长空的金星，上岁数的人心中闪过一丝忧虑：难道又要改换君王？武德皇帝刚刚坐了九年，难道又要天下大乱？

唉，这世道！

长安城中的百姓在不安中熬过了六月一日，六月二日一切正常，人们稍微松了一口气，然而时间走到了六月三日，这一天，金星再次白昼划过长空！莫非更换君王已经板上钉钉了？

此时有一个人悄悄地走进了李渊的皇宫，向李渊呈递了一份"亲启密奏"，"太白见秦分，秦王当有天下。"不用问，这个人一定是一个天文爱好者！

没错，这个人就是太史令（天文台长）傅奕。傅台长昼观天象，发现金星出现的位置恰好在陕西中部地带，也就是传统意义的古秦国地区，而李世民正好是秦王，组合起来，傅台长就破译了上天给他提供的密电码：秦王登基，治理天下！

傅台长破译的密电码有没有科学依据呢？在我看来，其实是伪科学！

在中国的大历史中，星象一直是一门玄而又玄的学问，在《史记》中就有相关的记载。随着这门学问的发展，聪明的中国人将天上的重要星宿与地上的版图一一对应了起来，就形成了星象分野图，星象分野图就相当于将全国交通旅游图折射到天空，这种重要的星宿与地上的版图就有了一一对应关系，哪一块的星宿有异常活动，那么就意味着地上对应的地区可能有重大事情发生。

有科学依据吗？其实未必有，只不过中国大历史中，天文和地理交织到了一起，即使没有关系，也能说出关系，再加上有时无法解释的巧合，星象就成了一门玄而又玄的学问。

现在金星两次白昼出现，傅奕台长的科研报告也将李世民推上了风口浪尖，他将何去何从呢？

历史对李世民还是不薄的，慈祥老爹李渊居然将这份至关重要的科研报告交到了李世民手中。李渊此举是想敲打一下李世民，同时说明，李渊其实是一个相信科学、不相信封建迷信的人。

然而，封建迷信尽管糟粕很多，里面还是有一些现有科学无法解释的精华所在，迷信之所以流传数千年，说明并不是一无是处的。

可惜，皇帝李渊恰恰没有看到这一点，这一错过就是一辈子，这一错过就让自己从皇帝变成了太上皇！

官僚主义真是害死人！

如果再给李渊一次机会，他一定会对那份科研报告说两个字：我信！如果一定要在这两个字后面加一个期限，或许他宁可是万万年！

可惜，有些东西，错过了就无法回头！

接过老爹给的科研报告，李世民心中窃喜，也惊出一身冷汗，喜的是自己居然切合天意，惊的是老爹当场翻脸怎么办。幸好老爹李渊是个无神论者，从来也没有把星象当回事，父子俩轻描淡写了一番，也就将金星捣乱这件事给翻了过去。

然而，就在父子俩谈论星象的同时，李世民的心中闪过一个念头：选日不如撞日，明天就是决战！

下定决心，李世民按照先前与房玄龄等人商讨的方案，先放出了一个超级炸弹。他知道这个炸弹一出，老爹一定会将星象的事情放在脑后，这个炸弹一出，长安的上空一定要划过一道晴天霹雳。

李世民随即给李渊上了一道亲启密奏，核心内容只有寥寥数字：建成、元吉淫乱后宫！

"淫乱后宫"，这是每个智商正常的皇帝的炸点。对于男人而言，如果绿帽子可以忍受，那么世间没有什么事情不能忍受；对于皇帝而言，如果淫乱后宫还可以忍受，那么宇宙中还有什么事情不能忍受？

能忍受后宫淫乱的皇帝不能算作皇帝，只能算作忍者神龟！

李渊并不想做忍者神龟，他想当面向两个儿子问清楚。时间就在武德九年六月四日，他要与三个儿子一起抖一抖皇家的家丑，看看自己的头上到底有没有绿帽子，如果有，那么到底有多少顶！

武德九年的六月三日，有一些人走到了人生的岔路口，这些人包括皇帝李渊，包括太子李建成，包括秦王李世民，包括齐王李元吉，同时也包括一些文官武将，包括三个皇子各自的死党。

过了这一夜，大唐还是大唐，但有些人的命运将发生巨变，皇帝不再是皇帝，太子不再是太子，秦王不再是秦王，六月四日的主题将只有两个字：颠覆！

一生经历无数大战的李世民今夜无眠，他始终在默念着一句话：致人而不致于人。这是他最喜欢的一句兵法口诀，意思是无论什么时候都要采取主动，牵着别人的鼻子走，而不是被人牵着鼻子走。这句话他铭记了一生一世，无论是战场还是政局，这始终都是他永恒不变的信条！

先发制人，后发制于人！短短的一句话，一生中读懂的又有几个？

太子建成和齐王元吉一直在算计着李世民，却不知道，在他们算计的同时，他们其实也在被李世民算计。尽管他们几乎没有给秦王李世民任何机会，更何况他们还拥有李世民注定无法拥有的嫡长子正统身份，这一点将使他们在兄弟之争中占据极为有利的地位。

然而他们不会想到，正是他们最为得意的正统身份给了李世民一线生机，嫡长子的正统身份给了李世民压力，也给了建成和元吉一个极大的麻痹。这个麻痹就是，我是嫡长子，只有我算计他的份，哪有他算计我的份？

可以说建成和元吉之所以在兄弟之争中屡屡胜出，实际上靠的是建成的嫡长子身份，靠的是老爹李渊的背后支持，靠的是李渊皇帝体系的认同，然而李世民想得比他们更为深远，既然这个体系无法胜出，那么换个体系又将如何呢？

如同那一句广告词：我定规则我就赢！

在李渊的体系里，李建成是皇太子，国之储君，国之重器，这就好比市场上价高质优的极品肉，而李渊手里拿着合格章的戳子给李建成盖上了合格章，然而在李建成沾沾自喜时，可曾想到，如果李世民夺下了这枚生死图章，那么等待他的又是什么呢？

从极品肉到注销肉，两者的区别仅仅在于一个图章，仅此而已！

阿基米德说，给我一个支点，我将撬起整个地球；李世民说，给我一个地点，我将撬动整个唐朝。现在他找到了，这个地点就在宫城之中，这个地点就是玄武门！

武德九年六月三日的夜，很短，同时也很长！

风起，云动，夜深，人不静！

明天将是新的一天，这将是最坏的一天，也是最好的一天！

第四章 玄武门

仇人，亲人

公元626年（武德九年）六月四日的清晨与以往一样，空气中充满了清新的气息，树上的鸟儿还在一如既往地欢叫。长安城还是那个长安城，在这片安静祥和的背后，谁又能想到，就在今天，长安城将会迎来新的主人。

太子建成和齐王元吉这一天起得很早，他们已经在昨晚接到了老爹李渊的口谕，让他们一早进宫面圣，有重要事情商议。

重要事情？最近似乎也没有什么军国大事，以往即使有军国大事也没有催得如此之急，到底有什么十万火急的事情呢？

李建成与李元吉琢磨了半天也没有理出头绪，李建成一摊手说："算了，别猜了，有什么事进宫就知道了！"

在李建成和李元吉商议的同时，李世民也在按部就班地准备着。对于他而言，今天这一战是他一生中最重要的一战：获胜，则是底定江山的一战；失败，则是死无葬身之地的一战。经历过无数次恶战的李世民不由得有了一丝紧张，因为这一战与以往有着太多不同。

以往恶战，无论战事多么紧急，他的背后始终站着老爹李渊这个坚定的支持者，这一次，他却是孤军奋战，背后空空荡荡，以往的支持者老爹李渊恰恰站在自己的对立阵营，这一战与其说是兄弟内战，不如说是以一己之力与老爹

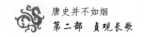

加兄弟的死磕，不仅难，而且险！

盘点手下的兵马，李世民无奈地笑了，这或许是自己一辈子打得最寒酸的一仗，手下的主将不过尉迟敬德、张公谨、侯君集、长孙无忌、房玄龄、杜如晦、宇文士及、高士廉、程知节、秦叔宝、段志玄、屈突通、张士贵等十数人，而直接跟随李世民在玄武门埋伏的是其中的九人，究竟是哪九个人，各种版本争议较大，总之以上这些人就是李世民起事的核心力量。

在核心力量之外，是愿意跟随李世民起事的士兵，士兵有多少呢？骑兵数百人！这几百名骑兵，就是李世民打这场大战的全部家当，而他就是要拿这些家当与李建成死磕。

用数百人发动政变似乎难以想象，更有些寒酸，事实上政变并不完全取决于人数的多少，关键看如何运用，运用得当，数百人照样可以开天辟地。

古往今来，政变的套路如出一辙，政变其实不需要太多人的参与，参与人多了反而容易坏事，只要找对了关键人，政变没有想象中那么难。以往看韩国宫廷剧，会发现韩国宫廷政变太简单了，找一些士兵把当权大臣一抓，然后就可以宣布兵变成功，这其中或许有艺术加工的成分，但事实上很多政变就是如此简单。

愚蠢的人总是把简单的事情搞得很复杂，聪明的人却总能把复杂的事情搞得很简单。无疑，李世民就是那个把复杂事情搞简单的聪明人，他没有把寥寥数百人的队伍拉到东宫与太子面对面死磕，而是把这数百人悄悄地安排到了一个关键的地方——玄武门。

玄武门是长安宫城北面的中门，入朝的必经之路，李世民从这里入朝，李建成和李元吉同样从这里入朝，李世民为什么要选择在这里埋伏呢？

原因只有一个，没有皇命，任何人的兵马不得进入玄武门！

这下明白了吧，无论李建成和李元吉手下有多少兵马，进入玄武门后，他们都成了光杆司令，此时李世民即便手里只有一百兵马，但是对付光杆司令李建成和李元吉已经绰绰有余了。

既然任何人的兵马都不能进入玄武门，那么李世民的兵马为什么能进入呢？

这就不得不提李世民在军中的影响力了，唐朝的大部分江山都是他打下的，军中的多数将领都与他交往甚密。有着这层关系，李世民往玄武门安插人马就是一件非常简单的事情。除了李世民在军中的影响力之外，还有一个重要原因，那就是多数将领不愿意也不敢卷入皇子的纷争之中，因此对于李世民在玄武门安插人马，多数人睁一只眼闭一只眼，坐山静观虎斗，等那只胜利的猛虎从血泊中走出的时候，他就是新的森林之王。

如此一来，等待李建成和李元吉的就是血盆大口，他们能躲过这一劫吗？

本来他们有机会，可惜让李建成错过了。

在李建成和李元吉上朝之前，李建成接到了内线张婕妤的密报：秦王密奏太子、齐王淫乱后宫，皇帝震怒，要当面对质。

李建成看完，当即吓出一身冷汗，秦王这状告得太毒了，淫乱后宫可是大罪，这是往死里整啊！

李元吉也乱了阵脚，有些慌乱地说："要不咱们今天不进宫了，看看情况再说！"

不进宫，那不就是不打自招吗？再说了，躲得过今天，躲得过明天吗？老爹那里是一定要当面说清楚的，不说清楚，太子也就当到头了。

李建成定了定神说："放心，不会有事的，咱们的兵马已经发动起来了，戒备森严，咱们还是一起进宫吧，看看到底是怎么回事！"

此时的李建成依然对自己的实力充满了自信，却不知道，他的自信满满之下还有一大盲点，这个大盲点就是玄武门。

对于李建成而言，他的太子府是安全的，李渊的武德殿也是安全的，他想当然地认为从玄武门到武德殿的路上也是安全的。却没有想到，从玄武门到武德殿的路恰恰是他的安全盲区，正是这段盲区成为他的不归路。

天空依然宁静，偶尔有鸟儿飞过，天空无语，谁又能看出鸟儿飞过的痕迹？大唐武德九年六月四日上午，李建成和李元吉如同两只飞鸟从大唐的上空飞过，只留下若有若无的痕迹。与此同时，李渊召集重臣裴寂、萧瑀、陈叔达等，今天他要好好审审三个儿子，仔细分辨一下自己头上帽子的颜色。

李建成和李元吉一行过了玄武门，直奔武德殿，这条路看起来与以往没有什么不同，不过李建成和李元吉还是感觉有些异样，有什么地方不对呢？他们也说不出来，只是感觉不太对。

究竟是什么地方不对呢？李建成一脸狐疑地策马向前走着。

前面就是临湖殿，忽然李建成的脑海中闪过一个念头，这个念头把他吓了

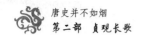

一个激灵，与李元吉一对视，两人瞬间变了脸色：不好，秦王要动手了！

两人拨转马头往原路回奔，只要冲出玄武门，命运就还在自己的手中。李建成和李元吉打马快走，可惜一切都晚了，在他们的身后，李世民与尉迟敬德已经追了上来，李世民一个人冲在了前面，尉迟敬德则是不远不近地跟着。

李世民大叫一声："大哥！"

这声"大哥"让李建成和李元吉定住了马，他们知道冲出玄武门已无可能，既然李世民已经决定动手，那么此时的玄武门一定是死路一条。

前面的路已经断了，剩下的路只能死磕。

李元吉干净利落地摘下自己的弓，搭上箭，瞄准，拉弓，此时他眼中的世界模糊了，李世民成了他眼中的焦点，只要射死这个人，自己和大哥还可以转危为安，只要射死这个人。

然而，李元吉太紧张了，跟李世民比，他还是太嫩了。李元吉三次张弓，却因为紧张过度，动作变形，居然三次都没有把弓张满，而弓如果不能张满，即使勉强射出箭，箭也会在中途落下，根本对李世民构不成威胁。

就在李元吉试图第四次把弓张满时，李世民弓响箭出，一人应声落马！

落马的不是李元吉，而是太子李建成，此时的李建成只有出的气，没有进的气，他的储君生涯，他的皇帝梦，都随着那支箭灰飞烟灭。

人生的结局居然是一支箭！李建成残存的意识中闪过如此一个念头。念头一闪而过，念头消失了，太子李建成也消失了。

在箭射出之前，李世民的眼中只有敌人，只有仇恨，而当李建成中箭落马的一瞬间，李世民的心不由自主地有一丝疼痛。眼前的这个人跟自己斗了九年，恨了九年，却没想到在他死去的一瞬间自己居然还会心痛。

恨了这么久，却在心底还有手足之情，为什么我的仇人居然是我最亲的人？

李建成落马，李世民精神恍惚，李元吉目瞪口呆，一母同胞的三兄弟上演了比戏剧更好看的戏剧。受到惊吓的李元吉无法将自己的弓张满，只能打马快跑，而此时，尉迟敬德率领七十名骑兵赶到，对着李元吉兜头便射，李元吉急切间从马上栽下，就地翻滚，躲进了一旁的树林。

或许上天为了增加李世民的劫难，就在此时，他的马居然受惊了，不受控制飞奔起来，直愣愣地向一旁的树林狂奔，不料缰绳被树枝挂住，前进不得，李世民则从突然停住的马背上倒栽了下来，一时间居然痛得无法从地上爬起。

一个身影从树林中窜出，夺下李世民手里的弓，反手将弓弦套在了李世民的脖子上，手上开始发力。李世民已经有了窒息的感觉，尽管他没有看到发力者的面孔，但是他心里很清楚，勒他的不是别人，正是他的三弟李元吉。

难道这就是命？李世民心中苦笑。

不！我命由我不由天！

李世民不是一个认命的人，尉迟敬德同样不是，就在李元吉发力之际，尉迟敬德出现了，大喝一声："住手！"

这一声大叫，又让李元吉的动作走了形，瞬间感觉手上没有了力气，唉，这倒霉的心理素质！

李元吉撇下弓，转身就跑，慌乱中他辨了辨方向，朝着武德殿的方向跑去。那里是老爹李渊的地盘，只要跑到武德殿，自己就安全了，或许老爹一怒之下还会斩了秦王而立自己为太子呢！

一定要跑到武德殿，一定，一定！

然而，你见过跑得比箭还快的人吗？

尉迟敬德在李元吉的后面冷冷地看着，原本他不想亲自动手，毕竟李建成和李元吉都是货真价实的皇子，真正的金枝玉叶，秦王的同胞兄弟。由秦王李世民自己解决，那是家务事，如果由自己这个武将解决，那就是大逆不道。倘若将来秦王念及手足之情，那么自己又将被置于何地？倘若皇帝李渊一定要报杀子之仇，自己又怎么躲得过这一劫？

然而事情发展到了这一步，不动手已经不行了，如果让李元吉活着跑到李渊面前，一切都完了。不仅秦王要完，跟随秦王起事的兄弟们都要完，绝不能让李元吉活着跑到李渊面前。

张弓搭箭，前面跑的李元吉成了尉迟敬德的移动靶，这种靶子的难度太低了，弓弦响处，李元吉应声倒下，他与李建成一样，像两只飞鸟从大唐的天空飞过，了无痕迹！

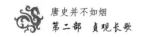

最后的忠诚

世界上无论是好消息，还是坏消息，都有一个特点：无腿走遍天下。

建成和元吉被杀的消息很快从玄武门内传到了玄武门外，传到了太子宫翊卫车骑将军（贵族征兵府司令）冯立的耳中。冯立不由得叹息一声，他曾经在脑海中闪现过这个可怕的结局，但没想到这一天来得这么快。

太子已死，剩下这些人该怎么办呢？

冯立叹息一声说："太子在时，我们接受他的恩惠；太子不在了，我们怎么能逃避他的灾难呢！"

随即对手下简单交代了几个字：集合，攻打玄武门。

一声令下，太子宫副护军薛万彻、屈咥直府左军骑谢叔方集合东宫、齐王府人马共计两千余人直扑玄武门，目标只有一个：为主人复仇！

如果建成和元吉地下有知，应该感到欣慰，当全天下都背叛了他们，至少还有冯立这样的人在努力地为主人复仇。

两千人马骤然聚集玄武门，玄武门的形势顿时微妙了起来。

此时玄武门聚集了三方势力，一方是效忠于太子李建成的两千人卫队，一方是效忠于秦王李世民的数百名骑兵，还有一方势力是效忠于李渊的守卫玄武门的宫廷禁军。三方势力混杂在一起，各自打着各自的算盘。

从实力上看，李建成的卫队实力最强，效忠李渊的宫廷禁军暂时不能大规模集中到玄武门来，在玄武门的守军只是平常的配置，兵力相对有限。相比之下，李世民的队伍更加有限，只有区区数百人。三方博弈，谁能笑到最后呢？

两千余人的太子卫队扑向玄武门，如果这两千人冲进了玄武门，李世民势必凶多吉少。以冯立、薛万彻的复仇之心，李世民的数百骑兵很难挡住太子卫队的兵锋，如此一来，玄武门之变就成了李世民兄弟三人的杀人游戏，杀到最后，兄弟三人一个都活不了，岂不是白白便宜了李渊和小老婆那些工业化流水线上生产出的皇子？

上天对李世民还是厚爱的，千钧一发之际，有一个人站了出来，此人力大无比，胆大心细，眼看太子卫队气势汹汹向玄武门冲来，马上一个激灵，抢在太子卫队冲上来之前，将原本大开的玄武门大门关上了，然后用自己的身体死死顶住了大门。

被挡在外面的太子卫队没有重型武器，只能用刀枪拳脚冲击大门，然而任凭太子卫队怎么冲击，玄武门的大门纹丝不动，里面的勇士用自己的一己之力将太子卫队隔绝在玄武门外，这个勇士就是张公谨。

在太子卫队与秦王势力正面接触的同时，一旁观望的是守卫玄武门的宫廷禁军，率兵值守的是云麾将军敬君弘，无心插柳，他居然成了关键的第三方势力：如果他帮助太子卫队，那么秦王势力必败无疑；如果他帮助秦王，那么太子卫队必定很难进入玄武门。现在胜负天平的砝码握在了敬君弘的手中，他会将自己的砝码放在哪一边呢？

对于皇子间的争斗，敬君弘早有耳闻，却没想到今天就在自己的眼皮底下血淋淋地发生。作为宫廷禁军的将领，他知道结交皇子的危险，因此对于三大皇子他都保持着距离，在他心中，主人只有一个，那就是皇帝李渊，而他的职责也只有一个，那就是保护宫廷的安全。

现在太子卫队杀气腾腾，秦王势力疲于招架，他并不准备帮助哪一方，他只是想尽自己的职责。

手下亲信看出敬君弘的心思，急忙进言："如今形势不明，不好判断，不如等到大军集结，看清形势再出兵也不迟。"

敬君弘摇了摇头，一指外面杀气腾腾的太子卫队，说道："这些人抱着给太子复仇之心，一旦过了玄武门必定大开杀戒，杀红了眼后，他们的刀可未必认得皇帝。"

"不必等了，出战。"敬君弘大吼着下达了命令。

敬君弘与内府中郎将吕世衡率领玄武门守军迎着太子卫队的来势厮杀了上去，很快他们的身影就被太子卫队淹没了，他们不效忠于任何一个皇子，却死于玄武门之变，或许在他们的心中始终只有两个字：职责！

敬君弘和吕世衡的出现，算是李世民的意外收获。两个忠于职守的将军意外地帮了李世民的大忙，极大程度缓解了玄武门的压力。

然而敬君弘和吕世衡缓解的只是暂时的压力，势头正劲的太子卫队踏着敬君弘和吕世衡的尸体再次冲向玄武门，这一次他们势在必得，只要时间一长，玄武门内秦王府的势力必定抵挡不住。

战事继续向着不利于秦王府的方向发展，冯立在进攻玄武门的同时准备分出一部分兵马，血洗秦王府为太子复仇。此时在玄武门内疲于抵抗的秦王府势

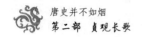
力心急如焚，他们知道，现在的秦王府几乎不设防，如果冯立的人杀进去，秦王府玉石俱焚。

怎么办？再急也变不出兵来啊？

还是有人能变出兵，这个人就是李世民。

就在玄武门战事正朝着不利于秦王府发展的关键时刻，李世民派来了尉迟敬德，尉迟敬德没有空着手来，他的手里提着送给太子卫队的礼物，他知道这个礼物一出，便胜过千军万马。

尉迟敬德往高处一站，大喝一声："看看这是什么！"

激战正酣的太子卫队顿时安静了下来，他们分明看到李建成和李元吉的人头在尉迟敬德的手中握着，那是他们曾经的主人，而现在成了尉迟敬德手中的死人。

人都死了，忠向谁表？

冯立纵有为太子死事之心，但他无法左右手下两千人的人心，混乱中不知道是谁带了头，两千余人的卫队开始溃散，薛万彻也带领着手下数十名骑兵逃往终南山。

大势已去，冯立不再约束手下的卫队，黯然地对亲信说道："总算斩了个敬君弘，多少可以回报太子了！"

随即一挥手，大家各自逃命去吧！

逼　宫

玄武门外，太子和齐王的卫队作鸟兽散，玄武门内，李世民依然紧锣密鼓，他知道驱散太子卫队只解决了表面问题，眼前还有一个根本问题需要解决，这个问题不解决，玄武门之变没有任何意义。

皇宫内的人工湖上，皇帝李渊还在悠闲地泛舟，放眼望去，安静祥和，一切都跟以往一样，重臣裴寂、萧瑀、陈叔达依然陪在身边，李渊很享受此时的惬意。

惬意很快被一个不速之客打破，这个不速之客头戴铁盔，身穿铠甲，手提长矛，直愣愣走到了李渊面前。

什么人如此放肆，居然如此杀气腾腾！按照大唐律例，这可是死罪！

李渊定睛一看，原来是这个毛头小子——尉迟敬德！这个人当初还差点儿被自己处死，他拿着长矛到这里做什么呢？

李渊脑海中闪过了两个字：兵变！

"什么人在作乱？你到这里干什么？"李渊凭着皇帝的威严厉声喝道。

全副武装的尉迟敬德不慌不忙，不卑不亢，说道："太子和齐王作乱，秦王发兵将他们诛杀，现在安排我来护驾！"

说这话时，尉迟敬德底气十足，毫无慌乱，在他心中早已把李世民当成唯一的主人，而李渊只不过是主人的爹！

看着杀气腾腾的尉迟敬德，李渊惊呆了，他曾经想过皇子间的争斗可能会升级，但没有想到居然升级到你死我活的程度。现在皇子间的争斗已经结束，却又上升成自己与李世民的父子之争，真是皇权面前无父子！

李渊突然想到自己的姨父杨坚，怎么到头来，自己的命运居然与姨父如此相似，当朝皇帝居然受到了皇子的逼迫，这是什么世道呢？

怎么办？兵变已经发生，看来秦王已经掌握了局势，还能补救吗？

李渊转头面向自己的智囊裴寂，忐忑地问道："事情到了这一步，该怎么办呢？"

一向没有主意的裴寂更是没了主意，只能对李渊报以一丝苦笑，一声不吭。像裴寂这样的人，纯粹是抬轿搭班子的，属于那种"领导点头我点头，领导画圈我画圈"的人，跟着屁股跑是高手，到前面领跑就是棒槌。

裴寂哑了火，另外两位重臣萧瑀和陈叔达却来了精神，这两个人原本就是亲秦王派的，此时更不能错过为秦王立功的机会。

萧瑀和陈叔达一唱一和地说道："建成和元吉原本对国家就没有贡献，却对功高的秦王嫉贤妒能，屡屡设计陷害。今日既然秦王已将他们扑灭，陛下何不顺水推舟封秦王为太子，主持朝政，如此一来必然不会有事端！"

听完两个亲秦王派大臣的话，李渊明白了一个俗语：哑巴吃黄连，有苦说不出。此时即便有十张口也无法说，再大的苦也只能往自己的肚里咽，兵变已经发生，秦王已经控制局势，眼前的尉迟敬德说是护驾，其实更像是绑架。

罢，罢，罢，有其父必有其子，当年我逼姨父一家退位，现在我儿子逼我退位，小子，有你爹的风范，不愧是我李渊的儿子。

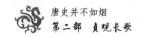

在心中下定了决心，李渊一脸平静，甚至还做出了愉悦的表情，说道："二位所言极是，这正是我的心愿啊！"

人生如戏，戏如人生，说完这句话，李渊忽然感觉自己的人生就是一出戏，而这出戏的高潮部分已经过去了，剩下的戏他已经不再是主角，而只是主角李世民的一个龙套。

世事的变幻比翻书还快，几分钟前还是一言九鼎的皇帝，几分钟后就成了秦王意愿的传声筒。

随即，李渊按照尉迟敬德的建议，下令太子和齐王的部队放弃抵抗，各军统一由秦王李世民节制，宇文士及从东上阁门出宫宣布李渊诏令，黄门侍郎裴矩前往东宫安抚太子余部。

至此，玄武门战火完全平息，李世民凭借玄武门这个支点撬动了整个大唐。在六月四日之前，他还只是处于夹缝之中的受气皇子，在六月四日之后，他已经将大唐掌握于自己的股掌之中。可惜的是，李渊和窦皇后的血脉只剩下李世民一人，建成、元吉、玄霸都已作古，世间流淌着宇文泰、李虎、独孤信三大贵族血脉的人只剩下李世民一人，再无分号，这就是传说中的天之骄子吧！

血迹半干，硝烟尚未散尽，李渊和李世民在皇宫中见面了，这一次见面亲情的味道掩盖了政治的味道，这样的亲情场面在两个人的记忆中其实是不多见的。

李渊动情地抚摩着李世民的头说道："前几天偏听偏信，差点犯了曹母投梭之错！"（曹母投梭，讲的是曹参的母亲原本信任自己的儿子，后来经不住别人传言，居然相信自己的儿子杀了人，气愤之余将织布的梭子扔在一边，以此比喻父母因为偏听偏信误会子女。）

李渊动情，李世民也受到感染，跪在李渊的面前，将头深深地埋在李渊的胸前，号啕大哭，哭声中有委屈，也有释放，有愧疚，也有成功者功成名就时刻的感慨。

一场大哭，百般滋味。

亲情过后，便是无情，擦干眼泪的李世民开始了玄武门的善后工作，善后的主题只有一个：斩草除根。

李建成名下六子，除一子夭折外，其余五子，安陆王李承道，河东王李承德，武安王李承训，汝南王李承明，巨鹿王李承义，全部斩首，开除皇家户籍；李元吉五子，梁郡王李承业，渔阳王李承鸾，普安王李承奖，江夏王李承裕，义阳王李承度，全部斩首，开除皇家户籍。

六月四日之前，他们是贵不可言的当朝皇孙，他们的符号叫作"王"；

六月四日之后，他们是斩首除籍的乱臣贼子，他们的符号叫作"亡"。

所谓皇亲，所谓国戚，到头来，只不过是一个个橡皮图章！

十名皇孙人头落地，李建成和李元吉留在世间的痕迹正在飞快地被擦拭，清洗的矛头开始游移，指向了李建成和李元吉生前的亲信，总计一百多人。本着斩草除根的原则，这一百多人人头落地也只不过是分分钟的事情。难道真的一杀了之？

"元凶已除，何必殃及其他，杀来杀去，局势怎能稳定？"说这话的人不是别人，居然是猛人尉迟敬德，尽管他亲手杀掉了齐王李元吉，但他并不主张对李建成余党一网打尽，恰恰相反，他建议网开一面！

犬吠非主，蒯通尚能躲过汉高祖刘邦的杀戮，对于这些余党为什么不能网开一面呢？

在尉迟敬德的建议下，李建成和李元吉余党一百多人躲过屠刀，其中的多数人在李世民的王朝中官运亨通，风生水起，这个名单很长，包括魏征，包括王珪，包括薛万彻，甚至连刚刚与秦王府势力血战一场的冯立、谢叔方也借机向李世民投降，全部无罪释放，这一切都源自粗人尉迟敬德的建议！

战火扑灭，硝烟散尽，三天后，也就是六月七日，李渊下令封李世民为太子，诏曰：今后无论军事政治，无论事情大小，由太子裁决之后，再行上报！

李渊的皇帝生涯从半梦半醒中开始，又在半梦半醒中结束，次子李世民抬着轿子将他送上了皇帝的宝座，又抽了梯子将他从皇帝的宝座赶到了太上皇的冷板凳之上。

皇帝是一线，太上皇则是永远上不了台面的二线。做一个二线的皇帝心里有多苦，可以问问李渊，可以问问李旦，可以问问李隆基！

自此，唐朝政治进入李世民时代，而皇帝李渊的时代成为过去，武德九年六月四日前李渊是这个帝国的狮子王，而六月四日之后，帝国的狮子王变成了李世民，从此李渊不再统驭帝国的狮群，他也不过是一只仰人鼻息的老狮王而已。

一句话，你过时了！

第五章 贞观，贞观

布 局

时间慢慢推移，唐朝也逐渐驶入李世民控制的轨道之中。六月十二日，李渊下诏任命太子宫一干官员，所谓的下诏只不过是给李渊一个面子，因为委任官员的名单是李世民早已拟定好的，李渊只不过点个头，盖个橡皮图章而已。此时的李渊进入了一个新阶段，"儿子点头我点头，儿子画圈我画圈"。

太子宫的一干官员多数是秦王李世民的旧人，太子宫官员的配置无非就是从秦王府平移过来，以前大家在秦王府上班，以后就到太子宫点卯了，两个月以后大家直接到朝堂报到，这就是传说中的连升三级吧。

太子宫官员的架构基本是这样的，宇文士及出任太子宫主管（太子詹事），长孙无忌、杜如晦出任太子宫政务署长（太子左庶子），高士廉、房玄龄出任太子宫事务署长（太子右庶子），尉迟敬德、程知节分任太子宫左右翼侍卫军司令（太子左卫率、太子右卫率），虞世南出任太子宫事务署副署长（中舍人），褚亮出任太子宫事务管理官（舍人），总体而言，文官基本出自李世民的"十八学士"，武将出自李世民征战沙场时的绝对嫡系。

在李世民的安排下，秦叔宝出任左卫大将军，程知节出任右武卫大将军，尉迟敬德出任右武候大将军，侯君集出任左卫将军，段志玄出任左骁卫将军，张公谨出任右武候将军，长孙无忌的哥哥长孙安业出任右监门将军，李靖的弟弟李客师出任左领军将军，刚刚从李建成阵营投诚的薛万彻出任右领军将军，这九位将军就是李世民钉进宫廷的九颗钉子，有了这九颗钉子，大唐的军权就牢牢地控制在李世民的手中。

与此同时，国家要害部门也陆续掺入了李世民的钉子，高士廉出任侍中，房玄龄出任中书令，萧瑀出任左仆射，长孙无忌出任吏部尚书，杜如晦出任兵部尚书。此时的李世民与当年的李渊一样，国家所有最高权力收于一身，不同的是李渊从杨家抢权，李世民则是从老爹手中抢权。

对于儿子的动作，李渊何尝不知，毕竟他自己就是从抢权的时代过来的，儿子的一举一动都没有逃过他的眼睛，然而他又能如何呢？现在的李世民早已羽翼丰满，李渊已经拿这个儿子没有任何办法了，唯一能做的就是照着他的要求，点头画圈。

苦闷之中，李渊写信给自己的死党、老友、马仔裴寂，信中愉快地声称，我应该称太上皇了。信上表现得很愉快，信的背后却是长久的无奈，没办法，李渊已经错过了机会，更错过了天文台长傅奕的那份天文报告。

如果自己当时相信了那份天文报告，如果自己认识到那份天文报告的重要性……

可惜历史没有假如，人生也没有如果！

公元626年八月八日，也就是唐武德九年八月八日，刚刚坐了九年皇位的李渊下令把皇位传给太子李世民，李世民坚决辞让，李渊坚决不准，整个让位过程与杨侑让皇位给李渊、杨侗让皇位给王世充一样。一个字，假，两个字，真假，三个字，相当假！

对于李渊而言，心中的凄凉是难免的，毕竟从此以后，自己就从一线的皇帝变成了二线的太上皇，以前自己掌握儿子的生死，现在儿子掌握自己的生死。同公元617年那个起事的夏天一样，李渊在心中默念着那句话：无论什么时候，掌握生死的刀把都应该掌握在自己的手中。

只可惜，现在刀把已经握在了儿子李世民的手中。

叹息过后，李渊又往宽慰的方面想，毕竟刀把不是握在别人手中，毕竟这个王朝还姓李，毕竟肉还是烂在老李家自己的锅里。

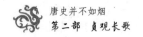

登　基

公元 626 年八月九日，二十八岁的李世民在东宫显德殿登基称帝，他就是历史上的唐太宗。为了表示对父亲李渊的尊重，公元 626 年依然被称为武德九年，改元被推迟到公元 627 年，那一年正月一日，李世民定年号"贞观"。

李世民为什么定年号"贞观"呢？

贞观二字出自《易经·系辞下》："八卦成列，象在其中矣。因而重之，爻在其中矣。刚柔相推，变在其中矣。系辞焉而命之，动在其中矣。吉凶悔吝者，生乎动者也。刚柔者，立本者也。变通者，趣时者也。吉凶者，贞胜者也。天地之道，贞观者也。"

贞观，"天地之道"，名正言顺，天意！

用年号来表明自己皇位来路正的，李世民不是唯一的，清朝的雍正皇帝与李世民采用了同样的方法，"雍正"，"雍亲王得位正、为君正"。

年号，有时候既像是一则声明，又像是一则广告。

登基伊始，李世民要做的事情太多了，首先就是给全天下发红包。

当日，李世民宣布大赦天下，免除关内以及蒲州、芮州、虞州、泰州、陕州、鼎州六州两年赋税，其余各州免除差役一年，诏书一出，全国欢声雷动。

发完天下的红包，该发家里的红包了，家里的红包尽管涉及的人群比天下小，但影响力很大。

八月二十一日，李世民册封长孙女士为皇后，大唐长孙皇后就此横空出世，这一年长孙皇后二十六岁，而她嫁给李世民已经整整十三年了。

十三年前，十三岁的长孙小姐嫁给了十六岁的李世民，开始了两个人的婚姻生活。那时十六岁的李世民跟其他官宦子弟一样，并没有什么特别，而他的父亲李渊在那个时期也正在经历着宦海浮沉，嫁入这样的家庭，长孙小姐能得到大富贵吗？

换作别人一定会对长孙小姐坚定地摇摇头，有一个人却对长孙小姐坚定地点了点头，这个人就是长孙小姐的舅舅——高士廉。

长孙小姐的父亲是隋右骁卫将军长孙晟，不幸的是长孙晟去世早，抚养长孙小姐的重任就落到了舅舅高士廉身上。因为这个缘故，长孙小姐与舅舅的关系特别融洽，即使出嫁之后，也经常回舅舅家住上一段时间。

就在长孙小姐回舅舅家省亲期间，高士廉家出现了灵异现象。高士廉的小妾张氏居然在长孙小姐居住的房间外看见了一匹马，要说看见马也不稀奇，可如果这匹马高达两丈呢，稀奇不稀奇？稀奇的是这匹高达两丈的大马居然鞍勒皆具，所有行头一样都不少，更稀奇的是，这匹大马瞬间又不见。张氏急忙把这个奇异现象告诉了高士廉，高士廉找来算卦的一算，乖乖，不得了，这个现象竟然意味着"女处尊位，履中居顺也，此女贵不可言"。

几年后，长孙小姐被册封为秦王妃，又过了八年，长孙小姐被册封为皇后，果然贵不可言。

用老话说，这是"命里有时终须有，命里无时莫强求"，尽管长孙皇后的这段传说有演义的成分，但我相信，能够成为皇后的人，一定在某些方面有着超于常人的传奇。

与长孙皇后一起领受红包的还有长孙皇后与李世民的第一个儿子——李承乾，因为这个儿子出生在长安皇宫中的承乾殿，因此就有了李承乾这个名字。本着"立嫡立长"的原则，八岁的李承乾被立为太子。

此时的李世民跟八年前的李渊一样，满心以为"立嫡立长"就能够解决所有的问题，却没有料到，有朝一日他也将面临与父亲一样的尴尬，因为他本人破坏的恰恰就是"立嫡立长"的原则。

人的眼睛永远看不到自己的后背，李世民是人，所以他也看不到！

挑　战

幸福的日子总是短暂的，短暂到你应该为这段幸福买上一份保险。

登基的喜悦还没有尽情享受，麻烦却已经悄悄地找上了门，一场潜在的危机正在慢慢酝酿，并随后给了李世民当头一棒。

什么人如此大胆？

在当时的世界上，除了东突厥人，就没有别人了。

为什么东突厥人一直跟唐朝过不去呢？归根结底还是因为唐朝比东突厥富，身上有太多的油水可捞。在东突厥眼里，唐朝就是一只不宰白不宰的赤裸肥羊，对于这只肥羊，东突厥人始终保持着隔三岔五打秋风敲竹杠的惯例，反

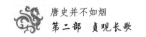

正下雨天打孩子，闲着也是闲着。

以往东突厥人的打劫一般都是自力更生，不需要别人插手，而武德九年八月的这次进攻却有所不同，因为这一次进攻，实际上是由老牌起义山头头领梁师都策划的，可以说是梁师都策划，东突厥执行。

要说梁师都这个人也很没溜，从早期起义到现在还是过着寄人篱下的生活，东突厥人一直就是他的保护伞。好不容易连蒙带唬收编了陕西北部和山西西部的稽胡部落酋长刘山成，却又听信谗言把刘酋长给做掉了。如此背信弃义，稽胡部落的人们自然人心思变，腿脚好的都南下投奔了唐朝，只剩下腿脚不好的跟着梁师都养老。

众叛亲离的梁师都无法独力支撑下去，索性彻底对东突厥人称臣装孙子。为了表示自己的诚意，梁师都搜集了唐朝的相关情报，然后拼了老命地忽悠颉利、突利两位可汗对唐朝用兵。本着有利可图的原则，颉利和突利同意了梁师都的策划，两人合兵十余万骑兵攻击泾州，进至武功，长安城全面戒严。

武功离长安有多远呢？21 世纪的高速公路，驱车只需要一个小时，东突厥人的十余万骑兵离李世民就是如此之近。

八月二十八日，颉利可汗阿史那咄苾进至渭水便桥之北，刀尖递到了李世民的面前。

为了进一步从气势上吓倒对手，颉利可汗派出了本方最能忽悠的心腹执失思力进入长安，一来震慑李世民，二来探一探长安城内的虚实。

执失思力绝对是个人才，瞎话张嘴就来，一见李世民便盛气凌人地说道："颉利、突利二可汗将兵百万，今至矣。"（十几万号称百万，比曹操都能吹！）

换作一般人，听到一百万这个数字恐怕早就腿肚子发软了，换作南宋的皇帝们恐怕早已割地求和了，然而偏偏御座上坐的是大唐皇帝李世民。

对于东突厥人的兵力，李世民心中是有数的，以东突厥人的人口和生产力来看，十余万骑兵是有的，一百万骑兵是吹的。不过即使只有十万骑兵，长安城的守军也无法与对方死磕，眼下自己刚刚登基两个月，内部尚未理顺，这样的大战不能打，也打不起。

尽管打不过，也打不起，但是李世民不能让东突厥人看出来，因此气势上一定要压倒对手。

李世民一瞪眼睛，大声喝道："吾与汝可汗面结和亲，赠遗金帛，前后无算。汝可汗自负盟约，引兵深入，于我无愧？汝虽戎狄，亦有人心，何得全忘大恩，自夸强盛？我今先斩汝矣！"

执失思力不由自主地软了，双腿禁不住哆嗦了起来，他早听说唐朝秦王李世民不怒自威，没想到面对面站着，此人真的有莫大的杀气。

执失思力装不下去了，只能求饶，他知道眼前这个李世民心狠手辣，连自己的亲兄弟都能下手，更何况自己这个敌国使者了。

朝堂上的空气凝固了，没有人知道下一步应该怎么办，左仆射萧瑀、右仆射封德彝忐忑不安地走到了李世民的面前，建议还是把执失思力礼节性地送回去吧，此时不能轻举妄动。

李世民看着两位仆射，说道："我今遣还，虏谓我畏之，愈肆凭陵。"说完，冲下面一挥手，押下去，先让他在门下省老老实实待着！

在众人还在不知所措时，李世民已经起身，示意高士廉、房玄龄在后面跟上，他这是要做什么呢？

跟颉利当面谈判。

城门大开，李世民带领高士廉和房玄龄来到了渭水南岸，一行人马加上李世民只有六人。

渭水北岸的颉利以为来的是唐朝的使者，然而旁边的随从提醒他：这六人中领头的就是大唐新科皇帝李世民！

啊，他就是大唐皇帝，身边只有区区五个人。东突厥的士兵纷纷瞪大了眼睛看着对岸的六个人，大唐皇帝的胆子也太大了，怪不得人家能做大唐皇帝。

在东突厥士兵还在看热闹的同时，李世民的身后出现了大批旌旗招展的唐军，漫山遍野，不知道究竟来了多少人，也不知道究竟来了多少匹马，目测的结果来看，至少有几十万人。

看着李世民轻身而出，居然带着五个人走在最前面，颉利不知道李世民的葫芦里究竟卖的是什么药，莫非他早有准备？莫非刚刚登基两个月的他已经理顺了军队？这也太快了吧？

对了，执失思力呢？这家伙去谈判怎么还没回来？莫非被李世民扣押了？

颉利越发不知道李世民唱的是哪一出，但有一点是肯定的，李世民压根儿不怕他！

对面的李世民冲乌泱泱的唐军一挥手，唐军随即退后几步就地列阵，颉利早听说李世民带兵有方，没想到今天就目睹了李世民的临阵指挥。也就是颉利一愣神的工夫，对岸的唐军已经列阵完毕，而李世民甩开其他五个人策马一直走到了渭水南岸的最边缘，他是来跟颉利当面谈判的。

渭水北岸的颉利观望着李世民的举动，他断定眼前这个人一定是成竹在胸，一定在长安城内有了准备，不然怎么会如此气定神闲。

其实颉利并不知道，"泰山崩于前而不形于色"，这是李世民的本事，这个本事怎么练的，战场上练的！

没有人知道李世民与颉利究竟谈了些什么，从最终的结果来看，两个人一定进行了一番讨价还价，总之，这场谈判李世民让了步，出了血，因为没有利益打发颉利，颉利不可能退兵，毕竟十余万骑兵不是马戏团的，都是真刀真枪实战的。

两天后，李世民在渭水便桥与颉利可汗阿史那咄苾一起盟誓，为了让这次盟誓更加庄严，他们还杀了一匹白马，史称"斩白马盟誓"，盟誓过后，东突厥骑兵全线撤退，长安城解除戒严。

然而无论盟誓的内容多神圣，无论盟誓的形式多庄严，都挡不住盟誓人的私心杂念：在阿史那咄苾看来，这只不过是一个形式，来一次就盟一次，反正代价就是一匹白马；而在李世民看来，这种屈辱的盟誓只能是最后一次，总有一天，他要让东突厥臣服在大唐脚下。

渭水盟誓，大唐与东突厥的拐点，从此之后，大唐向左，东突厥向右，几年后，李世民的誓言终于成真！

最后的兄弟

东突厥的危机被暂时化解，李世民的精力再度集中到大唐的内政上来，此时有一件事始终压在他的心头，沉重得让他透不过气。

说起来，还是他的家务事，说直白了，就是如何处理建成和元吉的身后事。尽管处理了十个侄子，赦免了建成和元吉的余党，但事情还没有完，究竟该如何给这两个手足兄弟盖棺定论呢？难道"犯上作乱"四个字就能了结一切吗？李世民不断地在心中问着自己。

兄弟？死敌？对手？

我们兄弟三人到底是什么关系？为什么到头来如此扭曲？

沉思数日之后，李世民下诏，追封故太子李建成为息王，谥号隐王，追封齐王李元吉为海陵王，谥号剌王，按照亲王之礼，重新安葬。

葬礼是给死人办的，做给活人看的，李世民就是要用两个兄弟的葬礼向天下表明自己的胸怀。其实葬礼两个兄弟已经不需要了，难道为了这次隆重的葬礼，两兄弟再死一回不成？

从心底说，是李世民自己需要这样一场宏大的葬礼，只有这样，他才能在心中将玄武门这一页翻过去。出殡的那一天，他登宜秋门望着兄弟的灵柩哭泣，哭得谁也拦不住，在哭声中他回到了兄弟们亲密无间的岁月，在哭声中他想起了当年一起生活的点滴，唉，该死的皇权，该死的王者天下。

在魏征和王珪的建议下，李世民亲自护送两兄弟的灵柩到了墓地，并亲眼看着灵柩下了墓穴埋上了黄土，从此一母同胞的兄弟四人只剩下他孤零零的一个人。用唐代诗人王维的话说，从此李世民怕过重阳节，因为在这一天，他，"遍插茱萸只一人"。

兄弟入土，竞争结束，从此贞观就是李世民一个人的贞观，无论皇位如何得来，无论过程是否流血，这一切已经不重要了，重要的是你要对得起你所得到的东西。

因为来之不易，所以倍加珍惜，一般人如此，李世民更是如此，至少他要对得起曾经与他争斗的兄弟，至少他不能让兄弟在九泉之下还戳他的脊梁骨。

这一定是一个开天辟地的贞观之世，李世民在心中暗暗发誓！

论功行赏

竞争结束了，危机解除了，也该到了给功臣们论功行赏的时候。

公元626年九月二十四日，李世民亲自拟定功臣的行赏名单，房玄龄、长孙无忌、杜如晦、尉迟敬德、侯君集五人并列第一，五人均封为国公，实封一千三百户。

要说李世民也是个挺民主的领导，评定完功绩后，还不忘跟大家客套一下：朕叙卿等勋赏或未当，宜各自言。意思是说，我评的可能有不得当的地方，大家

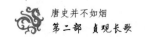
心里有委屈的，有不服的，尽管说出来。无疑，李世民也就是跟大家客套一下。

李世民只是跟大家客套一下，还真有人不跟他客套，这个人就是他的堂叔淮安王李神通。

李神通腾地站了起来，直愣愣盯着李世民说道："当年起兵，我首先响应，如今论功却让房玄龄、杜如晦这些只会耍笔杆子的人排在我前面，我不服！"

李神通发炮，其实正中李世民下怀，李世民正等着拿这样一个老牌皇亲开刀。李世民望着自己的堂叔，看似和蔼而又不失威严地说道："当初起兵，叔叔是第一个响应，可你也是为了自己躲避祸事；窦建德征战山东时，叔叔你全军覆没；刘黑闼再次作乱时，叔叔你望风而逃。相比之下，房玄龄、长孙无忌这些人运筹帷幄，赞画军机，安定社稷，论功在你之上难道不对吗？你虽是朕的叔父，但无功也不能滥赏！"

李世民的话说完，李神通眼睛直扫地面，恨不得找个地下室钻进去，其他原本还有牢骚还有不忿的，都把话咽到了肚子里，连皇叔都没有资格争功，其他人就更没有资格了。

总体而言，秦王府的资深旧人基本都得到重用，但并非滥用，因为李世民知道，此时的他是大唐皇帝，是一国之主，而不只是秦王府一府之主，这时的李世民要做的是胸怀天下，泽被众生，绝不能因私废公。

在此次论功行赏之后，秦王府已经成为过去，李世民用人再也没有府第的区分，无论是前太子府的人，还是齐王府的人，只要能用，只要有才，那么你就能成为李世民的螺丝钉！

起 用 魏 征

魏征在历史上的名望实在太高，名望之高，高过了长孙无忌，高过了房玄龄，高过了杜如晦，更被树立成了"千古良臣"的典范。

事实上，我要说，魏征被严重拔高了，甚至被拔高到不像人而像仙的地步。历史上的魏征，其实很务实，很功利，很会投李世民所好，他与李世民的君臣际遇与其说是千古君臣之典范，不如说是君臣二人联袂给世人演出的政治双簧，他俩演的是相声，互为捧逗，彼此都是对方的托！

李世民为什么要起用魏征呢？一是因为魏征确实有才，二是因为魏征身上的符号意义：太子余党。

在当时，没有比魏征更大号的太子余党，当年正是他和王珪劝说李建成出征刘黑闼，抢了李世民到手的战功，再后来甚至屡次建议李建成早点动手除掉李世民。对李世民下黑手到这个程度，魏征不是太子余党谁又是呢？

原本李世民对这个魏征也是恨之入骨的，玄武门之变后，李世民找来魏征，冷冷地扔出一句话："你为什么要离间我们兄弟？"

魏征倒是一副死猪不怕开水烫的坦然模样，故作平静地说道："太子如果早点听从我的话，就没有今天的灾难了！"

历史总是有惊人的相似，魏征与李世民的一问一答，与汉初韩信谋士蒯通与刘邦的问答几乎如出一辙，结局也有惊人的相似，所不同的是，蒯通只是免除了杀身之祸，魏征却就此搭上了唐朝的权力快车。

看着倔强的魏征，李世民突然没有了怒火，甚至发现眼前的这个人有一点可爱，事实上，现在要杀魏征对于李世民而言太容易了，而杀了魏征又有什么意义呢？毫无意义！

李世民死死盯着魏征，他意识到，眼前这个人不就是自己所需要的吗？以他的经历，终其一生是不可能与秦王府的旧将融成一体的，因为他注定进不了秦王府旧将的圈子，如果自己将他大赦，进而重用，那么他能不对自己肝脑涂地吗？此人不正是制衡秦王府旧将势力的最佳人选吗？

众里寻他千百度，蓦然回首他却在灯火阑珊处，就是他了！

李世民随即和颜悦色，对魏征以礼相待，杠头魏征没有等来杀身成仁的机会，等来的却是李世民的格外垂青，当场被任命为太子宫总管府秘书官，从此以后，你魏征就是我李世民的人了。

魏征，你愿意成为李世民的卜属，尢论生死，尢论贫富疾苦吗？

魏征在心口刻上了三个字：我愿意！

与魏征同时被重用的还有魏征的两位前同事，被李渊发配到巂州的王珪和韦挺。王、韦二人被紧急从巂州召回，一路忐忑不安下定决心杀身成仁，结果等来的却是李世民的委任状，双双出任门下省谏议大夫，从此与魏征一起成为李世民掺进唐朝政治里的沙了。

第六章　目标东突厥

狼 图 腾

登基不到两个月，东突厥人就给李世民来了个下马威，这让李世民的内心非常不爽。当初老爹李渊一再对东突厥人退让让他很恼火，而轮到自己，他终于明白老爹退让中有多少无奈，此时的唐朝根本没有本钱跟东突厥死磕。

总有一天，总有一天，朕要让东突厥人对大唐称臣。

自此，李世民将心中的目标锁定在东突厥。为了实现这个目标，他亲力亲为，亲自引兵在显德殿前操练，每天参与操练的有数百人，他亲自担任主考官，士兵表现优异的直接赏赐弓、刀、帛，将领表现优异的则登记在册，择机提拔。每次操练之后，李世民还不忘训话："我不让你们去干那些搬搬抬抬的体力活，就让你们好好操练射箭，平常无事时，我是你们的教官，有敌入侵时，我就是你们的将军。相信这样操练下去，用不了多久，我大唐就可以永保平安！"

无疑，皇帝李世民是在营造大唐的尚武之风，在他的带动下，士兵在唐朝的地位得以提升，而能够进入皇帝亲自指挥的卫队，更是当时青年的梦想。唐朝的军力在君民一心中急速膨胀，在将来的某一瞬间将会集中爆发，而他们的目标之一正是东突厥。

说起来，突厥人已经跟中原政权纠缠多年，如同秦汉时期匈奴与中原政权的纠缠。

关于突厥人的起源有两个传说，这两个传说都与狼有关。

第一个传说是这样的：突厥本是匈奴的一支，后被邻国所灭，当时有一个十岁的小男孩，士兵见他年小，没忍心杀死他，便将他砍去双脚扔到荒草中。后来，小孩被一只母狼救去，长大以后与狼结合。邻国国王听说小孩已长大，怕有后患，便派人将他杀了，杀他的人，见他身旁有一条狼，也想一起杀掉，不料狼逃跑了，逃到高昌北边的山洞里。在山洞里，狼生下十个小男孩，他们逐渐长大成人，各自成家，繁衍后代。其中一支，生活在阿尔泰山一带，阿尔泰山形似作战时的头盔，当地人称其为突厥，所以他们就以突厥为族号。

另一个传说是这样的：突厥原在匈奴之北，其部落首领有兄弟十七人，其中一个叫伊质泥师都，为狼所生。泥师都娶了两个妻子，其中一妻生了四个男孩，最大的儿子叫纳都六，后来被推选为部落首领，定国号为突厥。纳都六有十个妻子，在他死后，十个妻子带着自己的儿子来到大树下，约定所有的孩子向树跳跃，谁跳跃得最高，即为首领。纳都六年龄最小的妻子所生的阿史那年幼敏捷，比所有的孩子跳跃得都高，遂被推为首领。这一说法，也说明突厥族为狼所传。

从两个传说中可以看出，突厥人的起源都与狼有关，而在日常生活中，突厥人以狼作为图腾，作战旗帜上绘制的就是金狼头。

崇拜狼的传统代代相传，延续到今，至今世界上还有很多地方的人崇拜狼，而中国的内蒙古自治区也有部分地方保留着这个传统。20 世纪 60 年代大批北京知青来到内蒙古草原，他们深刻感受到草原上的狼文化，几十年后，其中的一个知青将酝酿近四十年的构思写就成书，书的名字叫《狼图腾》。

其实崇拜狼的不只是突厥人，在意大利罗马，城徽就是一只狼和两个幼崽。相传，罗马战神马尔斯·阿瑞斯把狼作为自己的标志，有时还披上狼皮扮成一只狼。正是他引诱圣女雷亚·西尔维亚怀孕，生下了一对孪生兄弟——罗慕路斯和雷穆斯。

后来，雷亚·西尔维亚被篡位者溺死，她的两个孩子也被抛进台伯河。浪涛和流水把盛着孩子的木盆送到河岸边的沼泽地。这一对孪生兄弟被巴勒登丘附近的一只母狼救活，衔到窝里喂养。后来，一位牧羊人收养了罗慕路斯，并教他习武，渐渐地他成为一位智勇双全的将领，夺回了王位，成了英明的

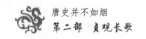

国王。

为了感谢母狼的养育之恩,他在母狼喂养他俩的那座山上建立了自己的城市——罗马。

往 日 恩 怨

说完突厥人的起源,该说说他们与中原政权的恩怨了。

公元 5 世纪后叶,突厥人开始强盛,公元 552 年突厥打败柔然,建立起幅员广阔的突厥汗国,势力迅速扩展至蒙古高原,此时中原政权与突厥人直接接触的是东魏和西魏,随后是由东魏和西魏演变而来的北周和北齐。无论是哪一个北方政权,对于突厥这个庞然大物都无可奈何,只能用金钱向突厥人买和平,以至于突厥可汗生活非常奢侈,奢侈之余还不忘叫嚣:"我在南方有两个孝顺儿子,我想要什么,他们就会送什么!"

突厥人的黄金时代并不长,前后也不过三十年,三十年以后,突厥人开始走下坡路。公元 582 年,突厥人的好日子到头了,已经强大起来的隋朝可以跟突厥人叫板了,而突厥人恰恰在这个关键时刻内讧了。

公元 582 年,突厥沙略钵可汗命阿波可汗南侵,结果被隋军击败。猜忌成性的沙略钵可汗借口阿波可汗先行撤退,悍然袭击了阿波可汗,阿波可汗不得已只能投奔西部的达头可汗,两人联合与沙略钵可汗对立,相互攻击,于是突厥正式分裂为东西两汗国。东突厥沙略钵可汗在隋北境,西突厥达头可汗在隋之西北。

分裂后的东西突厥再也没有往日的强盛,而此时轮到中原政权隋朝发威了。隋文帝杨坚乘机出兵,专攻东突厥,东突厥屡战屡败,一度沦为隋的附庸国,尔后隋出兵大破西突厥,其余部奉隋命迁往河套一带。

然而中原政权的好景也不长,由于隋炀帝杨广先生太能折腾,三征辽东耗干了帝国的精力,东西突厥则在不被人注意的情况下东山再起。公元 609 年,隋册封的东突厥启民可汗死,其子始毕可汗立,娶隋朝义成公主为妻,随后势力不断壮大,到公元 615 年,始毕可汗已经有了叛隋的资本,居然把视察边防的隋炀帝杨广围困于雁门,所幸有义成公主好言相劝,杨广方才得救,史称

"雁门事变"。

"雁门事变"成了东突厥与中原政权势力对抗的分水岭,自此中原政权又处于东突厥的刀锋之下,无论隋朝末年,还是李渊的唐武德年间,中原政权对东突厥人只能卑躬屈膝,这个态势一直延续到李世民登基。

登基之初的李世民也没有跟东突厥人叫板的资本,他同样需要退让,尽管唐代的史书上没有提及公元626年八月李世民与东突厥人谈判的细节,但从后来颉利可汗阿史那咄苾送给李世民三千匹马、一万只羊来看,渭水盟誓的背后,唐朝是下了血本的,只不过血本是暂时的,李世民放的是高利贷,一旦时机成熟,就让颉利可汗阿史那咄苾连本带利一并还给大唐。

东突厥的多米诺骨牌

渭水盟誓后,颉利可汗阿史那咄苾踏上了回家路,这样的情形对他而言已经很熟悉,这一次只不过是昔日重现。心情不错的阿史那咄苾怎会想到,这将是他最后一次对唐朝耀武扬威,因为从此时开始,他已经开始走下坡路了,因为他的内部已经出现问题。

东突厥的人心向背形势,如同多米诺骨牌,只要有人开了头,骨牌倒下的态势就无法避免。

引发东突厥骨牌倒塌的人其实是个熟人,定杨天子刘武周的老部下苑君璋。

刘武周殒命之后,苑君璋继续盘踞在东突厥的屋檐下,担任东突厥进攻中原的向导,公元623年东突厥人袭击马邑就是他带的路。原本苑君璋准备跟着东突厥人一条路跑到黑,可是手下人不这么想,他的手下都是汉人,这些汉人向往的是李渊的正统唐朝,因此这些人纷纷抛弃了苑君璋,转而投入了唐朝的怀抱,而遭遇手下抛弃的苑君璋一看自己要成为光杆司令,索性也向李渊表明了投降的愿望。

在李渊将免死金券送到苑君璋面前的同时,颉利可汗阿史那咄苾的使节也到了,他们也是来做苑君璋工作的,他们希望苑君璋继续留在东突厥的阵营当中。拿不定主意的苑君璋咨询自己的亲信郭子威,郭子威给苑君璋支了一招,

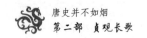

说道："如今东突厥强盛，应该向它靠拢，不过在靠拢的同时还要等待天下的变化，不能任由别人摆布！"

郭子威的话给苑君璋定了位：先挂靠东突厥，再随机应变！

时间过得很快，一直处于随机应变状态的苑君璋时刻都在观察着颉利可汗阿史那咄苾的动态。在他看来，东突厥并非铁板一块，而是随时可能分崩离析，况且阿史那咄苾的领导能力非常糟糕，国势不会长远。

公元627年五月，看透了阿史那咄苾的苑君璋放弃与东突厥的挂靠关系，转而向唐朝投降，随即被任命为隰州都督、芮国公，而苑君璋的反水也在无意之中推倒了东突厥的第一张多米诺骨牌。

事实上，东突厥走下坡路完全是阿史那咄苾自己作的。

原本东突厥人性情敦厚，民风淳朴，因为文化水平比较低，政治法律反而简单明了，即便如此东突厥汗国的运营也比较正常，向心力也非常强。然而自从阿史那咄苾重用汉人赵德言之后，东突厥汗国的情况开始发生变化。

风俗被强令更改，习惯也被强令更改，政令也不再简单明了，而是烦琐不堪，这让本来习惯简单生活的人民有些恼火。而更令他们恼火的是，阿史那咄苾越来越信任外族人，反而对本族人非常疏远，更要命的是，获得阿史那咄苾信任的那些外族人趁机搞起了贪污，这让东突厥人更加气愤。

屋漏偏逢连夜雪，在东突厥人的愤怒慢慢积累的同时，老天也跟阿史那咄苾过不去了。东突厥汗国的上空下起了多年不遇的大雪，都说瑞雪兆丰年，可这瑞雪得有个度，要是连续下一两个月都不停，那就是瑞雪成灾了。

很不幸，阿史那咄苾遭遇的就是成灾的瑞雪，积雪厚达数尺，本来连年征战就没有多少储备，这下成灾的大雪更让东突厥人的日子雪上加霜。要知道东突厥人靠的主要是牧业，而雪太多了，牲畜会冻死，更可怕的是大雪封山，储备的草料用完，成批的牛羊只有饿着肚子等死的份了。

这一年，东突厥人的牛羊冻死饿死不计其数，损失惨重，而令他们更痛心的是，他们的可汗阿史那咄苾居然在这个时候增加了赋税，理由是可汗家也没有余粮啊！真是不让人活了。

东突厥汗国的灾情牵动着唐朝上下的心，别误会，他们不是准备援助，而是在研究作战的时机。

李世民向左仆射萧瑀、右仆射长孙无忌询问："颉利君臣昏虐，危亡可必。

今击之，则新与之盟；不击，恐失机会，如何而可？"意思是说，颉利可汗的日子很难过，趁这个机会出兵吧，又碍于去年刚跟他渭水盟誓，不出兵又恐怕丧失机会，该怎么办呢？

左仆射萧瑀主张出兵，一雪前耻，右仆射长孙无忌却说道："虏不犯塞而弃信劳民，非王者之师也。"

事实上，长孙无忌的话是装大尾巴鹰的，"王者之师"的论据并不足以打动李世民，只不过久经沙场的李世民比他们看得更远。他知道，此时的颉利可汗尽管国内生活困顿，但还没有到分崩离析的地步，此时出击并非良机，弄不好还会激起东突厥人同仇敌忾。

没关系，我们可以等！

时间可以改变一切，时间慢慢耗掉了东突厥人的锐气。

随着颉利可汗阿史那咄苾威信的日益下降，原本依附于他的薛延陀部落、回纥部落、拔野古部落先后效仿苑君璋，转身背叛，从此这些部落不再效忠东突厥，颉利可汗更不能像以往一样对他们指手画脚。

一个苑君璋背叛不算什么，然而三大部落一起背叛，这让阿史那咄苾恼火到了极点，盛怒之下派出自己的侄子阿史那欲谷率十万大军攻打回纥部落，没想到马鬣山一战，阿史那欲谷的十万大军居然被回纥酋长药罗葛菩萨的五千骑兵击败，十万大军被五千骑兵打得满地找牙。

回纥酋长的五千骑兵一直追到了杭爱山，顺便还劫掠了大批东突厥的部属。本着"有便宜大家占"的原则，薛延陀部落也趁机出兵击败了东突厥四名将军带领的军队，几番打击下来，阿史那咄苾的锐气被打没了，眼看着回纥部落和薛延陀部落的挑衅，他却一声叹息，无能为力。

其实阿史那咄苾对回纥部落、薛延陀部落的挑衅无动于衷是有原因的，这个原因就是唐朝。阿史那咄苾知道，回纥和薛延陀部充其量只是捣乱，而唐朝一旦发兵后果可能就是灭国。基于此，他忍下两口恶气，把关注的目光死死地放在唐朝，他甚至直接以狩猎之名率兵到了朔州边境，不为别的，只为加强对唐朝的防御。

阿史那咄苾的担心不无道理，因为此时的唐朝也正将矛头对准了东突厥，这支矛迟早会从大唐戳出，只是他们还没有找到合适的时机。

此时唐朝鸿胪卿（藩属事务部部长）郑元璹奉李世民之命出使东突厥，

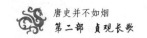
回国之后立刻向李世民禀告：东突厥百姓饥饿，牲畜枯瘦，亡国不会超过三年。

对于这个报告，李世民非常认同，事实上，这与他先前盘算的时间相差无几，看来三年之内有望解决东突厥了。

知道李世民的三年计划的人并不多，多数大臣还蒙在鼓里，大臣们听到郑元寿的汇报后，一个个摩拳擦掌，纷纷建议李世民趁机出兵，攻打东突厥。

此时的李世民早已胸有成竹，怎么会因为众臣的建议就改变自己的计划？李世民冲众臣摆摆手，一字一句，娓娓道来："新与人盟而背之，不信；利人之灾，不仁；乘人之危以取胜，不武。纵使其种落尽叛，六畜无余，朕终不击，必待有罪，然后讨之！"

李世民用"不信、不仁、不武"回绝了众臣的建议，并表明一定要等到东突厥有罪再行攻击。事实上，这些话就如同电视购物的广告，不是糊弄人的，就是糊弄鬼的！李世民不出击，不是因为"不信、不仁、不武"，只是因为时机不到！

君心似海，深不可测，此言不虚！

突利可汗的求救信

老鼠向猫发出了求救信，如果是你，你信吗？李世民信，我也信！

向李世民发出求救信的居然是阿史那咄苾的侄子、亲密战友突利可汗阿史那什钵苾，阿史那什钵苾为什么要向李世民发求救信呢？因为他在叔叔的手下快活不下去了。

原本在东突厥汗国，阿史那咄苾是大可汗，是整个汗国都认可的大可汗，而阿史那什钵苾在幽州以北设立王庭称小可汗，管理汗国东方的领土。东突厥的政治体系有一点松散联邦的味道，大可汗是名义上的最高首领，小可汗则是接受大可汗领导的区域首领，只不过大可汗与小可汗的关系并非是中原政权那种严格的上下级关系而已。

本来突利可汗在幽州以北设立王庭，日子过得很舒服，没想到随着颉利可汗威信日益扫地，他的日子也不好过了。

突利可汗治下原本也有奚等数十个部落接受他的管理，然而随着东突厥汗国日薄西山，这些部落纷纷投入了蒸蒸日上的唐朝怀抱，如此一来，颉利可汗自然对突利可汗非常恼火，因为部落流失就意味着赋税流失，收入减少，等于断了财路。

这些部落刚流失，薛延陀部落和回纥部落就开始向颉利可汗发难，颉利可汗派出侄子阿史那欲谷率领十万大军，被回纥部落打得满地找牙。不甘心失败的颉利可汗再次派出突利可汗进行讨伐，没想到突利可汗这个侄子跟阿史那欲谷一样，又被回纥部落打得狼狈不堪，最后只剩突利可汗一人骑马逃出了战场，其余手下纷纷找不到北，不是阵亡，就是被俘，这让急火攻心的颉利可汗火上加火。

火暴脾气的颉利可汗盛怒之下，将不争气的侄子突利可汗关押了十几天，十几天内还动不动拿皮鞭抽打解气。十几天下来颉利可汗的气解了，突利可汗的心却动了，他再也不想跟随这样的大可汗，他再也不想认这样的叔叔。

随后的几个月，颉利可汗依照惯例向突利可汗征兵，突利可汗却不动声色跟他装起了糊涂，既不回绝，也不应征，就让颉利可汗自讨没趣，下不来台，而私下里，突利可汗加强了与结盟兄弟李世民的联系，在给李世民的信中他居然说：想去长安朝见！

突利可汗与李世民结为兄弟是在公元 624 年八月，当时颉利可汗和突利可汗联合进军到了五陇阪（今陕西省彬县），早就知晓东突厥并非铁板一块的李世民与突利可汗取得了联系，利用其叔侄二人的相互猜忌趁机与突利可汗结成了兄弟。随后颉利可汗得知二人背着自己结为兄弟，便对侄子突利可汗不再信任，联合作战无从谈起，十几万联合大军被李世民的结拜给化解了。

现在结拜兄弟的信送到了长安，李世民喜不自胜，在他看来，这是大唐国力强盛的标志，东突厥的小可汗要向大唐皇帝求援了，这在以前不敢想象。

好事总是一件连着一件，就在李世民还在为上一封信喜悦的同时，突利可汗的又一封信到了，这封信的语气比上一封信更加谦卑，更加迫切，因为他已经遭到了颉利可汗的攻击，处境已经非常糟糕。

看完信，李世民有些为难，与突利可汗他有兄弟之约，兄弟有难不可不救，而与颉利可汗，他又有渭水盟誓在先，究竟帮哪边呢？李世民一时拿不定主意，兵部尚书杜如晦站了出来，说道："戎狄无信，终当负约，今不因其乱

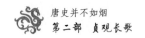
而取之，后悔无及。夫取乱侮亡，古之道也。"显然杜如晦不赞成遵守所谓的"渭水盟誓"，既然东突厥内乱，那么何不趁乱出兵？

杜如晦的话是对的，李世民的心里也是这么想的，不过在他看来，东突厥的乱还没有到极点，不着急，我们还可以再等一等！

殊途同归的梁师都

李世民没有给突利可汗答复，也没有与颉利可汗翻脸，世界上没有永远的敌人，也没有永远的朋友，而敌人和朋友其实是可以不断转换的。

贞观二年（628 年）四月二十日，一个部落从敌人变成了朋友，这个部落是原本归顺东突厥的契丹部落，这一天契丹部落正式归顺唐朝，敌人也就变成了朋友。

契丹部落的背叛让颉利可汗非常恼火，他实在不愿意看到归顺的部落一个个离他而去，因此派出使节与李世民来谈一笔交易：唐朝把契丹部落交给东突厥处置，东突厥将唐朝痛恨的梁师都交给唐朝处置。

点对点的物物交换，用梁师都换契丹部落，听上去还不错，然而这笔交易还是让李世民否决了。契丹与突厥是两个种族，突厥凭什么要回契丹，至于梁师都，他只不过是大唐锅里的一条鱼，抓住他，只是时间问题。

后来的事实证明，颉利可汗的换货合同确实是不成立的，因为李世民略施小计就征服了梁师都，压根儿用不着跟颉利可汗交换。

说起来，唐朝惦记梁师都不是一天两天了，唐朝的士兵想死梁师都了。

要说这个局面还是梁师都自己造成的，他自从造反那天起就寄居在东突厥的屋檐下，历次东突厥入侵中原，都少不了梁师都这个向导。李世民恨透了这个向导，也想死了这个向导，几次写信规劝，梁师都就是不搭理，没有办法，李世民只能来硬的了。

夏州都督长史刘旻和司马刘兰成受命清理梁师都，为了梁师都，两个人还是花了一番心思。

首先，刘旻不断从本部派出轻骑兵，深入梁师都所谓的梁国国境，这些骑兵的任务只有一个：践踏庄稼，让梁师都吃不上粮。

其次，刘旻又派出一批闲人，他们的身份是间谍，这些闲人间谍专门钻营梁师都的核心层，任务就是挑拨梁师都与手下的关系，总之让梁师都的梁国形势越乱越好。

功夫不负有心人，经过间谍们的忽悠，梁师都的手下人心思变，准备投奔唐朝的人越来越多，手下大将李正宝甚至计划发动政变，准备擒获梁师都一起打包投奔唐朝。

计划还是没有变化快，李正宝的打包投奔计划还是暴露了，打包不成的李正宝只能放弃打包计划，一个人投奔了唐朝，留下梁师都跟剩余的手下相互猜疑，人人自危。

墙倒众人推，破鼓众人捶，刘旻和刘兰成拿出了捶破鼓的精神请示李世民出兵，请示迅速得到了批准。

李世民下令右卫大将军柴绍、殿中少监薛万均出兵攻击梁师都所在的朔方城（今陕西靖边县北白城子），刘旻进驻朔方东城进行策应，加强攻势。

重压之下的梁师都一边守城，一边向东突厥求援，然而东突厥的援军却在朔方东城下碰了钉子。驻守朔方东城的夏州司马刘兰成命令全军取下旗帜，停止击鼓，就地休息，拒不出战，任凭东突厥援军叫阵，刘兰成就是坚守不出，气死你没商量。

叫了一天的阵，没有得到刘兰成的任何回应，当夜，东突厥援军趁着夜色撤退，计划休整之后再战，然而这可由不得他们，不讲究的刘兰成率领休整了整整一天的部队尾随出击，当夜大破东突厥援军。

一拨不成，再来一拨，不死心的东突厥再次派出援军，原本他们抱定决心要与唐军在朔方城决一死战，只可惜决战的地点他们说了也不算，谁说了算？柴绍！

柴绍没有在朔方城等候，而是将决战的地点选在了离朔方城数十里的地方，在这里柴绍给了东突厥援军一个惊喜，决战提前上演！等待多时的唐军对进入伏击圈的东突厥军毫不客气，几番冲击之下，东突厥援军溃不成军，到这个时候他们才知道，他们中了柴绍的"围点打援"之计。

两次重创下来，东突厥人再也不敢援助，只能远远看着朔方城被柴绍围成了铁桶。不幸的是，由于此前刘旻派出的唐军骑兵践踏了太多的庄稼，朔方城被围几天之后，城中即告断粮！

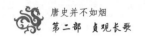
管仲说，"仓廪实而知礼节"，肚子饿急了，那就什么也顾不上了。

贞观二年（628年）四月二十六日，梁师都的堂弟梁洛仁再也顾不上礼节，将堂哥梁师都诛杀，献出城池向唐军投降。自此隋末起义头领各就各位，尘埃落定，梁师都与诸多同行，殊途同归。

远交近攻

战国后期的秦国，靠着"远交近攻"的策略击败六国统一天下，而在唐朝贞观年间，皇帝李世民同样将"远交近攻"用到了突厥人身上，事实证明，很成功，很有效。

贞观的前三年，对于李世民而言是很难熬的三年，在这三年中他无时无刻不在思考着东突厥的问题，东突厥一日不除，他一日难安，该怎样拔掉这个眼中钉呢？

托，耗，离间，蚕食，能用的方法李世民都用了，然而在他心底总觉得还差一点什么？差什么呢？差一颗钉子，一颗钉入东突厥内部的钉子。

到哪里去寻找这颗钉子呢？突利可汗似乎并不适合，因为突利可汗只对他属下的突厥人有些号召力，对回纥部落、薛延陀部落根本没有号召力。对付颉利可汗，光打还不行，还要最大程度地把他孤立，最好是把原先依附于他的回纥部落、薛延陀部落统统赶到他的对立面，这样东突厥就不再是可怕的群狼，而是形单影只的独狼。

让谁成为薛延陀等部落的领袖呢？让谁成为大唐钉入东突厥汗国的钉子呢？李世民一直在考虑，他在寻找那个可以配合他远交近攻的人。

在李世民寻找钉子的同时，钉子也在寻找他。

薛延陀部落和回纥部落同样在寻找新的领袖，虽然他们已经脱离了颉利可汗，并与之决裂，但这些部落如果不产生新的领袖依然会是一盘散沙，用不了多久，他们就会被腾出手的东突厥汗国一一击破。

此时从东突厥汗国脱离出来的部落纷纷归顺薛延陀部落，众多小部落联合起来推举薛延陀部落俟斤（司令官）乙失夷男为可汗。心中没底的乙失夷男连连摆手，不敢答应，做可汗虽然荣耀，但同时意味着巨大的责任。

世界是联系的，这边乙失夷男心中没底不敢自称可汗，远在长安的李世民却将目标锁定在他的身上。在李世民看来，这个正在崛起的年轻人正是自己远交近攻计划的关键一环，只要给乙失夷男一点信心，他一定能还大唐一个惊喜。

李世民随即派出游击将军乔师望，从长安出发，一路上专走小路避开东突厥人的耳目，来到乙失夷男的驻地。乔师望此行带来李世民的封爵诏书，李世民封乙失夷男为真珠毗伽可汗，赏赐大旗巨鼓，这样乙失夷男就成为大唐皇帝册封的货真价实的可汗，背靠唐朝这棵大树，即使此前心中没底，如今也是底气十足。

乙失夷男大喜过望，随即派出使者前往长安进贡，随后正式在蒙古杭爱山之下建立王庭，薛延陀汗国正式挂牌成立。

薛延陀汗国东至靺鞨，西至西突厥，南接瀚海沙漠，北至俱伦水，汗国挂牌成立之后，回纥、拔野古、阿跌、同罗、仆骨诸部落纷纷归属，这样李世民就在东突厥汗国以北生生扶植起一个新生的薛延陀汗国，这就是李世民梦寐以求的钉子，只要这颗钉子在，东突厥汗国一定会感到芒刺在背，孤枕难眠。

在李世民的经营下，东突厥汗国的生存空间急剧缩小，北面是瀚海沙漠，瀚海沙漠以北就是新崛起的薛延陀汗国，西面是素来不睦的西突厥汗国，东面是已经归顺唐朝的契丹部落，南面则是日益强大的大唐。而更要命的是，内部已经有突利可汗等原本的亲信加战友离心离德，如果说以前的颉利可汗是不可一世的狼王，那么现在的他只是一只众叛亲离的老狼，只要李世民用力地将拳头挤上一挤，颉利可汗的生存空间或许就化为乌有！

贞观三年八月八日，乙失夷男的弟弟作为薛延陀汗国的使节到达长安，他是代表哥哥乙失夷男到长安进贡的，他的到来让李世民大为高兴，在高兴之余李世民赏赐一把宝刀和一条宝鞭，并让他转告乙失夷男说："卿所部有大罪者斩之，小罪者鞭之。"言下之意，在薛延陀汗国乙失夷男掌控一切，上只对李世民负责，下对全汗国负责。至此，薛延陀汗国的钉子身份已经完全确立，这颗钉子将极大地分化东突厥汗国原有势力，并对苟延残喘的东突厥汗国进行最大程度的挤压。

孤独的人是可耻的，直到此时，孤独的颉利可汗才意识到盘旋在自己头顶的危机，此时的他愿意放下身段同唐朝讲和，甚至派出使节请求迎娶唐朝公

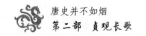

主，愿意对唐朝执女婿之礼。然而，一切都晚了，李世民苦心经营三年就是为了挤压东突厥的生存空间，临近收官，怎么会轻言放弃呢？

很快，代州都督张公谨上书李世民，强烈建议李世民出兵讨伐东突厥，张公谨列出六条理由：

> 颉利纵欲逞暴，诛忠良，昵奸佞，一也。
>
> 薛延陀等诸部皆叛，二也。
>
> 突利、拓设、欲谷皆得罪，无所自容，三也。
>
> 塞北霜旱，糇粮乏绝，四也。
>
> 颉利疏其族类，亲委诸胡，胡人反覆，大军一临，必生内变，五也。
>
> 华人入北，其众甚多，比闻所在啸聚，保据山险，大军出塞，自然响应，六也。

六条理由，条条在理，天时地利人和皆在唐朝，此时不出兵，更待何时？

李世民当即批准，以颉利既跟唐朝和解又助梁师都攻击唐朝为由对东突厥正式宣战，同时委任兵部尚书李靖为行军总管，代州都督张公谨为副，准备出征！

前　奏

陈佩斯和朱时茂有一个经典的小品——《主角与配角》，朱时茂的枪刚抬起来，还没射击，陈佩斯就倒地了，朱时茂问他为什么，他说："这不更显得你枪法准吗？"

现在，在唐朝大军还没有出动的时候，已经有人送上门来证明唐朝的枪法准了。

贞观三年九月九日，唐朝远征大军尚未出发，东突厥九名俟斤（司令官）率三千骑兵向唐朝投降；九月二十一日，拔野古部落、仆骨部落、同罗部落、奚部落酋长一并率众来降。

此时的形势不能说好，只能说相当好。

十一月二十三日，李世民任命并州都督李世勣为通漠道行军总管，兵部尚书李靖为定襄道行军总管，华州刺史柴绍为金河道行军总管，灵州大都督薛万彻为畅武道行军总管，兵力总计十余万，皆受李靖节度，分道出击突厥，远征突厥正式开始！

远征开始，好消息接二连三，从唐朝建国到贞观三年的压抑被一一释放，现在到了唐朝扬眉吐气的时候。

十一月二十八日，任城王李道宗在灵州击破东突厥军一部；

十二月二日，开天辟地的大事发生，东突厥小可汗突利可汗阿史那什钵苾来到长安，向唐朝皇帝李世民行叩拜大礼，此时距离公元 626 年八月东突厥颉利可汗、突利可汗大兵压境仅仅三年，李世民顿时有恍如隔世之感；

十二月六日，位于黑龙江下游的靺鞨部落派使节到长安进贡，此前靺鞨部落只臣服于东突厥汗国，而此时他们跨越数千里到唐朝国都长安进贡，两者直线距离为二千五百公里！

利好，全是利好，此时的利好还只是牛刀小试，等到李靖和李世勣两记重拳祭出，等待东突厥的会是什么？

天崩地裂！

重　拳

贞观四年正月，定襄道行军总管李靖行色匆匆，此时的他正从山西马邑直插恶阳岭（今内蒙古和林格尔县南），他的身后是三千士气高昂的大唐骑兵。

如果按照一般的部署，作为行军总管的李靖应该在大军的后方压阵。然而对付突厥人却由不得他在后方压阵，突厥人行动迅速诡异，必须以快制快，稍有迟疑便会贻误战机，一旦贻误，很可能贞观前三年的努力都付诸东流。

行军总管李靖火速抽出三千轻骑兵，一路疾奔直扑恶阳岭，就地驻扎，稍事休整。

当晚，李靖率领三千骑兵奇袭定襄城（今内蒙古和林格尔），城内守军尚没有回过神就已经被攻破，唐军的旗帜瞬间插满了定襄城头。

消息传来，颉利可汗阿史那咄苾大惊失色，惊呼道："唐不倾国而来，靖何敢孤军至此！"

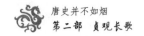

完了，倒霉孩子没救了，本来形势就对己方不利，再加上一厢情愿地夸大对方军力，不败才怪！

受到惊吓的阿史那咄苾惊慌失措，紧急将王庭迁往碛口（今内蒙古四子王旗西北），以期躲避李靖的重拳，此时的阿史那咄苾再也没有往日的霸气，能够躲过大唐的刀锋就是他的最大心愿。

老鼠急了，也慌了，而李靖这只老猫并不急，他知道这只老鼠已经在自己的股掌之间，打并不是目的，玩死他才是最终目的。

在李靖的授意下，几个间谍出没于阿史那咄苾的阵营中，这些间谍的任务很简单，两个字：策反！

在唐军的重压之下，策反实际上非常简单，只要问上一句：你愿意吗？瞬间就有黑压压的人群跟着你走。在间谍的策反之下，阿史那咄苾的亲信康苏密率领一部分部属投降，这些部属中居然有两个重量级人物：隋朝货真价实的萧皇后以及杨广硕果仅存的孙子杨政道。

萧皇后于公元618年目睹了丈夫杨广被杀，并在同一年辗转到了东突厥，在隋室宗女义成公主的照顾下，勉强度过余生。贞观四年正月九日，萧皇后回到长安，此时距离她跟随丈夫杨广离开长安已经过去了十余年。贞观二十一年，萧皇后崩逝，享年八十岁，在她逝世后，李世民以皇后之礼将萧皇后葬于杨广之陵，谥愍皇后，此时距离杨广被弑已经过去了整整二十九年。整整二十九年后，这对恩爱夫妻终于团聚，至此，世间再无隋炀帝，世间再无萧皇后，寂寞身后，千古风流留给后人评说。

杨广唯一的孙子杨政道，是杨广次子齐王杨暕的遗腹子，江都兵变时他还在母亲的肚子里，借此躲过了兵变，延续了杨广的血脉，贞观四年跟随祖母回归唐朝后被授予尚衣奉御（专职为皇帝管理衣物，正五品）。杨政道官运一般，他的儿子杨崇礼却非常风光，唐玄宗开元初，出任太府少卿，为人谨慎仔细，时人评价"其前后几任太府少卿无出其右者"。后升任太府卿，加银青光禄大夫，进封弘农郡公。在职二十年，公清如一。年九十余，授户部尚书致仕，他可能是唐朝退休时年龄最大的官员。杨政道的三个孙子杨慎矜、杨慎名、杨慎余皆是当世能臣，可惜的是最终遭遇李林甫陷害，兄弟三人皆被赐自尽身死。

时也？命也？

大兵压境，亲信叛离，阿史那咄苾的日子越来越难过，苦日子难道就没有尽头吗？

是的，没有尽头，因为你的对手是李靖和李世勣，两位不世出的千古名将。

李靖和李世勣这两位千古名将也挺不讲究，这次远征两人对阿史那咄苾使用的是难以招架的组合拳，李靖和李世勣各执一拳，你方唱罢我登台，压根儿不给阿史那咄苾喘息的机会。

在李靖对阿史那咄苾紧追不舍的同时，李世勣将大唐的另一只铁拳也悄悄举了起来。他的大军从云中（今山西省大同市）出发，一路向北，在白道（今内蒙古呼和浩特市北）将铁拳重重挥出，砸在前来迎战的东突厥大军身上。这一拳李世勣毫不含糊，一仗下来将阿史那咄苾的有生力量又减少了几成，于是东突厥人手里的筹码又少了好几个。

俗话说，"好了伤疤忘了疼"，然而对于阿史那咄苾而言，他永远没有这样的机会，在李世勣将铁拳挥完之后，李靖又上来了。这一次李靖挺进得更深，他直接从白道出发，一路追击阿史那咄苾到了阴山。

往前是瀚海沙漠，往后是李靖的猫爪，前有沙漠，后有猫爪，阿史那咄苾的路又在哪里呢？

韩信灭齐

濒临绝境的阿史那咄苾并没有束手就擒，他也不准备束手就擒，在前有沙漠后有猫爪的形势下，阿史那咄苾依然保持着清醒的头脑，他知道此时死磕已经没有意义，有意义的只有忽悠！

在陷入绝境之前，阿史那咄苾是有准备的，他早早派出亲信执失思力前往长安向李世民求饶，表示愿意举国归顺唐朝，而他将亲自前往长安朝拜。

不可一世的颉利可汗会如此轻易地服输？怎么可能！

事实上，颉利可汗的这一招不算新鲜，草原上的很多动物都会，归结起来只有两个字：装死！放在颉利可汗的身上，那就是装可怜，只要李世民的心一软，他就有了喘息的机会，只要有了喘息的机会，他就可以拖到草青马肥之时，只要到了草青马肥之时，草原就依然是颉利可汗的天下，最不济还可以横

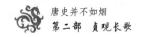
穿瀚海沙漠，让唐朝鞭长莫及！

换作一般的君臣，或许颉利可汗这条妙计足以生效，只可惜他遇到的是李世民和李靖这对君臣，这两个人不用粘毛就比猴精，更何况，打仗对他俩而言本来就是家常便饭。

令人奇怪的是，在如何对付颉利可汗的问题上，君臣二人并没有进行沟通，李世民只是安排唐俭作为使节前往颉利可汗的大营安抚，同时诏令李靖准备率军接应颉利可汗归顺唐朝。

李世民下的这盘棋到底是打还是和呢？

从表面看，李世民已经派出唐俭作为安抚使节，并命令李靖接应，这分明是一盘和棋啊。真的是一盘和棋吗？作为皇帝的李世民真的看不出这有可能是颉利可汗的缓兵之计吗？

李靖心中充满疑虑，在他看来，此番颉利可汗求和，分明就是拖延时间，以颉利可汗的性格，不到山穷水尽绝不会轻言放弃，况且即便接连遭受唐朝重拳，东突厥却并没有真正伤筋动骨，假以时日，必定会东山再起，难道这些皇帝李世民真的看不出来吗？

苦思无果，李靖找来李世勣商量，结果李世勣与李靖的想法不谋而合，以二人多年对付东突厥的经验判断，此时与东突厥媾和，无异于放虎归山，东突厥这只虎可是千万放不得的！

英雄所见略同，皇上下的这盘棋绝不是和棋！

李靖和李世勣是对的，倘若李世民是一位太平天子，或许他会很乐意看到东突厥的求和，然而李世民不是太平天子，他恰恰是一位从战火中走出的天子，他的目光比太平天子看得更远，他要的绝不是短暂的求和，他要的是大唐的长治久安！

破解了李世民的诏令深意，李靖和李世勣抱定了决战到底的信念。经过研究，他们发现，此时唐朝安抚使节唐俭已经进入东突厥的大营，唐俭必定会传达李世民的和平诏令，那么此时的颉利可汗的防备必定会松懈，他一定想不到，李靖和李世勣竟然会对皇帝的诏令"阳奉阴违"！

李靖随即决定，精选骑兵一万人，只携带二十天粮草，直扑颉利可汗大营！

对于李靖和李世勣的决定，张公谨是不同意的，他说："诏书已许其降，使者在彼，奈何击之！"显然张公谨是个按合同办事的人。李靖和李世勣却不这么看，战争本身就是一场兵不厌诈的游戏，只要对本方有利，怎么玩都行！李靖回应道："此韩信所以破齐也。唐俭辈何足惜！"（汉初韩信奉命征讨齐国，进攻还没开始，便传来郦食其说降齐国的消息，韩信不为所动，以未接到停止进攻的诏书为由，按原计划攻打，将猝不及防的齐灭国！）

当夜李靖率军先发，李世勣随后出发，目标锁定被和平冲昏头脑的阿史那咄苾！

李靖大军连夜进发，居然在进军路上遇到了东突厥一千多带帐篷的部众，随即全部俘虏，但是一个不杀，一起裹胁着向阿史那咄苾的大营进发，这些被裹挟的部众就是唐军天然的掩护。

随后李靖派出了一支二百人的先锋部队，领头的便是后来的唐朝名将苏定方。苏定方率领这支二百人的队伍一路直扑阿史那咄苾的大营，天公作美的是，当天夜里居然还起了大雾，借着夜色和大雾的掩护，苏定方部慢慢地逼近了阿史那咄苾的大营，而此时的阿史那咄苾还在得意自己的缓兵之计。他满心以为唐朝使节唐俭的到来就意味着缓兵之计已经奏效，却没有想到，李靖和李世勣就是两只不达目的誓不罢休的猫！

苏定方的先锋部队一直挺进到距离阿史那咄苾大营只有七里的地方，到了这个时候，阿史那咄苾的岗哨才发现了唐军！

得知消息的阿史那咄苾已经来不及集结队伍，因为七里实在太短了，三千五百米，对于高速奔跑的战马而言也就是一瞬间。阿史那咄苾跳上自己的千里马，借着夜色的掩护仓皇离去，身后留下群龙无首难以集结的大军。

阿史那咄苾逃走不久，李靖的大军就冲进了他的大营，群龙无首失去指挥的大军一触即溃，四散逃离，李靖此役斩杀一万余人，俘虏男女十万余人，同时斩杀隋室宗女、阿史那咄苾的妻子义成公主，俘虏义成公主的儿子阿史那叠罗施。值得庆幸的是，被当成炮灰的安抚使节唐俭居然在慌乱中平安逃回了李靖大营，不然唐俭做鬼也不会放过李靖，还外带感谢他八辈祖宗！

丢盔卸甲，丧妻失子，还有比这更坏的结局吗？有！

趁着夜色掩护的阿史那咄苾一路瞪大了自己的眼睛，他试图用自己的眼睛寻找属于自己的光明，然而命中注定他是找不到的，因为他的苦主李世勣正在前方等着他。

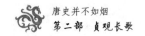
原本阿史那咄苾准备先逃到碛口，再从碛口横穿瀚海沙漠，只要过了瀚海沙漠，那边就会有铁勒部落接应，到时自己率领的一万多士兵依然会是东山再起的资本。

然而，等到了碛口之后，阿史那咄苾发现自己又被唐军算计了，李世勣已经早早地等在那里，并且布下了天罗地网，有利地形已经被他占据，闯关已经不可能了！

阿史那咄苾毕竟也是一世英雄，眼见前方无路可走，他并不慌乱，拨转马头向西便走，身后只有零散的骑兵跟随，只留给李世勣几个寥落的背影！

"想抓我，没门！"阿史那咄苾在心中恨恨地说。

"没关系，他跑不出大唐的手掌心！"李世勣轻松地说道，因为他知道，大唐的猫已经遍布整个边境，抓住阿史那咄苾仅仅是时间问题，而且时间一定不会太长！

阿史那咄苾西奔之后，待在原地的士兵不知道何去何从，最后在大酋长的带领下，全体向唐军投降，李世勣一盘点，此役俘获五万余人，又是一场大胜！

至此，阿史那咄苾原有地盘丧失殆尽，南起阴山，北到瀚海沙漠，从此归于大唐名下！

一个在天，一个在地

如果时光倒流四年，阿史那咄苾一定不会料到如今这样的结局。

如果时光倒流四年，李世民也未必有将阿史那咄苾打翻在地的绝对信心。

时间是最好的见证，生活是最好的导演，仅仅四年，唐朝与东突厥便完成了角色转换，尽管阿史那咄苾有些心不甘情不愿！

贞观四年三月，对于大唐而言，这是一个火红的三月，这一个月利好不断，好戏连台！

三月三日，李世民任命突厥夹毕特勤阿史那思摩为右武候大将军，这是李世民郑重任命的第一个东突厥大将军。之后不久，阿史那思摩的突厥同事便多了起来，五品以上的突厥官员达一百多人，几乎占中央官员的一半，这是何等的胸怀，这就是李世民的胸怀，包容四海的胸怀！

三月三日这一天，李世民对阿史那思摩进行了任命，却没有想到，他自己也将得到一个任命。

这一天，唐朝四方少数民族酋长、国王云集长安皇宫门前，向李世民送上他们酝酿已久的尊号：天可汗，普天之下共同拥戴的可汗！

得到这个尊号，李世民心花怒放，在他之前没有一个中原政权皇帝得到这个封号，即使汉武大帝刘彻，也只是中原政权的汉武大帝，而不是全天下的大帝，如今四方少数民族臣服，奉上尊号"天可汗"，这是何等的荣光！在中国大历史上前无古人，后有来者乎？

然而，即便想到这一层，李世民还是谦虚地摆了摆手，说道："我为大唐天子，又下行可汗事乎？"意思是说，我是大唐的天子，难道还要兼职干可汗的事情吗？

这是个设问句，答案是肯定的！（注意此处可能有掌声！）

李世民话音刚落，文武百官和四方少数民族酋长、国王高呼"万岁"，场面激昂震撼，令李世民久久不能平静。自此李世民默认了天可汗的尊号，在给西北边陲少数民族酋长颁布诏书时，一律自称"天可汗"。

在李世民被拥戴为天可汗的同时，他的老朋友阿史那咄苾又在做什么呢？

阿史那咄苾一直只是在做一件事，体会什么叫"丧家之犬"。

阿史那咄苾西奔之后，将目标锁定在唐朝的灵州（今宁夏灵武县），那里有他硕果仅存的忠臣阿史那苏尼失。

阿史那苏尼失是启民可汗一母所生的亲弟弟，始毕可汗、处罗可汗、颉利可汗都是他的侄子，鉴于他与启民可汗一母所生，他的侄子始毕可汗就将他封为沙钵罗将军，管辖部落属民五万家，牙帐设立在唐朝灵州的西北。

自从被封为沙钵罗将军之后，阿史那苏尼失见证了三个侄子的起起落落，始毕可汗去世，处罗可汗接任，处罗可汗去世，颉利可汗接任。时光一天一天流逝，东突厥汗国却日薄西山，由于颉利可汗亲近外族人，疏远本族人，属下很多部属都离他而去，唯独他的亲叔叔阿史那苏尼失却不为所动，忠诚之心天地可鉴。后来突利可汗投奔唐朝，无形中就空出了一个小可汗的名额，颉利可汗投桃报李，顺手就将这个名额送给了叔叔阿史那苏尼失，从此以后叔叔你就是侄子任命的小可汗了。

等到颉利可汗兵败，叔叔阿史那苏尼失成了他的投靠对象，不过他并不准备在灵州常住，因为这里离唐朝实在太近了。颉利可汗打算在叔叔这里休整一段时间，然后继续投奔吐谷浑汗国，因为那里山高皇帝远，李世民的手伸不到！

想法不可谓不好，前景不可谓不妙，然而人到倒霉的时候，喝纯净水都塞牙，颉利可汗就喝到了塞牙的纯净水！

就在颉利可汗酝酿投奔吐谷浑汗国的同时，唐朝的追兵已经逼近了灵州，带头的是大同道行军总管任城王李道宗，李道宗人未至令先到，责令阿史那苏尼失将颉利可汗抓住扭送唐朝！

阿史那苏尼失正左右为难之时，嗅觉灵敏的颉利可汗已经闻到了异常的味道，连夜带着几名骑兵逃走，藏到了荒山野谷之中，能不能逃出李世民的手掌心就要看命运的安排了。

颉利可汗逃逸，阿史那苏尼失在心中开始盘算，如今东突厥汗国已经基本被灭国，只剩下自己属下这五万家在苦苦支撑，其实也是朝不保夕，此地离唐朝太近，唐朝大军出兵也就是抬脚就到，在唐朝的兵锋下焉能独善其身？唯一的路便是归顺！

无论如何，还是先把颉利可汗抓回来再说，为了五万家的性命，也就顾不上叔侄情深了，父子都能相互出卖，何况叔侄！

随即阿史那苏尼失派出骑兵，在附近荒山野谷搜寻，很快就将慌不择路、找不着北的颉利可汗抓获回营，一代可汗颉利居然成了自己叔叔的投名状。

其实阿史那苏尼失的心中也是矛盾的，他也不想卖侄求荣，让他亲手将颉利可汗扭送唐朝，他心里还有些不忍，眼下只能先拖着，或许拖着拖着唐朝就把颉利这茬给忘了！

事实上，唐朝把所有的人忘了都不会忘记颉利，他永远活在唐朝人民的心中，唐朝人民想念他已经很久了，甚至想念得咬牙切齿！

贞观四年三月十五日，大同道行军副总管张宝相率大军突袭阿史那苏尼失大营，将已经沦为阶下囚的颉利可汗俘获，押送长安，无意之中颉利可汗也创下了一个纪录，成了这项纪录的第一人。不过这个第一有点憋屈：第一个被中原政权生擒的外族大国国王，比第一个被汽车轧死的人强不了多少。

在颉利可汗被送往长安的同时，他的叔叔、小可汗阿史那苏尼失率众归顺唐朝，自此瀚海沙漠以南再无敌踪！

受　降

贞观四年四月三日注定要写进大唐的历史，这一天李世民登顺天楼接受东突厥的投降，此时距离"渭水盟誓"仅仅四年。四年，李世民实现了自己的诺言，将东突厥踩在自己的脚下，让颉利满地找牙。

和平从来靠的不是乞讨，而是背后的实力。

看着已经沦为阶下囚的颉利可汗，李世民不禁感慨，从老爹起兵开始，大唐一直生活在东突厥的刀锋之下，如今形势逆转，东突厥的可汗成了自己的阶下囚，形势比人强！

当然胜者李世民没有放过羞辱颉利可汗的机会，这种天赐良机自然不能错过，对于中原政权的皇帝而言，这种面对面居高临下羞辱外族可汗的机会实在太少了，花多少钱都买不到。

李世民指着颉利可汗，历数他的五大罪：

放情纵欲，荒淫残暴，罪状一；

结盟大唐，又不断骚扰，罪状二；

自恃强大，喜爱战争，白骨遍地，不能安葬，罪状三；

践踏大唐庄稼，掠夺大唐子民，罪状四；

既蒙大唐赦免，又拖延入朝时间，罪状五。

五大罪数落完，总结陈词：去死！

说完五大罪，李世民话锋一转，说道："念及渭水盟誓之后你不再有大举进犯，饶你不死！"这就给了颉利可汗一个台阶，一个勉强活下去的台阶。

有些人死了，但还活着；

有些人活着，但已经死了。

在唐朝刀锋下延续生命的颉利可汗自此成了活死人，从被俘到最终去世他的心中只有两个字：憋屈！

无可名状，无可奈何，因为属于他的时代已经过去了！

贞观八年正月十日，颉利可汗郁郁而终。

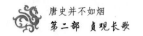
归 心

东突厥覆灭，残余部落有的投奔薛延陀汗国，有的投奔西域，而向唐朝投降的有十余万人。如何安置这十余万人呢？这是一个问题：安置得当，这些人会成为大唐子民；安置失当，这些人就是大唐的定时炸弹。

关于这个安置难题，李世民的大臣们意见分歧很大，有人主张将这些人化整为零，分散到全国各地，让他们原来的地盘成为千里无人区，有人则主张安置在黄河河套以北。

此时中书令温彦博站了出来，说道："化整为零，迁移内地，违背人性，不是上策，最好依照东汉时将匈奴人安置在边塞之内的方法，维持他们原有的部落编制，尊重他们的风俗习惯，让他们在边塞开垦土地，作为中原的屏障，如此最好！"

"我不同意！戎狄之人都是人面兽心！"说这狠话的不是别人，正是声名赫赫的魏征。

说起来，魏征这个人能力是不足的，眼光是不长的，脾气是不小的，勇气却是装的，这一点我们在后面的章节里再说。

魏征的观点也不是一点道理都没有，他的依据是西晋初年司马炎处理胡族不当结果导致"五胡乱华"，导致中原政权长达数百年孱弱不堪。

然而魏征的观点又是陈旧的，此时的大唐已经不是数百年前的西晋，五胡乱华其实不是胡族太有本事，而是因为西晋太没有本事，如今的唐朝已经走上轨道，孱弱的西晋怎么能跟唐朝同日而语！

尽管李世民很重视魏征的意见，然而这一次李世民接受了温彦博的建议，在突利可汗故地设置顺州、化州等四个都督府，在颉利可汗故地定襄、云中设立六个州，两个都督府，以这些州和都督府直接统御东突厥部众。

与此同时，李世民大封东突厥原属将军，封突利可汗为顺州都督，封颉利可汗的叔叔阿史那苏尼失为怀德郡王，封颉利可汗的忠诚部属阿史那思摩为怀化郡王，封阿史那大奈为丰州都督，其他归降突厥酋长全部晋封中郎将，在政府各职能部门安置。五品以上官员中，突厥人有一百多人，占到所有官员的半数，而定居长安的突厥人更是达到了一万家之多。

比大地广阔的是海洋，比海洋广阔的是人的胸怀，如果说宰相的肚子能撑船，那么李世民的肚子能跑几艘航空母舰。（后来的事实证明，李世民的胸怀也是装的！）

第七章　一朝天子一朝臣

过　时

历史就是一个舞台，你方唱罢我登台，到了这个时候想赖着不走是不行的，因为你的戏已经唱完了，该给后来人腾地方了。

在港台的黑帮剧中，这样的场景是很常见的，新一任少帮主上任之后，总有一些老家伙想摆摆老资格，台词一般都是想当年我跟你爸爸打江山怎么怎么样，潜台词是我的资格很老。

然而，这个世界什么东西老了都值钱，就老马仔不值钱。老马仔们总以为新主子上任后还会买自己的账，就像以前的大哥一样，只可惜，按照一般规律，新主子一般不买老马仔的账，因为他们的脸上写着两个字：过时！

如果说一定要人以群分，那么开国重臣裴寂就要被划到"过时"的那一拨了。

在开国重臣中，裴寂的地位不能说高，只能说是相当高，李渊是一把手，他算一点五把手，连二把手都不能算，因为他跟李渊关系好到可以同穿一条裤子，甚至可以不经李渊同意留宿贵妃。

武德初年，有人控告裴寂谋反，李渊表示不信，为了安抚裴寂，让自己的三名贵妃携带珍玩宝器上门代表自己抚慰，史称当晚裴寂与三贵妃"宴乐极欢，经宿而去"。对于这一点，《旧唐书》评价裴寂说，"留贵妃以经宿，终昧为臣之道"，总之一切的一切都说明，裴寂和李渊的关系，那就是铁瓷！

李渊甚至跟裴寂开玩笑，"你可不能走，要走也得等到我当太上皇"，没想到，李渊玩笑开大了，武德九年，他真当上了太上皇，虽然不是他自愿的。

从武德九年六月四日开始，开国重臣裴寂的幸福日子到头了。从这一天起，他的老友李渊成了名誉皇帝，简称太上皇，而他也在无形中成了太上皇的老臣，简称太上老臣。在太上老臣裴寂的心里，始终有一个结，他知道这个结是他跟李世民共同的结，这个结就是刘文静。

裴寂和刘文静原本是不错的朋友，两人关系好到可以无话不谈，尽管没有李渊和裴寂那样铁瓷，但至少也能算上钢瓷。

两个人一起辅佐李渊起兵，一起当上了开国元勋，然而在开国后不久走到了三岔口，裴寂抱定了李渊的粗腿，而刘文静抱上了李世民这颗冉冉升起的新星，两个人在各自的道路上渐行渐远。

武德二年，两人矛盾越来越深，裴寂依然坚定地站在李渊一边，刘文静则与李世民打成了铁板一块。在刘文静看来，假以时日，大唐的江山必定归于李世民的名下，裴寂追的是绩优股李渊，他追的则是潜力股李世民。

然而刘文静的算盘并没有打多久，他的如意算盘就被李渊给拨乱了，见惯了隋朝皇帝父子角力的李渊自然清楚刘文静的打算，因此他决定提前出手，不等李世民羽翼丰满，提前把这对叫作刘文静的翅膀剪掉。

不久，在失宠小妾的告密下，在裴寂的审判下，在李渊的默认下，开国功臣刘文静被送上了断头台。曾经承诺刘文静有两次免死机会的李渊做了一回说话不算话的皇帝，刘文静一次免死机会都没有用上，于武德二年直接挂掉。

刘文静挂了，裴寂清净了，李世民却在心底刻下了刘文静的名字，杀害刘文静的凶手有若干，裴寂就是其中的一个，这笔账不能不算，早晚要算，一算就要算个明明白白，彻彻底底！

李世民登基之后，裴寂叔叔自动靠边站了，靠山李渊都已经"太上"了，自己再往前站就是自找没趣了，在他的眼前是李世民的意气风发，在他的旁边是长孙无忌、房玄龄、杜如晦的后生可畏。裴叔叔知道，自己的时代过去了，谁让自己当年没多帮李世民说说好话呢？该！

裴叔叔自惭形秽，李世民却表现得跟以往一样，照旧尊重着裴叔叔，李世民的认真让裴叔叔心里直打鼓："这小子唱的究竟是哪出呢？"

贞观二年，李世民到南郊祭祀，裴寂和长孙无忌陪同前往。李世民命裴寂与长孙无忌同升金辂（皇帝御用车辆），裴寂赶忙辞让，李世民说："以公有佐命之勋，无忌亦宣力于朕，同载参乘，非公而谁?"

这话得分怎么听，仔细一听，李世民这是话里有话，前两句话直接翻译就是：你是太上皇的人，长孙无忌是我的人。看明白了吧，你是太上皇的人，潜台词是你不是我的人，带不带你玩得看我高不高兴！

表面给足你面子，实际却给你一锥子，这锥子扎得裴叔叔浑身难受，他不知道下一锥子什么时候会扎过来。

裴叔叔没有等太久，仅仅一年之后，他就等来了又一把锥子，只不过这一次更加致命。

导致裴叔叔挨锥子的是一个和尚，这个和尚的名字叫法雅。

法雅，原本是混迹于皇宫的和尚，皇宫大门抬脚就进，后来因为李世民禁止和尚进入，法雅由此失落不已，失落之余就是发发牢骚，扯扯闲话，没想到，一扯把自己扯成了妖言惑众，被判斩首。

本来一个被斩首的和尚跟贵为司空的裴寂叔叔是扯不上关系的，然而皇帝李世民说有关系，那就是有！

什么关系？裴寂听过法雅的妖言却没有举报，没有尽到一个司空的责任，辜负了国家的信任，枉穿了这身官服，总之罪过大了！

到这个时候，裴叔叔明白了，什么叫找茬，这就叫找茬！

裴叔叔屈指一算，也对，已经贞观三年了，李世民已经给太上皇李渊三年的面子了，孔子都说"三年无改于父之道是为忠"，人家李世民给了你三年面子，够意思了！

这一年正月二十九日，裴寂叔叔一生中最灰暗的日子到来了，他被免除官职，食邑削减一半，外加勒令即日迁出长安，回家乡蒲州（今山西省永济市）居住，官被撤了还不算，连户口和粮油关系都一并转回老家，一句话，滚，滚得远远的！

裴叔叔原本还想请求留在长安居住，没想到遭到了大侄子李世民劈头盖脸的数落："以你的功劳，怎么能升到这么高的地位？不过是受太上皇恩宠，你才在文武百官中排第一。武德年间法纪混乱，贿赂横行，毛病都出在你身上，就因为你是故旧，不处理你也就罢了，能让你活着回乡，也算照顾你了！"

人活一张脸，树活一张皮，这下裴叔叔脸和皮都没了，没皮没脸了！

没皮没脸的裴叔叔郁闷地回到了蒲州，打算在蒲州终老，然而没想到，终老蒲州居然也是一个可望不可即的梦想。

在他回到蒲州不久，又有人参了他一本：有个叫信行的精神病患者曾经说裴寂有皇帝命，可裴寂也没有报告，按律当斩。

倒霉催的，一个神经病的话也要追究，真够神经病！

在神经病的折腾下，裴寂很快接到新的调令，即日起户口和粮油关系再次转移，即日迁徙，奔哪？交州！

交州，今越南中部、北部、广西的一部分，离长安有多远，自己看地图量。

这就叫，有多远，走多远！

好在李世民做事还没有做绝，尽管裴叔叔向着交州进发，最终李世民还是照顾了他，交州就不用去了，去静州吧！

静州，今广西昭平县，比交州近那么一点点！

落户广西昭平县的裴寂很快做出了一件大事：犯上作乱，当羌族的盟主！

别紧张，这是谣传！

在裴寂落户昭平之后，当地羌族部落作乱，风传他们劫持了前任司空裴寂，并邀请裴寂出任盟主。谣言晃晃悠悠地飘进了长安，飘进了唐朝的高层，也飘进了李世民的耳朵里，对此李世民坚定地摇了摇头，说道："不可能，裴寂理应被处死，是我网开一面饶他不死，他一定不会那么做！"

事实证明，李世民尽管讨厌裴叔叔，但他还是了解裴叔叔的，裴叔叔虽然仕途已经走到尽头，但对唐朝的忠诚之心天地可鉴。

不久，正式消息传来：裴寂率领家人奋勇作战，击破羌族军，平息叛乱！

三年后，李世民淡忘了与裴叔叔的往日恩怨，反而记起了裴叔叔是开国元勋，征召裴寂回长安任职，这一次裴叔叔终于开心地笑了，含笑九泉。

在接到征召数天后，久经考验的唐朝开国元勋、忠诚的唐朝官员裴寂因病医治无效于静州去世，享年六十岁。

或许裴寂真的本事不济，或许他的功绩被李世民及其后人刻意掩盖了（很有可能），但他在起事之初为李渊提供的援助是不可抹杀的。在他主事的武德年间，并没有李世民说的那么不堪，事实上《唐律》正是在裴寂的主持下制定的，武德年间的诸多大事都有裴寂的身影，说他本事不济是可以的，说他于社稷无功是不对的，一切的一切只因为他与李世民之间有一道叫作刘文静的结，更重要的是在武德九年里，他没有帮李世民多多美言。

怪只怪，他没有看到未来的第三只眼。

在裴寂被流放静州的同时，那道叫刘文静的结打开了，刘文静在死后第十年终于迎来了平反的日子。

贞观三年，李世民追复刘文静官爵，以其子刘树义袭封鲁国公，许尚公主。后刘树义与其兄树艺怨其父被戮，又谋反，伏诛。

感　恩

李世民的胸怀很大，比如他可以重用东突厥的大批降将。

李世民的胸怀很小，比如他忍了三年还是要把裴寂从高位上狠狠摔下。

李世民究竟是一个什么样的人？

一个有仇报仇、有恩报恩的正常人，仅此而已！

裴寂从司空高位摔落，主要是因为那道叫作刘文静的结，再加上在武德年间没有给李世民出力，而另外两位武德年间的高官在贞观年间依然活跃在唐朝政坛，一切只因为他们在关键的时刻说了关键的话。

这两个人的名字，一位叫陈叔达，一位叫萧瑀。

陈叔达，字子聪，陈宣帝第十六子也。

如果按前朝遗老算，陈叔达得算两朝遗老了，在隋时他算南陈遗老，在唐时他又能算前隋遗老，其实能算遗老的只是他的血缘，陈叔达的仕途完全是自己奋斗，早在李渊起事不久，陈叔达就加入了李渊的起事行列，他此前的身份是隋绛郡通守。

陈叔达从李渊任命的丞相府主簿干起，与记室温大雅同掌机密，李渊的军书、敕令及禅代文诰，多数都是陈叔达所为，有笔杆子开路，再加上长期在李渊身边效力，陈叔达的仕途就是一条高速路。

武德元年，授黄门侍郎。

武德二年，兼纳言。

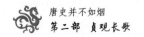

武德四年，拜侍中。

武德五年，进封江国公。

诸位如果还记得的话，武德九年六月四日，当杀气腾腾的尉迟敬德向李渊通报玄武门之变时，陈叔达正和裴寂、萧瑀一起陪在李渊的身边，也正是陈叔达和萧瑀当场建议李渊让位给李世民，算是为李渊在死棋中找到了一招活棋。

事实上，陈叔达和萧瑀早就算"挺秦王派"了，让李渊让位的建议只不过给李世民送个顺水人情，李世民、陈叔达、萧瑀都看明白了这步棋，只有李渊一个人蒙在鼓里。

继位之后的李世民有恩必报，贞观初年，加授陈叔达为光禄大夫。

然而进入贞观年间后，陈叔达的仕途从高速路变成了山间小路。

武德九年十月二十五日，刚刚与李世民分享了四个月的胜利果实，陈叔达的仕途遭遇了急刹车。

当日，李世民的心情非常低落，原因是他看到了大臣们的新旧不和，老资格大臣萧瑀与新晋大臣房玄龄、长孙无忌等人有着很深的矛盾，房玄龄等人看不惯萧瑀"资深老臣"的派头，萧瑀也看不惯房玄龄等新人当权，而且与自己的老对头封德彝亲近，因此就给李世民上了一道言辞激烈的"亲启密奏"。这封"亲启密奏"火药味十足，让李世民颇为恼火。

李世民本来心里就有火，没想到陈叔达和萧瑀因为意见不合，当着李世民的面又吵了起来，这下皇帝生气了，后果很严重，陈叔达、萧瑀"御前争吵对皇帝不敬"，双双免职，以后要吵到马路上吵吧，没人管你们，反正是俩白丁！

白丁也就是说说，说到底，李世民还是个念旧的人。

等到陈叔达在家为母守孝期满，李世民又委任陈叔达为遂州都督，这一次陈叔达却没有从命，理由是有病，事实上是真有病，不是装的。

又过了一段日子，李世民又想起了他，这一次不用出远门了，就近在长安上班，官不算大，礼部尚书。

如果能在礼部尚书任上持久也算不错的结局，然而陈叔达的挫折又来了。

在陈叔达就任礼部尚书不久，他又遭到了弹劾，理由是"闺庭不理"，用通俗的话说是家庭私生活出现了丑闻，这在讲究名节的当时可是不小的罪责。

幸好，李世民是个有恩报恩的人，没把这件事放大，只是给陈叔达安排了闲散官职，原有待遇照旧，提前进入退居二线的状态，自此陈叔达的仕途体面地走到了尽头。

李世民为什么对陈叔达如此照顾，《旧唐书》给出了答案：

建成、元吉嫉害太宗，阴行谮毁，高祖惑其言，将有贬责，叔达固谏乃止。至是太宗劳之曰："武德时，危难潜构，知公有谠言，今之此拜，有以相答。"叔达谢曰："此不独为陛下，社稷计耳。"

看明白了吧，关键时刻关键的几句话发挥了关键的作用。

贞观九年，陈叔达卒，谥曰缪。后赠户部尚书，改谥曰忠，这样武德年间又一重臣走完了自己的人生路，他的路不算平坦，但比裴寂好得多。

陈叔达的路走完了，该说说萧瑀的路。

同陈叔达一样，萧瑀也是皇亲国戚，值得一提的是，萧瑀祖上的江山还是被陈叔达的祖上夺走的，南朝宋、齐、梁、陈更替，陈叔达家的陈取代的正是萧瑀家的梁，而两大皇族后裔同时给李渊打工，李渊的谱够大的。

萧瑀，字时文，其高祖为梁武帝，曾祖为昭明太子，祖父萧察为后梁宣帝，父亲萧岿为后梁明帝，姐姐为隋炀帝杨广的皇后萧皇后。

从祖上和姐姐来看，萧瑀算得上纯粹的金枝玉叶，不过同陈叔达一样，他在唐朝的地位也是靠自己奋斗来的。

其实萧瑀在姐夫杨广的手下当官已经当得风生水起，一路官至银青光禄大夫、内史侍郎，本来还有可能更进一步，然而坏就坏在自己的嘴上了。

说起来，萧瑀也是一片好心，结果好心遇上了驴肝肺，谁的驴肝肺？

他姐夫，隋炀帝杨广的。

隋大业年间，隋炀帝北巡至雁门被东突厥大兵围困，二十万东突厥大军围困雁门一座孤城，不出意外的话，杨广和所有随从将有可能被活活饿死。

这时候，小舅子萧瑀站了出来，建议姐夫杨广派使节前往东突厥国内向义成公主求救，兴许还有一线生机，另外请杨广下令，不再征辽东，以安抚人心。

两个建议杨广都采纳了，前一个建议立马见效，义成公主谎称边境报警骗得始毕可汗撤兵而去，而后一个建议，杨广却出尔反尔，表面同意，心底却有另外的打算。

等到三征辽东时，杨广就把自己在雁门做的不再征辽东的承诺抛在了脑后，并且为自己当初的承诺找到了一个替罪羊，他的小舅子——萧瑀。

杨广谓群臣曰："突厥狂悖为寇，势何能为？以其少时未散，萧瑀遂相恐动，情不可恕。"意思是说，突厥人能成什么气候，都怪当时萧瑀大惊小怪给我出的馊主意，还不让我征辽东，我怎么有这个不成器的小舅子呢？

随后，杨广下令，将小舅子萧瑀降职为河池郡守，即日启程。

自此，萧瑀与姐夫杨广分道扬镳，姐夫杨广以死猪不怕开水烫的精神冲向辽东，遭受了第三次惨败，又以一去不归的势头三下扬州，最终在扬州兵变中被弑，结束了自己的大业，而小舅子萧瑀却在河池郡守任上等到了李渊的起兵，后举河池郡向李渊投降，授光禄大夫，封宋国公，拜民部尚书，开始了自己在唐朝的仕途。

在李世民继位之前，萧瑀在唐朝的仕途也是一条高速路。

李世民为右元帅攻洛阳时，萧瑀为元帅府司马；

及平王世充，加邑二千户，拜尚书右仆射；

武德五年，迁内史令；

李世民继位后，迁尚书左仆射。

萧瑀为什么在武德年间仕途如此之顺，有四个原因：

一、为人正直；

二、累世金枝玉叶；

三、李渊母系独孤一脉女婿；

四、熟识国典朝仪，孜孜自勉，留心政事。

有了这四个原因，萧瑀想不得宠都难。因此，李渊以心腹视之，每次临朝听政，都赐萧瑀升于御榻而立，亲切地呼之为"萧郎"。

然而物极必反，盛极必衰，一路高歌的萧瑀还是在李世民继位之后开始走下坡路，这一下就是二十多年。

李世民即位之初，本着沿用老人的原则，任命萧瑀为尚书左仆射，任命封德彝为尚书右仆射，本来萧瑀以为自己领导群臣的时代到来了，结果没想到，自己面前是一个又一个大坑。

给萧瑀挖第一个大坑的是右仆射封德彝。

封德彝，典型的左右逢源之人，先后侍奉过杨广、李渊、李世民三位皇帝，无论谁当皇帝他都能得到重用，靠的是什么？两个字，圆滑。

李世民与李建成争储时，封德彝坐山观虎斗，眼睛看着二虎相争，心里打着自己的算盘，鉴于李建成有嫡子身份，因此封德彝的天平就倾向了李建成，后来李建成因为卷入杨文干谋反险些被李渊废掉，正是封德彝上书力挺李建成，才使李建成有惊无险地保住了太子之位，李世民对此却一无所知，反而认为封德彝是个好人，一个能替自己说话的好人。

李世民的错觉一直延续了二十多年，直到封德彝死后十六年当年的真相才被调查清楚。原来人家封德彝谁的人也不是，人家就是一个切豆腐的——刀切豆腐两面光，谁也不得罪。

尽管封德彝是个切豆腐的，但挖起坑来也是个高手，萧瑀与他共事仅仅几个月，就掉坑里了。

封德彝挖坑的手法很简单，四个字：反复无常。

通常手法是这样的，萧瑀事前跟封德彝商量好上奏皇帝的奏折，说好两人要统一口径说服皇上，然而到了李世民面前，封德彝马上变脸说自己压根儿不赞成萧瑀的提议，反过头来再找萧瑀提议中的漏洞，这就等于当场给萧瑀挖个坑，让萧瑀自己在坑里慢慢跑。

这样的事有个两三次，萧瑀的脸也就丢尽了，再加上萧瑀也有自己的毛病——嘴狠，得理不饶人，这样左仆射萧瑀的朋友越来越少，而右仆射封德彝的朋友越来越多，房玄龄、杜如晦这些新人愿意跟和蔼可亲的封德彝小朋友做朋友，而不愿意跟萧瑀小朋友一起玩。

感到受冷落的萧瑀小朋友随后给李世民上了一道亲启密奏，这道亲启密奏写得措辞激烈，火药味十足，隔着纸张李世民就能闻到里面的醋酸味，李世民尽管能忍，也是有脾气的，堂堂左仆射跟群臣争风吃醋，像什么样子？停职反省，家里蹲着吧！

在家里蹲了一些天后，李世民的火消了，随即下旨，萧瑀官复原职，接着当尚书左仆射。

然而萧仆射复职没多久，又出事了，当着皇帝李世民的面跟陈叔达打起来了。

当天其实也没有什么大事，仅仅是两个人意见不合，然而两个老资格的大臣面红耳赤地吵了起来，像两只斗鸡一样，就差抬胳膊挽袖了直接肉搏了。

一直冷眼旁观的李世民再也忍不住了，老爹李渊留下的这些人都是些什么

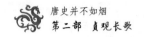

人啊？不是老油条（封德彝），就是老棒槌（裴寂），再不就是两斗鸡（萧瑀、陈叔达），什么素质啊！

李世民一声大喝，两只斗鸡各自收了声，草草收场，当场他们得到处理意见：御前争吵，大不敬，双双免职！

这样，经过封德彝的挖坑以及萧瑀自身的努力，武德时期重臣萧瑀终于坐上了滑梯，从尚书左仆射的高位滑落到谷底，也滑出了贞观一朝的核心层。

从此，萧瑀的仕途走出了 S 形，时而接近权力中心，时而远离，时而近，时而远。如果说李世民是地球，那么房玄龄、长孙无忌就是围绕李地球的九大恒星，至于萧瑀，只能算作狮子座流星雨，时而有，时而无，没有规则可言。

一年后萧瑀授晋州都督；

再一年后，征授左光禄大夫，兼领御史大夫；

后弹劾房玄龄、魏征、温彦博等人，以失败告终，罢御史大夫，转任太子少傅，不再参与政事；

贞观六年，授特进（文散官二级，正二品），行太常卿；

贞观八年，为河南道巡省大使，不料刑讯逼供致人死命，幸亏李世民力保过关；

贞观九年，拜特进，复令参与政事；

贞观十七年，与长孙无忌等二十四人并图形于凌烟阁。是岁，立晋王为皇太子，拜瑀太子太保，仍参与政事。

贞观二十年，萧瑀再次得罪李世民，得罪的理由居然是反复无常。事情起因是这样的，萧瑀由于看不惯房玄龄等人得宠恳请出家为僧，李世民勉强准奏，然而紧接着萧瑀又变卦了，再次上奏：考虑再三，不能出家为僧。如此反复无常，简直把自己当成幼儿园的小朋友，同时也把李世民当成了小朋友，此时的李世民只有一个念头：萧瑀，你在逗我玩呢！

随即李世民小朋友下诏，将萧瑀小朋友赶出中央，外放为商州刺史，再也不跟你玩了。

于是在唐朝奋斗了将近三十年的萧瑀从终点又回到了起点，怀里揣着"驿动的心"，手里却没有一张票根。

大业十四年他是河池郡守，贞观二十年他是商州刺史，强盗哥伦布歪打正着地证明了地球是圆的，而老臣萧瑀用自己的经历证明，人生原来也是一个圆。

贞观二十一年，萧瑀被征授为金紫光禄大夫，复封宋国公，从幸玉华宫，遇疾薨于宫所，享年七十四岁。

萧瑀的一生是跌宕的一生，起伏的一生，有故事的一生，如果拍成电视剧，片名可以用两个字，《浮沉》。

他曾经官至尚书左仆射，位极人臣；

他曾经外放商州刺史，于权力中心外远远地徘徊；

他曾经在太子废立的关键时刻力挺李世民，后被李世民赠诗：疾风知劲草，板荡识诚臣；

他曾经与长孙无忌等二十四人一起画像凌烟阁，在武德年间重臣中，他是唯一的一个（屈突通、唐俭等人算核心大臣，不算重臣）。

他一度被太常寺拟谥为"肃"（刚德克就曰肃），然而被李世民否决了，李世民说："易名之典，必考其行。萧瑀性多猜贰，此谥失于不直，更宜摭实。"改谥曰贞褊公，"贞"表明端庄，"褊"表明多猜疑，显然这是一个打了折的谥号，注了水的好人。看来惹谁也不能惹皇帝，一旦惹了他，做鬼也不会放过你，外带感谢你八辈祖宗！

世人都说李世民的胸怀像海洋，其实从萧瑀的身上反射来看，有时候李世民的胸怀也挺窄的，不像海洋，像小河，在一个谥号上跟萧瑀过不去，不是小河又是什么呢？

三朝元老，累世金枝，皇帝赠诗"疾风知劲草，板荡识诚臣"，一辈子活这一句话，足矣！

新人生猛

裴寂摔了，陈叔达隐了，萧瑀坐上了忽上忽下的过山车，武德年间的三位重臣逐渐淡出了权力中心，剩下房玄龄、杜如晦、长孙无忌们唱起了主角。

其实早在李世民即位之初，房玄龄等人已经形成了贞观一朝的核心架构，其间虽然还有裴寂、陈叔达、萧瑀这些老同志掺和，但显而易见，贞观一朝的主力军已经由原秦王府府属接力担纲。

贞观元年，房玄龄、长孙无忌、杜如晦、尉迟敬德、侯君集五人论功为第一，进爵国公，各赐实封一千三百户，自此朝政已经不动声色地进入房玄龄们的时代，而裴寂、陈叔达、萧瑀则从主力变成了替补，再从替补变成了若有若无的点缀，一朝天子一朝臣，此言不虚。

说起来，房玄龄和杜如晦的受重用还跟一个人有关，这个人并不是李世民，而是隋朝一位并不起眼的官员，这个人的名字叫高孝基，时任隋吏部侍郎（人事部副部长）。

高侍郎官职不高，仅仅为侍郎（副部级），但是有一项超能力：知人！

房玄龄十八岁时本州举进士，授羽骑尉，在其后的某一天，房玄龄到吏部报到，在这里房玄龄遇到了他人生的第一个伯乐高孝基。

高孝基把房玄龄上下端详个仔细，一边看，一边交谈，一边感叹，随后跟同事裴矩说了一句话："仆阅人多矣，未见如此郎者。必成伟器，但恨不睹其耸壑凌霄耳。"意思是说，我阅人无数，从来没见过像这个青年这样的，这个青年将来必成国之重器，只可惜我老了，看不到他直冲云霄的那一天了。

果如其言，贞观三年，房玄龄出任尚书左仆射，位极人臣，这一年他五十一岁，距离高孝基品鉴时已经过了二十多年。二十年前能预见二十年后的事情，莫非高侍郎有一双看到未来的眼？

与房玄龄一样，青年时期的杜如晦也曾经被高孝基品鉴了一番。

隋大业中，杜如晦以常调预选，吏部侍郎高孝基对之非常器重，高孝基端详良久，语重心长地对杜如晦说了一句话："公有应变之才，当为栋梁之用，愿保崇令德。今欲汝俯就卑职，为须少禄俸耳。"意思是说，你将来一定会成为国家栋梁之材，今天先安排你当一个小官，可别因为俸禄少就不干啊。

果如其言，武德九年八月李世民继位，杜如晦出任兵部尚书，贞观二年，兵部尚书职位保留，同时加授侍中一职，同时兼任吏部尚书，同时总监东宫兵马事。贞观三年，代长孙无忌出任尚书右仆射，同时主管全国官员选拔，与房玄龄共掌朝政，千古良相组合"房谋杜断"由此而来，而"房杜"最早的伯乐便是隋吏部侍郎高孝基。

贞观三年，杜如晦以高孝基有知人之鉴，为其树神道碑以纪其德，在杜如晦的脑海中一直回响着高孝基的那句话，那是高孝基对杜如晦和房玄龄两个人说的，"二贤当有兴王佐命，位极人臣"。这句话一直激励着房玄龄和杜如晦，没想到，贞观三年，高孝基的这句话真的变成了现实。

然而在杜如晦牢记高孝基勉励之言的同时，他却忘了，高孝基的话是有后半句的。

后半句是什么呢？

"只杜的年寿要稍减于房！"高孝基如是说。

贞观三年冬，杜如晦染病，贞观四年，薨！（高孝基，活神仙）

在杜如晦之后，房玄龄继续发挥着自己的光热，同李世民的大舅子长孙无忌一起为贞观一朝打理着江山，房玄龄的年寿比杜如晦长得不是一星半点，他一直很坚挺，一直坚挺到贞观二十二年，享年七十岁。

杜如晦走了，房玄龄并不孤独，因为他还有一个重要战友，这个人就是李世民的大舅子长孙无忌。

要论起长孙无忌与李世民的关系，那是太平洋的海底——深了去了！

长孙无忌从小就跟李世民是铁瓷，李渊晋阳起兵之后，长孙无忌闻风而动，并在义军渡河时赶上了队伍，开始了与李世民并肩战斗的光辉岁月。之后平王世充，战玄武门，有李世民的地方就有长孙无忌的身影，有打小的铁瓷关系，有打断骨头连着筋的姻亲关系，再加上长孙无忌本身也是一个能人，综合评定：想不红都难！

李世民继位之后，长孙无忌历任吏部尚书、尚书右仆射，当别人还在仕途苦苦攀登的时候，长孙无忌已经到了隐藏锋芒的时候，因为已经有人向李世民密奏：长孙无忌权宠过盛，该遏制了。

然而遏制不遏制，群臣说了不算，李世民说了才算。

李世民说了，而且说得很明白："朕今有子皆幼，无忌于朕，实有大功，今者委之，犹如子也。疏间亲，新间旧，谓之不顺，朕所不取也。"

这话说得，硬气，不过有点别扭，有把大舅子比作儿子的吗？不过不管怎么说，长孙无忌这个红人是当定了，论关系，论出身，论能力，他不红，没天理！

纵贯贞观一朝，长孙无忌从头红到了尾，尽管为了避免权宠过盛，长孙无忌拼命推辞李世民给予的委任，结果越推辞越委任，越推辞反而越多，长孙无忌就是一头驮着棉花的毛驴，跌进了那条叫作大唐的河流。河水不断浸入长孙

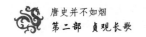
无忌背上的棉花，河水越来越多，棉花越来越重，直到长孙无忌再也背不动。

在卸任尚书右仆射之后，李世民拜长孙无忌为开府仪同三司（从一品）。开府仪同三司是地位相当于三公的闲散高官职位，然而到了长孙无忌这里，地位等同于三公，职位一点也不闲散，该参与朝政参与朝政，该干预国家大事干预国家大事，他这个散官，比正常的官员都忙，没办法，太重要，皇帝离不开。

就这样，长孙无忌和房玄龄成为李世民最得力的两位能臣，在这两个人之外还有一干人等，比如岑文本，比如唐俭，比如魏征，比如高士廉，再加上武将李靖、李世勣、侯君集，这些人便构成了贞观一朝的主力阵容。然而在这个阵容之外，还有一个人，这个人的一生就是一个奇迹，他的奇迹也告诉世人：世上是有奇迹的，要相信奇迹。

这个人是谁呢？布衣宰相，马周！

马 周 出 道

2007 年年底，一部《集结号》让多年的龙套张涵予获得多个影帝头衔，从此天下知名，葛优对张涵予的成名有一句很经典的话："有准备的人赶上了好机会！"

这句话用在马周身上同样适合，而且超适合，没有李世民，就不可能有马周的奇迹，而没有马周，李世民的形象也不会像今天这样丰满，这就是所谓的君臣际遇吧。

马周，字宾王，博州茌（chí）平（今山东省茌平县）人。世人知道马周这两个字，却很少有人仔细琢磨"宾王"这两个字，"宾王"是什么意思呢？宾客之王，天子上宾，能为天子出谋划策的人。取"宾王"作为自己的字，马周志向不小。除马周之外，历史上还有很多叫"宾王"的有志青年，比如那个文才让武曌叹为观止的骆宾王！

马周少时父母双亡，贫苦无依，勤读博学，精《诗》《书》，善《春秋》，这就是马周二十岁前的履历，很简短，很苦涩。

青年时期的马周其实是一个愤青，落拓不治产业不为州里所敬，基本属于快混不下去的那一拨。到了武德年间，马周在博州找了人生第一份工作——助教，这样他摇身一变就变成了州教育局下属的一名教师。如果换了别人，一定会珍惜来之不易的工作机会，偏偏马周不是一般人，整日以喝酒聊天为乐，工作？跟我有关系吗？

长此以往，博州刺史达奚恕看不下去了，隔三岔五把马周叫到跟前斥责一顿。有才的人一定是有脾气的人，马周是有才的，因此他也有脾气，几次斥责下来，马周一拂袖，大爷不干了，走！

随后两手空空的马周又游荡到曹州、汴州，依然继续着以往的经历——碰壁。

如果仅仅是碰壁也没什么，他还受到了一顿羞辱，浚仪令崔贤本着"痛打落水狗"的精神把马周羞辱得人不像人，狗不像狗，这次羞辱深深刺痛了马周的自尊，为什么要受这样的屈辱，难道你精读《诗》《书》就是要过这样的生活？

不，这不是我想要的生活，一定要改变，一定要寻找机会！

到哪里寻找机会？还是去比较大的城市吧——长安！

在长安城外的新丰镇，马周又一次遭到了白眼，不过这一次他把别人的白眼转变成了青眼。

事情是这样的，马周走进新丰的一家客店，店小二看他穿着普通就没搭理他，转而去热情地招呼来往的商贩，毕竟人家兜里有的是钱，而马周兜里可能比脸还干净。

马周一看又遭到冷落，心中不快，不过他不准备发作，他来长安是寻找机会的，不是找碴的，只是老让别人在门缝里把自己看扁了也不是滋味，还是给他们露一手吧。

"小二，酒，一斗八升！"

一斗八升？开什么玩笑，本店客人最高纪录一斗，就你还一斗八升？

马周微笑着点点头，对，就是一斗八升！

酒上来了，马周一个人悠然独饮，酒在他的面前逐渐消失，而店主人和店小二已经悄悄地将白眼换成青眼，能喝一斗八升的人肯定不是一般人，看来这个疑似穷鬼不是一般人。

能力是什么？能力就是你比别人高那么一点点，哪怕就是一点点！

喝了一斗八升之后，两眼一抹黑的马周进入了长安城，不知什么机缘进入了中郎将常何的家中，什么机缘，《旧唐书》《新唐书》都没有交代，电视剧《贞观长歌》演绎说是安康公主命令常何收留马周，其实纯粹是扯淡，安康公主在史书上只有一句话：下嫁独孤谋。这种在历史上只留下一句话记载的公主能提携马周？纯粹是想象。

马周是如何得到李世民青睐的呢？说到底还是因为一道奏折！

贞观五年，李世民下令文武百官给朝廷提建议，言得失。常何作为中郎将也有提建议的任务，然而这个任务折腾了常何好几天。

常何是一个粗人，会写的大字可能只有两个，一个是常，一个是何，让他写奏折提建议，基本上等于逼着黑瞎子拉小提琴。

两眼一抹黑的常何只能硬着头皮在自己的房间里冥思苦想，憋了几天，憋出了四个字：太难写了！

正当常何不知道如何交差的时候，晚上起来上厕所的马周看见常何的房间有亮光就敲门走了进来，一问才知道，原来常何是被奏折给憋的。

至于吗？不就是提建议、言得失嘛？

马周一拍胸脯，说道："我替你写吧！"这句话为马周赢得了一生的机遇。

第二天，"完成"任务的常何极其洒脱地上交了奏折，这一交不要紧，李世民惊着了。

所书二十余条，条条切合时弊，针针见血，毫不走空，再一看署名，李世民又惊着了，"常何"，认识大字不超过一筐的那个家伙？不可能！就算他是"吴下阿蒙"，也不可能进步这么快，更何况他天天在玄武门晃，哪有看书进步的时间呢？

常何忐忑不安地来到李世民面前，一头雾水，一脸惊愕，说实话，他知道马周在奏折上写满了字，至于写了什么，他并不是很清楚。不过看看李世民的脸色很温和，常何放宽了心，索性实话实说："此非臣所能，家客马周具草也。每与臣言，未尝不以忠孝为意。"

这句话改变了马周的一生。

李世民随即传令，急召马周进宫觐见，马周一时未到，李世民连派四拨使者，马周你的机会来了！

接下来的相会，让马周终生难忘。对马周而言，这就是他与李世民两个人的"隆中对"，一番"隆中对"之后，李世民大喜过望，当即命马周入职门下省。从今天起，你就到门下省听差吧！

由此，布衣马周进入贞观一朝的权力中心，由最初的票友最终奋斗成实质宰相——中书令。

贞观五年，直门下省（票友）；

贞观六年，授监察御史（正八品，正科级），奉使称旨；寻除侍御史，加朝散大夫（文散官，从五品，副厅级）；

贞观十二年，转中书舍人（正五品，副厅级）；

贞观十五年，迁治书侍御史，兼知谏议大夫，又兼检校晋王府长史；

贞观十七年，晋王为皇太子，拜中书侍郎（正四品，正厅级），兼太子右庶子；

贞观十八年，迁中书令（正三品，正部级），兼太子右庶子；

贞观二十一年，加银青光禄大夫（从三品）。

从贞观五年到贞观十八年，短短十三年里，马周就完成了从票友到实质宰相的转变，这样的速度在贞观一朝罕见，即使在武则天鼓励告密的年代也极为罕见，马周做到了，而且做得很好。

马周靠什么做到的呢？很简单，三个字：上奏疏！

上奏疏三个字很简单，马周一辈子就活在这三个字上，然而这三个字充满了智慧，一般人做不来。

马周的奏疏范围很广泛，从国家稳定到皇帝与太上皇的关系，从分封制到官员选拔，每一次上书都深得李世民认可，《旧唐书》写道，"周有机辩，能敷奏，深识事端，动无不中"，因此善于夸人的李世民说道："我于马周，暂不见则便思之。"

见过会夸人的，没见过这么会夸人的！

然而李世民并不是唯一一位夸马周的伟人，在 20 世纪的中国，有一位伟人也曾经对马周给予高度评价，这位伟人评价马周于贞观十一年的上书时写道：贾生《治安策》以后第一奇文，宋人万言书，如苏轼之流所为者，纸上空谈耳。傅说、吕望，何足道哉。马周才德，迥乎远矣。

比苏轼牛，比傅说牛，比吕望（姜子牙）都牛！

是谁给马周这么高的评价？毛泽东！

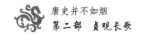
其实马周的智慧不仅体现在大事上，不起眼的小事依然能体现他的智慧。

靠右行走，在今天是惯例，这个惯例谁提出的？马周！

以前长安早晚靠喊声警示民众注意开关城门的时间，后置鼓代之，谁提出的？马周！

以前唐代官服只有黄紫两色，后三品服紫，四品五品朱，六品七品绿，八品九品青，谁提出的？马周！

现代企业加班有"大夜"和"小夜"之分，不超过夜里12点为小夜，超过则为大夜，在唐代宿卫也采用这种方式轮流值勤，谁提出的？马周！

官府驿站马匹容易走失，难以辨认，马周说了一句话：把马尾巴截了。结果驿马无论跑到哪，都能找回来，没办法，马尾巴短一截太明显了。

值得一提的是，唐代还有一条限速规定：禁止在城区和闹市区驱赶马车高速行驶，不知道这一条是不是马周制定的！

上面说的是为公，其实为私，马周的小聪明也不含糊。

马周还是御史时，曾经四处让人寻找房源，找到一处豪宅，马周非常满意，一问，挺贵，二百多万。旁人以为马周疯了，御史而已，向来口袋空空，哪来二百多万买房？没过几天，笑话马周的人傻眼了，有关部门迅速付完房款，外加奴婢什物一应俱全，这时大家全明白了，哦，不是大款，是公款！

不用张口，李世民赏的！

除了房子外，马周的胃口一直很好，尤其好吃鸡，每次下到郡县，食必进鸡，有小吏认为马周违规，告到了李世民那里。李世民听后一笑："我禁御史食肉，恐州县广费，食鸡尚何与？"

吃肉非法，吃鸡合法！随即李世民下令，绑了，狠狠骂一顿再放人！告状？也不提前看看规则！

显然，马周是聪明的，也是吃透规则的。数年后，吃透规则的马周得到了考选官员的权力，本着"君子报仇十年不晚"的原则，马周废浚仪令崔贤，以报当年羞辱之仇，事后官方追查此次报仇，结果处处符合规则，最终官方鉴定，两字：合法！

总体而言，马周是一个善于思考、活用规则的人，他用自己的思考赢得李世民的信任，而李世民也用马周向世人展示了自己用人的手腕与肚量。

即使过往经历复杂如魏征、王珪、薛万彻（太子故人），李世民可以用；即使过往敌对如阿史那思摩、阿史那社尔（突厥战将），李世民可以用；即使过往履历如马周一样平淡，李世民也可以用。

海纳百川，有容乃大！

能容常人难容之事，贞观一朝，万象更新！

第八章 新 气 象

三 省 六 部

无论李渊愿不愿意承认，贞观一朝的确比武德年间呈现出越来越多的新气象。

贞观元年正月十五日，李世民下诏，从即日起，中书、门下以及三品以上官员进入内阁议事，"内阁"一词，由此而来。

其实在唐代，内阁纯粹是一个空间概念，李世民执政时期平常在两仪殿上朝，每月一日、十五日则在太极殿上朝，而在太极殿前有东西两排房舍，称为"上阁"，李世民所说的内阁就是太极殿前的"上阁"，简单地说，就是高级官员开小会的地方，更高级的权力中心而已。如果能进入"上阁"开会，那么恭喜你，你已经是唐朝的核心了。

在引入"内阁"概念以后，李世民开始实行三省六部制，其实这不是他的首创，而是延续隋朝的制度，在老爹李渊时代就已经实施，只不过李世民贯彻得更彻底而已。

三省为中书省、门下省、尚书省，均为国家最高的政务机构，分别负责决策、审议和执行国家的政务，尚书省原有诸曹确定为吏部、户部、礼部、兵部、刑部、工部六部，户部原本叫民部，为了避李世民的名讳，改名为户部。

六部下有司，部的首长称尚书（部级），副首长称侍郎（副部级），各司正、副负责人称郎中（正司局级）、员外郎（副司局级）。

中书省首长称中书令，门下省首长称侍中，尚书省由于武德年间李世民曾经担任过尚书令，因此在他当皇帝之后没有人再敢担当尚书令这样的高位，这样尚书省原来的首长称呼尚书令就消失了，而由尚书左仆射和尚书右仆射执掌尚书省。

在三省六部制下，通常的程序是这样的：中书省负责制令决策，门下省负责封驳审议。凡军国要政，皆由中书省预先定策，并起草为诏敕，交门下省审议复奏，然后付尚书省颁发执行。门下省如果对中书省所草拟的诏敕有异议，可以封还重拟。凡中央各部、寺、监及地方各部门所呈上的奏章，重要的必须通过尚书省交门下省审议，认可以后，方送中书省呈请皇帝批阅或草拟批答，门下省如果认为批答不妥，也可驳回修改。

如此一来，三省有互相制约的功能，相当于早期的"三权分立"，然而此"三权分立"与现代的"三权分立"完全不是一回事。唐朝的三省，说到底是群臣相互制约，皇帝坐收渔翁之利，三省即便斗得死去活来，最后受益的一定是皇帝，因为最后的决定权在他之手。而现代的"三权分立"，以美国为例，总统、国会、最高法院三权分立，总统是国家元首，但只是三权中的一极，跟唐太宗的权力根本没法比，用赵本山的话总结说，"国外比较乱套，天天弹劾领导，今天内阁下台，明天首相被炒"，说到底都是"三权分立"给闹的！

相比之下，李世民的"三权分立"非常巧妙，既给三省当家做主的权力，又不放弃背后操纵的手。说到底，唐代三省分割的是相权，巩固的是皇权，相权分散了，皇帝就安全了。

一个大型企业，总经理就如同秦汉时代的宰相，而董事长相当于封建王朝的皇帝，如果宰相的相权过大，那么皇权就必然受到压缩，直到成为压缩饼干。为了避免成为压缩饼干，隋唐都采用三省制，三省就如同三个大部门，大部门经理权力适中，且相互制约，更为关键的是，三个大部门经理都不足以冲击董事长的大权，如此一来，董事长安心了，大部门经理也安心了，两下心安，其实是最好的选择。

那么三省六部制里真的没有宰相吗？这个可以有！

宰相是哪些人呢？二省的首长，即中书令两人，侍中两人，尚书左仆射和尚书右仆射，这六个人就是宰相，没有宰相之名，但有宰相之实。如此一来，唐代

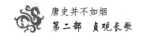
的宰相实际采用的是群相制，委员制。秦汉时期的宰相是独相，同一时期只有一根独苗，而唐代不是，同一时期，可以有一群。

唐朝初年，宰相并不多，只有三省首长等六人为宰相，还经常有空缺，等到李世民执政时，宰相的群体开始庞大起来，除了三省首长，其余的一些高官也可以是宰相，只要加授"参与朝政""参知政务""参议得失""平章政事"，那么恭喜你，你也是宰相了，以后印名片时可以加一括弧——（享受宰相级待遇）。

以 人 为 本

"以人为本"这个词这些年被提及很多，看起来似乎是个新词，又或许是舶来品，跟 CEO 一样，其实都错了，"以人为本"是中国的传统词汇，最早可以追溯到唐朝。

贞观十一年，马周上书李世民，其中有一句话让李世民记忆深刻，这句话是这样说的，"临天下者，以人为本"，以人为本由此而来。

在我看来，"以人为本"才是真正的金玉良言，比魏征老爷子那些喋喋不休的谏言更管用、更实际。以人为本说白了，就是把人当人，皇帝能把老百姓当人看，那么这个王朝就有希望，一切就这么简单。

难道还有王朝不把老百姓当人看？有，多了去了。在一般情况下，老百姓就是皇帝眼中的羊，而他就是天底下最大的放羊人。汉代以及唐代都有一个官职叫"州牧"（职位相当于州长），刘备就当过徐州牧，"州牧"是什么意思？就是替天子牧羊的！天子是天下最大的羊倌，官员则是天子手下的小羊倌，大大小小的羊倌联合在一起，放牧天下大大小小的羊，这就是"以羊为本"，而不是"以人为本"。

幸好，中国大历史中有了李世民，有了贞观之治，也就有了"以人为本"。

以人为本，把人当人，首先体现在"慎杀"，然而"慎杀"也来之不易，这是两个无辜的人用血换来的。

第一个无辜的人叫卢祖尚，时任瀛州州长，被杀原因：拒绝正常的工作调动。

事情是这样的，贞观二年，时任交州都督的遂安公李寿腐败了，贪污了公款，李世民将他撤职定罪，这样一来交州都督就空了出来，需要一个合适的人选填充上去。李世民查看官员履历，发现时任瀛州州长的卢祖尚文武全才，清廉正直，正是交州都督的合适人选，行，就是他了！

对于这次委任，李世民很看重，亲自召见了卢祖尚，当面激励了一番，说了一通"去了好好干"的话，卢祖尚感恩戴德，连连叩头称是，最后叩头谢恩退出。

大家本以为交州都督的空缺将就此填上，没想到，卢祖尚在退出皇宫之后居然反悔了，理由是我有病，还没好利索。

卢祖尚为什么要反悔呢？看一看地图我们就明白了。

卢祖尚时任瀛州州长，地理位置在现在的河北省河间市，而拟任的交州都督地理位置在哪里呢？今越南河内市！在那个交通基本靠走的年代，两者之间的距离怎么能说远呢？那得说是相当远！

不愿意出远门的卢州长想以有病为由拒绝去交州，然而李世民不答应，并且让杜如晦转告卢州长："匹夫尚且遵守承诺，何况你已经答应，怎么能反悔呢？"

其实李世民派去劝告卢祖尚的不只杜如晦一个，还有另外一个人，这个人就是卢祖尚的大舅子周范。周范这个人在历史上没有什么名气，不过在当时却是李世民面前的红人之一，李世民走到哪里，周范就跟到哪里，他的任务很简单，保卫首长安全。

李世民让周范再次告诫卢祖尚说："只管去，只去三年，三年后一定征召回京，另有任命！"

话已经说得很直白了，甚至把卢祖尚三年后的仕途都安排好了，再不去就是给脸不要脸了。

出乎李世民的意料，卢祖尚居然不为所动，坚决辞职，宁可不干州长了，也不去交州那个或许鸟都飞不到的地方。卢祖尚说："交州，瘴疠之地，要想身体没病，只能一日三餐喝酒，可问题是我一点酒都不能喝啊！"

理由很充分，态度很决绝！

几天后，李世民再次召见决绝的卢州长，当面规劝，然而即便李世民再三劝说，一根筋的卢州长还是坚决请辞，不去，就是不去！

李世民被彻底激怒了，从来没有人敢违背他的意愿，这个杠头卢祖尚居然触摸他忍耐的底线。李世民大怒，指着卢祖尚说道："我连一个人都指挥不动，还如何主持朝政！"

一挥手，拉下去，不用去交州了，就留在金銮大殿前吧！

斩立决！

一刀下去，卢祖尚遂愿了，终于不用去交州了，改道去了天国。

事后不久，李世民后悔了，自己贵为天子怎么一点肚量都没有呢？怎么能盛怒杀人呢？以后的历史会怎么写自己？后人将怎么评价自己这个皇帝？

不应该，太不应该了！

此时的李世民尽管懊悔，但还没有找到症结所在。三年后，他在同一块石头上绊倒，又是盛怒之下杀人，起因是一个疯子。

贞观五年，河内（今河南省沁阳市）人李好德疯了，成天胡言乱语，经常说些不着四六的混账话，这些混账话可能有攻击政府的言论，于是被认定为妖言惑众，被收入大理寺审判。

经过审判，大理丞（最高法院主任秘书）张蕴古认定：李好德精神失常，有相关的医学鉴定，按律不应承担法律责任，随即将这个结论上报给了李世民。

疯子？精神失常？医学鉴定？哦，原来如此，那就准备放人吧！

然而就在"疯子事件"即将翻过去的瞬间，一封奏疏将原本要收尾的"疯子事件"一下子推上了高潮，这个高潮让疯子事件的定性来了一百八十度的大转变。

奏疏是时任治书侍御史（副总监察官）权万纪上的。这个权万纪在历史上的口碑很不好，可以总结为"能吏加酷吏"，有能力，但很冷血。

事实上，正是权万纪的奏疏将张蕴古逼上了黄泉路。

权万纪的奏疏主要内容可以概括为一个三段论：

张蕴古的老家在相州（今河南省安阳市），需要得到地方官的照顾；

李好德的哥哥李厚德恰好是相州州长；

因此张蕴古说李好德有精神病史是为了讨好老家所在地的州长，是存心包庇，办案不公！

完了，神仙也没救了！

看完权万纪的奏疏，李世民又冲动了，一挥手，杀！

张蕴古被斩于长安街市之后，李世民后悔了，权万纪的奏疏尽管逻辑严密，合乎情理，但是证据呢？谁能证明张蕴古确实跟李好德的哥哥勾结？怎么能因为权万纪一个人的推断就认定张蕴古有罪呢？怎么又在盛怒中杀人呢？为什么又犯了跟三年前同样的错误？不应该，不应该！

思索了半天，李世民终于发现症结的关键所在，原来毛病出在死刑执行太快，快得让你连改正错误的机会都没有。即使你想改正，人头已经落地，人死是不能复生的，能复生的只有哪吒！

如果在死刑执行前设置几道坎，死刑执行前多次审奏，那么或许就能最大程度地避免冲动杀人。

随即李世民下诏："今后有死罪案件上报的，即使是皇帝下令立即执行死刑的，也要重复报告三次，三次都批准处死的，才可以执行。"

这样，李世民利用规则给自己上了三道紧箍咒，提醒自己要慎杀。

不过三审而杀的规则也没有持续多久，没过多长时间，李世民把这个规则给改了，三次审奏升级到了五次。

李世民规定，凡是执行死刑，京师地区的案件，应该在两天内分别向皇帝重复奏报五次，五次分别为：处决前二日、一日分别奏报一次，处决当天重复奏报三次。地方上报的案件，应该向皇帝重复奏报三次。另外执行死刑的当天，宫廷内不得进食酒肉，各机关不准奏乐（犯有十恶不赦大罪的不在此行列，十恶不赦者只需奏报一次即可执行）。

自此，李世民坚定了"慎杀"的主题，每次执行死刑之前他都必须重复着同样的问题：

你确定吗？

真的不改了吗？

你确定不改了吗？

你真的不改了吗？

你确定真的不改了吗？

是不是有点眼熟？没错，像《开心辞典》里的王小丫。在我看来，当年的李世民或许正是在王小丫式官员的不断奏报前坚定自己"慎杀"的原则，这个原则很好，很人性！

贞观四年，全国一年累计处决二十九人，数字之低，在中国五千年的历史长河中可以名列前茅。

贞观六年，李世民又做出一个惊人之举，这个惊人之举就是历史上赫赫有名的"纵囚"事件。

事情是这样的，这一年李世民来到了监狱，亲自提审了所有在押的即将处以死刑的罪犯，盘点下来，将要处以死刑的人共计390人。

提审完毕之后，李世民竟然提出了一个建议，这个建议令在场的所有人都大吃一惊。

"朕跟你们作个约定，现在就放你们回家，明年秋后回来接受死刑，你们同意吗？"李世民满怀诚意地看着死到临头的罪犯们。

三百多名罪犯面面相觑，不敢相信是真的，大家把求证的眼神转移到李世民脸上，此时李世民的脸上是坚定的神情，他的神情告诉罪犯们，"君无戏言"。

这个约定就这样执行了下来，390名罪犯星散而去，只留下李世民在原地沉思。

贞观七年秋，390名罪犯应到390人，实到390人，全部到齐，等候李世民的最后处决令。

李世民缓缓地抬起手，现场的空气凝固了，390人在一起等待那迟来一年的死刑，他们就要等到了。

"赦免，全部赦免！"

没听错吧？没听错！君无戏言！

自此，"纵囚"事件以约定开始，以赦免告终，李世民不按常理出牌，却赢得了更大的收益，390人获得劫后余生，李世民则获得天下人心，什么是高，这就是高！

尽管史书宣称此次纵囚事件自始至终官方没有任何监视，一切凭犯人自觉遵守约定，实际上这一定是美化历史的结果。纵囚事件说白了是一个秀，而这个秀是作给天下人看的秀，所幸390名罪犯都是好演员，他们看出了李导演的本意，也看到了暗处潜伏秘密监视的眼睛，结果390名罪犯加一个皇帝为全天下上演了一出"纵囚"好戏，效果很好，掌声热烈，综合评定：史上最佳政治秀！

其实，真放也好，作秀也罢，不可否认的是，李世民确实做到了"慎杀"，君临天下者能做到这一点，殊为不易！

第九章　灭国吐谷浑

丧家狗也有春天

吐谷浑，这个小国有点浑。

说起吐谷浑，这个小国与中原政权的渊源太长了，这个小国自从建立之日起就跟中原政权纠缠不清，他们对付中原政权的方法说简单也简单，说复杂也复杂，概括起来十个字，"打得过就打，打不过就跑"！

别看这十个字很简单，但对于吐谷浑很实用，隋大业五年（610年），杨广采用狗咬狗的方法命令铁勒汗国将吐谷浑打得大败，随后吐谷浑向隋投降。由于前往受降的宇文述阵容过于强大，吐谷浑可汗慕容伏允害怕对自己不利转而率军逃跑，不再投降，结果又被宇文述一顿痛打。

然而，吐谷浑的生存能力太强了，随后杨广集合四路大军对吐谷浑可汗慕容伏允进行围剿，结果又让慕容伏允从缝隙中钻了出去，不过老家已经回不去了，因为杨广已经将吐谷浑故地设立成西海、河源等四郡，并安排全国罪犯集中到这里参与大开发，已经没有立锥之地的慕容伏允从此过上了丧家狗的流浪生活。

都说野百合也有春天，其实丧家狗同样有春天。

几年之后，隋朝天下大乱，无暇西顾，丧家狗的带头狗慕容伏允重新回到故地，重打锣鼓新开张，正式重装营业。一转眼，又过去了很多年，在这期间，隋朝灭亡，唐朝兴立，李渊退位，李世民登基，慕容伏允接连送走了两茬皇帝，这第三茬就迎来了李世民。

常言说，人都是会变的，这句话用在慕容伏允身上就不合适，这个老家伙，这么多年过去了，风格居然一点都没有改变。

对于唐朝，慕容伏允的方法与对付隋朝一样，两手抓，两手都很硬，一手抓上贡，一手抓骚扰，两不耽误。

贞观初年，慕容伏允先派使节到唐朝进贡，言辞极其谦卑，态度极其诚恳，顺服的样子很招人疼。然而令人想不到的是，进贡的使节还没有回去，慕容伏允的部队已经对唐朝的鄯州地区（今青海省乐都县）发动了攻击，一番劫掠之后扬长而去。

一手上贡，一手骚扰，到底唱的是哪出啊？哪个是真的，哪个是假的呢？

很快李世民的钦差来到了吐谷浑，对慕容伏允进行质问，然而这个时候慕容伏允又恢复了乖孩子的面目，眼泪汪汪地指着天向钦差表示："误会，绝对是误会！"

这套骗鬼的话已经没有人信了，不过信不信由你，说不说由他，反正嘴长在他鼻子下面。对于李世民命他到长安觐见的征召，慕容伏允眼珠一转，又开始忽悠："我是真想去，我又真去不了，我有病，真的有病！"

小滑头他爹，老滑头！

本着忽悠到底的原则，老滑头慕容伏允又让钦差给李世民带了个话：请赐公主给儿子慕容尊王配婚。现在皮球踢给了李世民，看你接不接招！

接招，李世民焉能不接招。

李世民也提出一个要求：让你儿子慕容尊王亲自到长安迎亲！皮球再次踢回给慕容伏允，老滑头，接招吧！

这一次老滑头不接招了，索性没收皮球不跟李世民玩了。让儿子到长安迎亲，这分明是要拿我儿子当人质，春秋战国时这一招都玩滥了，猪才上这个当呢！

皮球踢了半天，亲没提成，两国的关系又冷了下来。

李 靖 出 山

老骥伏枥的慕容伏允是注定不会消停的，就在求亲计划破产之后不久，吐谷浑的军队又一次出动了，这一次攻击的是兰州和廓州（今青海省化隆县），又是一次目标明确的抢劫，越老越不要脸了。

此时老不要脸的慕容伏允其实已经老迈，汗国的实权落到受他宠信的高级幕僚天柱王手中，正是在天柱王的策动下，吐谷浑不断骚扰唐朝边界，劫掠不断，即使李世民先后十次派使节交涉，吐谷浑依然故我，照抢不误，吃了秤砣！

贞观八年六月，李世民决定把慕容伏允吃下的秤砣抠出来，是时候给他点颜色看看，省得他老跟唐朝装色盲加流氓。

李世民任命左骁卫大将军段志玄为西海道行军总管（西海兵团司令），左骁卫将军樊兴为赤水道行军总管，分别率军攻击吐谷浑。

四个月后，段志玄对吐谷浑发起攻击，大败吐谷浑军，连续追杀八百余里，直到距离青海湖三十里处收兵。在段志玄的追杀下，吐谷浑军民驱赶马匹牛羊四散逃窜，狼狈不堪。

然而，一场大胜并不能解决所有问题，段志玄的大胜只是短暂地打击了吐谷浑的嚣张气焰，善于折腾的慕容伏允却在这次大战中毫发无伤，只要这个人还在，对唐朝的骚扰就不会停止。

果不其然，仅仅消停了一个月，吐谷浑的折腾又开始了，十一月十九日，吐谷浑军队攻击唐朝凉州（今甘肃省武威市）。

显然，仅仅派段志玄领衔进行大规模作战是不行了，要想彻底解除吐谷浑这个后患，必须进行大会战，这次大会战要让吐谷浑灭国，绝不反复。

然而千军易得，一将难求，此时的李世民再也不会为兵力发愁，他发愁的是主帅的人选。仔细一盘算，如此大规模的会战，适合的人选只有一个，这个人就是唐朝第一名将李靖。

李靖的生猛在前面已经提到过，最近一次功绩可以追溯到贞观四年攻灭东突厥，不过从那以后，生猛的李靖为自己踩了刹车，起因是御史大夫萧瑀的一次弹劾。

贞观四年五月，李靖得胜回朝，对东突厥作战的胜利让唐朝一雪多年之

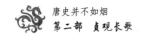

耻，更让太上皇李渊多了一份安慰：儿子比我强，让位也心甘了。

然而就在唐朝上下还沉浸在胜利的喜悦中时，御史大夫萧瑀于五月二十三日上了一道奏疏，这道奏疏几乎让李靖跌入万丈深渊。

奏疏指控李靖军纪败坏，攻陷东突厥颉利可汗王庭时放纵官兵大肆劫掠，致使金银财宝、珍玩古董被抢劫一空，李靖按律应被军法处置。

一边是得胜回朝，一边是军法处置，李靖无意中走在两个极端上。

事实上，战后劫掠一直以来都是一个潜规则，中国大历史中的无数名将都在默许甚至纵容战后劫掠，不为别的，只为保持所部的战斗力。因为在一般情况下，当兵的收入很低，待遇很差，要想激励士兵奋勇杀敌，除了要有领袖魅力，更重要的是，还要给当兵的一个可望可即的盼头，而允许战后劫掠就是一个成本很低、见效很快的手段，无数名将屡试不爽。

在李靖看来，战后劫掠其实情有可原，而在萧瑀看来，战后劫掠罪无可恕。李靖从维护士气考虑，萧瑀从道德层面考虑，两者没有绝对的对错，而评判权交到了李世民的手中。

萧瑀忘记了，李世民也带过兵，也打过仗，也当过大军统帅，多年的战场经验让李世民能够体谅李靖的苦衷，因此李世民阻止了萧瑀的弹劾，战后劫掠一事以后不要再提！

李世民是聪明的，他深知"扬善于公庭，归过于私室"的道理，对于李靖这样的名将，在公开场合维护其形象是必需的，而在私下场合进行敲打也是必要的。

在这次私下谈心时，李世民跟李靖聊起了隋朝名将史万岁，当年史万岁大破东突厥战功赫赫，然而刚回到朝廷就被当廷活活打死，理由仅仅是被控擅自与太子杨勇交往。

提到史万岁，就是为了敲打李靖，颇具城府的李靖怎能不懂，急忙做起了自我检讨。

抛砖引玉，砖抛出去了，玉也出来了，李世民的目的也就达到了，这时他又变得和颜悦色，说道："你放心，我跟我姨姥爷（杨坚）不一样，我只记你的功，不记你的过！"

巨星刘德华说，我的梦中情人一定要有一头乌黑亮泽的秀发。按照刘天王的句式，我从李世民的身上也得出了一个结论：我的梦中好领导，一定要有非常高明的谈话艺术，就像李世民那样。

谈话结束了，对李靖的敲打也结束了，然而这次谈话对李靖的影响是深远的，自此生猛的李靖给自己狠狠踩了一脚刹车，自此人生的字典里只有两个字：低调！

贞观四年八月二十二日，李靖由兵部尚书升任尚书右仆射，有唐一代，"出将入相"正式拉开了序幕。

其实严格而言，唐代出将入相第一人应该是李世民，武德年间，他出则是大军统帅，入则是大唐宰相，一度高居尚书令。在李世民之后，尚书令只授予过中兴重臣郭子仪，不过那时的尚书令已经是纯粹的荣誉称号了。

回过头再来说李靖，用时任侍中王珪的话说，李靖是出将入相的文武全才，然而这个文武全才在升任尚书右仆射后，完全像变了一个人。宫廷之上，这个尚书右仆射几乎成了一个准哑巴，"恂恂似不能言"，好像不会说话一样，这就是李靖，宫廷之上的李靖，出将入相后的李靖。

李靖"恂恂似不能言"持续了四年，贞观八年十月，李靖以病重为由辞去尚书右仆射一职，改任特进（正二品，类似国务顾问一样的闲职），应享待遇一切照旧。李世民附加规定，待病情减轻，每隔两到三天依然要参知政事。

李靖真的有病吗？如果有，也是装的，如果有，不是在身上，而是在心里。

在那个皇权高于一切的年代，绝不允许任何威胁皇权的东西存在。李靖出将入相，风头无双，此时再不知避祸便是自取灭亡，所以从贞观四年开始，李靖一直在装，一直"恂恂似不能言"，一直"有病在身"，甚至一度"病重"，其实所有的一切只为了两个字，自保！

现在到了贞观八年十一月，吐谷浑烽烟已起，大战在即，无论是李世民还是李靖，他们都明白此次主帅的天然人选只有一个，这个人就是李靖。

李世民是期待李靖出山的，毕竟他是目前唯一一个经历过无数大场面的大将，李世勣勉强也可以，但跟李靖相比，他还嫩得很，况且他一直驻守并州，不能擅离。

李靖会不会欣然出山呢？李世民在思考，李靖也在思考。

出山，还是继续装病？

这是摆在李靖面前很现实的问题。如果出山，很有可能迎来又一次大胜，

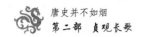

那么离功高震主又近了一步；如果继续装病，可能会让李世民处在无帅可用的境地，以他犀利的目光，难道会看不出李靖在装病避祸？

罢，罢，罢，该你经历的一定要经历，躲是躲不过去的，为将者侍奉皇帝，除了要学会自保，更重要的是让皇帝看到你的一颗赤胆忠心。

出　征

贞观八年十一月，六十四岁高龄的李靖向李世民主动请缨，愿意率军征战吐谷浑，由此唐朝大战吐谷浑正式拉开帷幕。

十二月三日，李世民下诏，任命李靖为西海道行军大总管，兵部尚书侯君集为积石道行军总管，刑部尚书任城王李道宗为鄯善道行军总管，凉州总督李大亮为且末道行军总管，岷州总督李道彦为赤水道行军总管，利州刺史高甄生为盐泽道行军总管，另外突厥部落军、契苾部落军一同参与会战。

时间随着李靖的征战走进了贞观九年，这一年注定是大唐的胜利年，这一年也注定是吐谷浑的末年。

贞观九年闰四月八日，任城王李道宗率领所部在库山大败吐谷浑军队，吐谷浑可汗慕容伏允再次启动了"流浪狗"计划。在他看来，无论唐朝如何进攻，吐谷浑都不会亡国，只要自己跑得快，唐朝大军就只能看着自己的背影望尘莫及。

走自己的路，让别人看去吧！

慕容伏允见到地率领轻装部队逃入了沙漠石砾地带，大师柏杨推测，老滑头慕容伏允逃亡的地方很有可能是今天青海省西北部的柴达木盆地，这块地带在现代人烟也不稠密，在唐代，可以视为无人区。

为了避免唐朝大军追赶过于辛苦，经验丰富的慕容伏允下令纵火焚烧沿途全部野草，草都没了，唐朝战马饿着肚子怎么追？

怎么办？追还是不追？

不追很容易，追却很难。此去千里无人烟，连把野草都没有，连日征战已经把战马耗得羸弱，再让羸弱的战马沿着没有野草的路追击，可能吗？不如放弃吧！

"绝不能放弃!"说这话的是积石道行军总管侯君集。

侯君集说道:"上一次段志玄出征,连续追击八百里,然而刚回军,吐谷浑的军队就兵临城下了。这一次吐谷浑还没有受到重创就四散逃去,这是他们自保的方法,也说明他们已经君臣离心,逃跑的时候连侦察骑兵都没有布置,说明他们已经不能组织起有效抵抗了。这时将他们彻底征服如拾草芥,如果错过这次机会,我们将追悔莫及!"

一句话可以改变人的一生,侯君集的这席话让他成功跻身大唐名将行列!

英雄所见,名将相惜,身为主帅的李靖深深认同侯君集的观点,当即下令,大军兵分南北两路,南路侯君集、李道宗,北路李靖、李大亮、薛万均,两路齐进,不灭吐谷浑誓不罢休!

成功有时离你只有 0.0000001 米,能否突破就取决于那一瞬间的坚持!

闰四月二十三日,北路的李靖有了收获。

部将薛孤儿在曼头山与吐谷浑军遭遇,一心想跑、无心抵抗的吐谷浑军没有作多少抵抗就兵败如山倒,这一仗吐谷浑赔掉了几名亲王,外加大量牲畜,唐军代价很小,收获很大,更重要的是俘获了大量牲畜,军粮有着落了。

五天后,李靖继续扩大战果,接连在牛心堆、赤水源大败吐谷浑军,过足了欺负死人不偿命的瘾。

与李靖的北路相比,南路的侯君集和李道宗就艰苦多了。

李靖这边打仗轻松,俘获良多,吃肉还能挑肥拣瘦,侯君集那边可就惨了。

他们深入两千里,穿过无人区,一路上连条狗都没遇上,更要命的是居然还没有水。所过之地,地势高,气候差,盛夏季节居然还在下雪,要了亲命了。

这一路,人吃冰,马吃雪,人马饮着冰雪穿过了无人区,在乌海(今咯拉湖)追上了吐谷浑军队一部,吃了冰喝了雪的唐朝人马发起了冲锋,再次大破吐谷浑军,俘虏吐谷浑重要亲王。

与此同时,南路军的一部分由薛万均、薛万彻率领在赤海(今青海省兴海县)也迎来了一场大胜,他们的对手是吐谷浑智囊天柱王的部队,可惜的是居然让天柱王跑掉了。

薛万均和薛万彻没有遗憾太久,很快他们发现,已经没有资格遗憾了。

因为仅仅几天之后，哥俩就被吐谷浑的军队包围了。

说起这次包围，其实都是哥俩轻敌冒进惹的祸，为了追击吐谷浑残部，薛万均、薛万彻只带了少量骑兵一路追赶，没想到追着追着就追进了包围圈，吐谷浑的残部是不多了，不过包围薛万均、薛万彻所带领的少量骑兵还是绰绰有余。

包围圈越来越小，薛家哥俩手里剩下的牌已经不多了，用眼睛目测了一下，本方阵亡率已经达到了70%，再这么发展下去，达到100%也只是时间问题。

阵亡率还在上升，哥俩也都挂了彩，同时还在变换着兵种，从骑兵变成了步兵（战马都战死了），以前是骑在马上打，现在只能腿跑着打了。

这仗已经没法打了，小队步兵打大队骑兵，就是施瓦辛格那样的特种兵也够呛。

难道就这样被人家征服？切断了所有退路？

就在薛万均、薛万彻几乎绝望的时候，援军终于到了，领头的是左领军将军契苾何力，他带着数百名骑兵杀进了吐谷浑的包围圈。按说几百名骑兵在数量上并不占优势，可架不住吐谷浑人意志不够坚定，本来吐谷浑人想趁乱收拾掉薛家兄弟，没想到来了契苾何力这样一个搅局的，更可怕的是他的手下是数百名训练有素的铁勒骑兵，这下就够吐谷浑人喝一壶了。

经过契苾何力的反复冲杀，薛万均、薛万彻终于得救了，契苾何力的数百名骑兵拥着薛万均、薛万彻冲出了包围圈，薛万均、薛万彻这两个"准烈士"终于不用当烈士了，缓过气后接着当勇士吧！

尽管薛万均、薛万彻这一路遭遇了挫折，唐军的其他几路却是捷报频传，李大亮在蜀浑山，执失思力在居茹川都取得了大胜，吐谷浑已经如同一头被肢解的牛，左一块，右一块，割肉不止，流血不止，战争的恐怖一直笼罩在吐谷浑汗王慕容伏允头上，没有尽头。

恐怖没有尽头，追击也没有尽头，此时李靖已经率领大军抵达且末（今新疆且末县），到了吐谷浑汗国最西边的边境，此行他的目标只有一个，就是慕容伏允。

那么惊弓之鸟慕容伏允又在哪里呢？据说在突伦川。

突伦川这个地方具体在哪里，现在没有人能说清楚，根据地理位置判断应该在现在新疆境内，靠近塔克拉玛干沙漠。慕容伏允选择这里，就是因为这里地理环境恶劣，唐朝追兵一般追不到，所以这里是安全的。

　　然而慕容伏允还是错了，此刻他面对的对手已经不是点到为止的段志玄，而是不达目的誓不罢休的李靖，何况还有更执着的契苾何力。

　　契苾何力这个人最大的优点就是执着，凡事有困难要上，没有困难制造困难也要上，即使慕容伏允躲在鸟迹罕至的突伦川，契苾何力也一定要把这个老小子给揪出来。

　　令契苾何力没想到的是，死里逃生的薛万均居然反对自己的追击建议，原来他是被上一次落入包围圈的经历吓怕了，他怕到了突伦川再次落入包围圈，人总不能两次跌进同一个包围圈吧！

　　契苾何力摇了摇头，说道："吐谷浑人没有城池，随水草居住，现在不趁他们聚集在一起一网打尽，等到他们四散而去，分散居住，就再也打不尽了！"

　　说完，契苾何力上马招呼自己所部往突伦川方面奔去，只把自己的背影留给了薛万均，意思很明白，我意已决，您请便！

　　此时的薛万均还有选择吗？没有选择了，一个字，追！

　　追字好写，追途艰难！

　　一路上没有水，难不倒契苾何力，带的水喝光了，那就刺马出血，饮血解渴！可以想象，在漫天的沙漠之中，有一支唐军在孤独地行进，累了席地而坐，渴了饮血解渴，诗一般意境，血一般悲壮。

　　在悲壮的唐军面前，慕容伏允注定是不幸的，他做梦也不会想到，不一般的唐军居然追到了鸟烟不至的突伦川，而且出现得那么意外。

　　没有防备的慕容伏允面对唐军的进攻惊慌失措，混乱之中只率领一千多名骑兵仓皇逃去，尽管自己逃出了一条命，却遭遇了人生中最大的悲剧——老婆孩子都丢了！

　　这一仗，契苾何力收获很大，杀数千人，俘虏慕容伏允的皇后和王子数人，外加各类牲畜二十余万头，这卜返程水源有保障了，二十余万头，想喝哪头喝哪头。

末　日

　　老婆丢了，孩子丢了，连智囊天柱王也丢了，慕容伏允这日子没法过了。

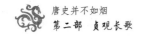
准确地说，天柱王并不是丢了，而是死了，死于一场内乱。

天柱王的死其实跟一个人有关，慕容伏允的嫡长子慕容顺。说起慕容顺，这是一个苦命的孩子，原本他是嫡长子，是太子，然而到隋朝当了人质之后，把自己的太子身份给当丢了。

慕容顺的母亲是隋朝宗室之女光化公主，当初为了笼络吐谷浑人，隋朝让光化公主和亲嫁给了慕容伏允，后来生下一个儿子就是慕容顺。对于慕容顺这个儿子，慕容伏允并不喜欢，总觉得他的身上有政治色彩，一点亲儿子的感觉都没有。虽然慕容伏允把慕容顺封为太子，但当时的人都知道，那只是给隋朝一个面子而已，让慕容顺这个隋朝外甥担负起"隋吐"友好的重担而已。

后来，慕容顺作为人质长期留在了隋朝，隋朝把他当作了制约吐谷浑的筹码，吐谷浑却把他当成了累赘。就在慕容顺当人质期间，他惊讶地发现，自己的太子头衔已经被父亲慕容伏允宣布作废了。

公元619年，长安已经成了唐朝的都城，慕容顺这个前太子在李渊看来只是一块鸡肋，李渊索性做了一个顺水人情，把这块"鸡肋"遣返了吐谷浑，从此开始了慕容顺的新生活。

回到吐谷浑后，慕容顺发现自己终于不是鸡肋了，而是大鸡肋！生活不是变好了，而是变得更糟了，在长安时他的身份是人质，但毕竟还拿他当国际友人看，而回到吐谷浑，他什么都不是。

此时他的一位兄弟已经变成了太子，而他只是太子的大哥。

后来的生活更加雪上加霜，慕容伏允宠信上了天柱王，本来就得不到阳光普照的慕容顺更加憋屈，也就更加没有人搭理他这个前太子了。

从公元619年到公元635年，慕容顺已经憋屈地生活了整整十六年，如果没有意外发生，慕容顺的生活还在继续，还在憋屈。

现在变数来了，吐谷浑招来唐军的大规模进攻。唐军大规模进攻对于整个吐谷浑而言是灾难，对于慕容顺而言，却是一个难得的机会。

由于唐军大规模进攻，吐谷浑贵族们的生活发生了巨变，对高层的不满急剧增加，最后不满的矛头集中指向了上蹿下跳的天柱王。就是他，煽动慕容伏允进攻唐朝，现在好了，惹祸上身，祸的源头就是这个该死的天柱王！不杀不足以谢民愤！

然而杀天柱王也只是说说而已，毕竟天柱王是慕容伏允的宠臣，一旦杀了天柱王，那就等于与慕容伏允公开叫板，贵族们有这个实力和魄力吗？

这个可以有！人都是被逼出来的！

愤怒的吐谷浑贵族们决定杀掉天柱王，也决定与慕容伏允决裂，这时他们找到了一个理想的新带头人，这个人就是慕容顺。这个憋屈了十几年的人正是一个合适人选，他是前太子，他怨恨他的父亲，他更怨恨天柱王，这三个条件集中到一起，慕容顺就是理想的带头人！

渴望出头的慕容顺没做片刻犹豫就同意了贵族们的提议，在贵族们的帮助下干净利落地干掉了天柱王，同时宣布与自己那不着调的父亲决裂，转身向唐朝投降！

在慕容顺宣布投降时，他那不着调的父亲慕容伏允正在塔克拉玛干沙漠中品味一个成语：众叛亲离！

按照慕容伏允原来的规划，他准备穿越塔克拉玛干沙漠前往于阗王国（今新疆和田市），在于阗王国暂住一段时间，等风头过了，再回到故地建国，到那时，论成败，人生豪迈，大不了从头再来！

然而规划仅仅是规划，慕容伏允已经没有机会实现自己的宏大规划了。自从逃进沙漠之后，他的手下就开始了胜利大逃亡。进入沙漠之前，旗下尚有一千多名骑兵，仅仅十几天的时间，一千多名骑兵已经逃得差不多了，只剩下几个看起来一心一意的侍从！

慕容伏允自嘲地对自己说："没事，大不了从头再来！"

侍从们随声附和："对，从头再来！"

从你的头再来！

走投无路的慕容伏允被左右侍从斩首，他的头成了侍从们邀功的投名状，无形之中也帮助慕容伏允实现了自己的誓言：与过去一刀两断，大不了从头再来！

贞观九年五月十八日，李靖上疏李世民：吐谷浑汗国已被大唐征服！

五月二十一日，李世民下诏：特准吐谷浑恢复建国！

打你不是目的，打死你也不是目的，打服你才是目的！

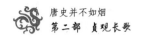
秋 后 算 账

吐谷浑之战尘埃落定，唐朝大军也到了论功行赏、秋后算账的时候。一算账不要紧，几家欢乐几家愁，总体盘算下来，居然是得意的少，失意的多。

这是为什么呢？多数是将领自己作的！

第一个倒霉的是赤水道行军总管李道彦，他的罪名是没有按照规定时间抵达指定地点。坦白地说，李道彦这个罪名一点都不冤，走到这个地步完全是他自己的问题，用东北的歇后语说：老外拉弓——发洋贱（箭）！

李道彦惹祸是因一次不诚信的行动而起。

本来，唐军西征要经过党项部落控制的区域，行军大总管李靖为了集中力量打击吐谷浑，就设法与党项部落搞好关系，在用重金把党项部落砸晕的同时，顺便请他们为唐朝大军当行军向导，这样就把党项部落拉到了唐军的阵营，增强了唐军的实力。

在金钱的感召下，党项酋长拓跋赤辞来到唐军大营与各位唐军将领焚香盟誓，立下了"亲密合作"的誓言，不过在盟誓之前，拓跋赤辞把丑话说在前面：如果你们无信无义，我们就封路，让你们过不去！

当时谁也没把这句丑话放在心里，没想到这句丑话居然成真了，这一切都是李道彦惹的祸。

本来我泱泱大国以诚信为本（《夜宴》中葛优如是说），可没想到李道彦居然是个言而无信的人，前几路大军顺利通过党项部落控制的区域，到他这出问题了。

李道彦行军到阔水（今四川省松潘县北）时，发现此地牛羊成群，党项部落组织涣散，没有任何防备，看到此情此景，李道彦也不知道是哪根神经搭错了，居然下令向当地的党项部落发动了进攻，一会儿的工夫就俘获牛羊数千头，乐得李道彦合不拢嘴！

搭错神经的李道彦没有高兴多久，很快他发现，包括党项部落在内的所有羌人都愤怒了，他们说到做到，居然真的堵住了当地最险要的野狐峡。这下完了，活路变死路了，就算想交过路费也白搭！

这还不算完，当初把丑话说在前头的党项酋长拓跋赤辞率军对李道彦发起了反击，这一仗李道彦损失惨重，战后一盘点，居然损失几万士兵，最后只能退守松州。到这时，李道彦这一路就得算"自宫"了，没办法，谁让你不讲诚信，发洋贱！

受李道彦连累，左骁卫将军樊兴也无法进军，只能逗留不前，结果手下士兵逃亡很多，仗没打，非战斗性减员接二连三。

贞观九年七月二十二日，李道彦、樊兴因不能按时抵达指定地点判"死刑减一等"处罚，流放边疆，相当于在边疆地区享受无期徒刑待遇。

同李道彦一样，盐泽道行军总管高甄生同样没有按时抵达指定地点，他倒不是因为跟李道彦一样发洋贱，而是因为道路艰险，不得已在道路上耽误了时间。

然而战场之上，只问结果，不问过程，作为总司令的李靖自然要对高甄生进行问责。没想到，这一问责让高甄生把对李靖的怨恨埋在了心里，随即高甄生给李世民上了一道险恶无比的奏疏：李靖阴谋叛乱！

玩笑开大了！谋反的玩笑可不能乱开，开这种玩笑是要负法律责任的。

经过组织上的细心调查，随即得出结论：李靖谋反，查无实据！这就意味着李靖无罪，高甄生诬告，而诬告是要付出代价的！

贞观九年八月十七日，高甄生被判"死刑减一等"处罚，流放边疆，享受无期徒刑待遇，这样李道彦、樊兴、高甄生哥仨可以一起在边疆斗地主了。

其实，这三个人的"斗地主"原本可以升级为"一桌麻将"，第四人选就是薛万均。

薛万均出事的原因很简单，俩字：嘴贱！

原本薛万均和契苾何力合作挺好，契苾何力不仅帮薛万均解了重围，还和薛万均一道袭击远在突伦川的慕容伏允的御帐，不仅俘虏了慕容伏允的老婆孩子，还外加二十万头牛羊，就战果而言，绝对是硕果累累。

问题就出在"硕果累累"上了，原来薛万均胃口不错，他想独吞。

恰在此时，李世民派出了慰劳军队的特使，此时不表功，更待何时！

要说薛万均的智商也不高，手段也很简单，居然大嘴一张，就开始为自己表功，总之在特使面前，薛万均把自己"狠狠"地表扬了一通，论调是"劳苦功高，舍我其谁"，总结陈词是："功劳都是我的，有契苾何力什么事呢?"

要命的是，契苾何力就在现场！

见过不要脸的，没见过这么不要脸的，不报救命之恩也就罢了，还把所有

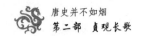
功劳都划到自己的名下，人怎么能无耻到这个程度？

契苾何力焉能咽下这口气，抽出刀就向薛万均劈了过去，幸亏旁边的将领手快，拦了下来，这才避免了薛万均血溅当场。

李世民派出的特使也很官僚，只听信薛万均的"自我表扬"，只看到契苾何力刀劈薛万均，却没有多问一句为什么，草草地给李世民上交了一封奏疏：契苾何力刀劈薛万均！这下倒成了契苾何力没理了。

幸好真理越辩越明，在李世民向契苾何力问责时，契苾何力竹筒倒豆子，一五一十地说清了事情的来龙去脉，这下嘴贱的薛万均倒霉了，李世民下令："把薛万均官职全部免除，其所有官职转给契苾何力，再让你嘴大！"

大嘴薛万均眼看就要跟李道彦、高甄生一道到边疆享受无期徒刑待遇了，契苾何力站了出来，他的一席话挽救了薛万均。

契苾何力说道："陛下因为我的缘故将薛万均免职，那么非汉人的士兵就认为陛下重视非汉人将领甚于汉人将领，他们的文化都不高，很有可能就会以讹传讹，而且很有可能就此认为汉人将领都跟薛万均一样，长此以往必然会造成军中的汉人与非汉人的对立。"

一个卓越的将领一定是有大局观的，契苾何力就属于此类。

此后，薛万均与契苾何力的恩怨被李世民一带而过，对于薛万均不罚，对于契苾何力重赏！

不久，契苾何力奉命驻守玄武门，主政城门防卫大营，另外奉命娶皇族女儿临洮县主为妻！

契苾何力的境遇正验证了中国家长教育孩子的一句名言：老实人终究不会吃亏！

尾 声

几家欢乐，几家忧愁，远征吐谷浑之战终于落下帷幕，每个人都找到了自己的位置，或者得意，或者落寞，但每个人都必须去演完自己分内的戏。

那位憋屈了十六年最终奋起的前太子慕容顺还是没能镇住场子，他可以扮演好一个人质，他可以扮演好一个憋屈的前太子，可是他扮演不好一个可汗。

在被立为可汗几个月后，没有根基的慕容顺没能取得吐谷浑贵族们的信服，最终被贵族们安排的杀手刺死，结束了其憋屈的一生。

在慕容顺身后，他的儿子慕容诺曷钵被立为可汗，这是一个更没有根基的人，他的角色是傀儡，他的身后则是为权力斗得你死我活的高级官员们。

在这种背景下，唐朝的一位名将被推上了前台，这个人就是兵部尚书侯君集。

李世民交给侯君集的任务是率军增援慕容诺曷钵，调停争权的各方，对于不听命令的部落，一个字：打！

侯君集威风凛凛地再次出发，在他的前方是霞光万丈，在他的梦中，是雄兵百万，为将者追求的就是这个境界，不是吗？

也是，也不是！

就在侯君集率军出发的同时，李靖悄悄地关上了自己的家门，从此闭门谢客，闲杂人等一律免进。即便是亲戚，也不轻易相见，于是在长安闹市之中，李靖自己"与世隔绝"。

老子说："持而盈之，不如其己；揣而锐之，不可长保；金玉满堂，莫之能守；富贵而骄，自遗其咎。功遂身退，天之道。"

老子的话，李靖读懂了，侯君集要么根本没读过，要么根本没读懂！

贞观十七年二月二十八日，李靖与侯君集的画像一起挂上了凌烟阁，与他们一起享受凌烟阁画像的总计二十四人。

仅仅两个月后，侯君集被控与太子李承乾一起谋反，伏诛！

六年后，李靖于家中寿终正寝，享年七十九岁，陵墓规模比肩汉代名将卫青、霍去病！

福兮祸兮，皆有因果，唯物主义说这是唯心，归根结底，未尝没有科学道理。

第十章　来来往往

长 孙 皇 后

如果论及中国大历史中皇后的贤淑良德，长孙皇后可以排进前三名，究其原因，是因为她的丈夫李世民声名很好，那么作为妻子的长孙皇后声名不可能不好，况且长孙皇后确实很会管理，也很会做人。

后世的人熟悉长孙皇后的声名，很有可能是从一则小故事开始的。

这则小故事是这样说的：

有一天，李世民下朝之后，脸色非常难看，长孙皇后问及原因，李世民恨恨地说："总有一天我要杀了魏征这个乡巴佬。"闻听此言，长孙皇后换上了正式场合穿的衣服，非常正式地向李世民表示祝贺。长孙皇后说："妾闻君明臣直，现在皇上有魏征这样敢直言的大臣，不正说明皇上贤明吗？因此臣妾向皇上表示祝贺！"

小故事的结尾是这样写的：听了长孙皇后的话，李世民的气消了，从此更加信任魏征。

也不知道是哪个败家编剧编的这种蹩脚小故事，把政治想得太简单了，把李世民想得太简单了，君临天下者，如果如此冲动，如此浅薄，那么天下就危险了。

事实上，无论是李世民，还是魏征，他俩都是在演戏，他们是彼此的陪衬，没有李世民，魏征的形象无法高大，没有魏征，李世民的形象也无法丰满。两个人就是为彼此而生，为彼此而演，这就是传说中的双赢。

至于长孙皇后，她也是在演戏，也是在扮演角色，难得的是，她一直牢记着自己的角色定位：配合皇帝，维护皇帝的权威。不像其他皇后，要么智商不够把戏演砸了，要么智商太高，把皇帝的戏份都给抢了。长孙皇后牢牢守住了自己的角色，她的法宝只有一个：本分！

关于长孙皇后，先进事迹太多了。

仁慈孝顺，节俭朴素，喜爱读书，闲聊之余，献计献策，利国利民，保护宫女，爱护非亲生子女，降低自己生活标准，严格要求亲生子女，等等，等等。

所有的一切都在于两个字：本分。皇后的本分！

如果说皇帝是天下男人最想干、也最难干的差事，那么皇后也是天下女人最想干、也最难干的差事，当皇帝难，当皇后更难！打一个最通俗的比方，当皇后就是要与一群美女分享一个优秀男人，在分享的过程中，既要表现大度，又要牢牢抓住这个男人的心，你想想有多难。

长孙皇后就是在这样的环境下生活，幸好，她聪明，她很会做人，于是给世人留下贤淑良德、与世无争的声名。

长孙皇后真的贤淑良德、与世无争吗？

当然不是，不争怎么当皇后呢？不争怎么能把皇权牢牢地留在长孙一脉呢？

长孙皇后也争，也争得厉害，她的法宝是"不争"。

糊涂了吧，为什么争权的法宝是"不争"呢？因为这个"不争"是看起来的。

长孙皇后不为自己争医药和膳食费用，反而主动降低标准，对皇帝其他妃嫔关爱有加，动辄倒贴，给人印象：不争。

太子李承乾的乳娘请求增加太子宫的各种配备，说白了是帮太子要待遇，按理说这种事情亲娘应该比乳娘更上心，然而申请到了长孙皇后这里，冷冷的一句话就给打发了："为太子，患在德不立，名不扬，何患无器用邪？"对亲儿子都这么狠，也是不争。

长孙无忌位高权重，长孙皇后多次要求李世民解除长孙无忌职务，免得恩

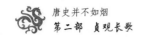

宠太盛，滋生长孙一脉的骄气，对自己兄弟这么狠，也是不争。

长孙皇后病重，李承乾委托房玄龄向李世民请求大赦天下，以祈求长孙皇后延年益寿，结果这个人性化的建议也被长孙皇后否决了："奈何以吾一妇人使上为所不为乎？必行汝言，吾不如速死！"对自己也这么狠，也是不争！

然而，老子有一句名言：夫唯不争，天下莫与争！

不争，其实是为了争！为什么争？为未来的皇权而争！

当然，在长孙皇后"争"的同时，她对李世民的爱也是真挚的。对于李世民，她始终保持一颗忠心，甚至随身携带毒药，在生命的最后时刻，她把随身携带的毒药拿给李世民看，并深情地对李世民说："妾于陛下不豫之日，誓以死从乘舆，不能当吕后之地耳。"

一句话改变人的一生，一句话奠定长孙一脉在大唐王朝的地位。

在长孙皇后身后，争储大战打得一塌糊涂，然而即使斗得天昏地暗，储位一直在长孙一脉的控制之中，李承乾、李泰、李治，他们的母亲有一个统一的名字：长孙皇后。

夫唯不争，天下莫与争！

贞观十年六月二十一日，长孙皇后于立德殿去世，享年三十六岁。

如果没有一年后那个女孩的进宫，或许长孙一脉还会在唐朝荣耀很多年，然而因为那个女孩的进宫，长孙一脉的命运被改写了，大唐的命运也同时被改写了。

如果有前世的话，这个女孩一定是长孙皇后前世的深仇！

进　宫

贞观十年，长孙皇后逝世时，这个女孩仅仅十三岁。

原本这个女孩与长孙皇后的生活不会有任何交集，然而一切被李世民在不经意之间改变了。

贞观十一年，李世民听闻原荆州总管武士彟有一个女儿貌美如花，远近闻名，本着多多益善的原则，李世民这个合法的"采花大盗"一招手就把这位姓武的女孩召入宫中，从此开始了小女孩的宫廷生活。

小女孩在宫廷的起点很低，职称为"才人"。在后宫中，"才人"是什么级别呢?

按照唐朝规定，皇帝的嫡妻叫皇后，在皇后之下，为妃嫔，妃嫔也分等级，而且每个等级有编制限制。第一等叫妃，编制四人，一品；妃之下为二品的嫔，编制九人；嫔之下，为婕好，编制九人，三品；婕好之下是四品的美人，编制也是九人；再往下为第五品的才人，编制还是九人。

由此可见，才人与皇后差了整整五级，差距之大，如同村长与总统的区别，看着也挺近，走起来却挺远。

小女孩在历史上没有留下最初的名字，她的名字都是后来取的，李世民叫她"武媚娘"，她自己称自己"武曌"，她的儿子追认她为"则天大圣皇后"，因此后世的人们都叫她"武则天"。

那么我们到底应该叫她什么呢? 从尊重人权的角度看，应该称她为"武曌"。

说起来武曌的老爹武士彟也是唐朝的有功之臣，而且属于开国那一拨，李渊敕封的十四位"太原元谋勋效者"，武士彟就是其中的一个。

武士彟原本是一个木材商人，在隋炀帝杨广大兴土木的年代发了一大笔财。然而苦于当时商人的社会地位低下，武士彟在积累了一些财富之后就从商人转型成了一名军人，由于他有钱，所以他当兵一起步就从鹰扬府队正当起。鹰扬府队正是隋朝府兵制体系下所有常任军官中最低级的官员，管五十个人，比现在的排长大，比连长小，约等于副连长。

本来武副连长的生活与李渊的生活也没有什么交集，没想到，到隋炀帝大业十一年（615 年），两人有了第一次见面的机会。李渊奉命平叛，正好路过武士彟当鹰扬府队正的地方，两人相见甚欢，很快成了无话不谈的朋友。

又过了两年，也就是大业十三年，这一年李渊出任太原留守，顺便就提拔武副连长做了行军司铠，掌管武器兵仗。

别看武士彟只是一个掌管武器兵仗的小官，在关键的时候还替李渊挡了不少事。当时李渊以平定叛乱的名义召集了一些人马，并且把这些人马交给了刘弘基和长孙顺德这两个跟政府毫不相干的人管理，李渊的副手王威、高君雅感觉事情蹊跷，想要调查，结果愣是让武士彟给忽悠过去了。武士彟说："长孙顺德他们都是李渊的宾客，如果调查他们就等于怀疑李渊，不给他面子，以后

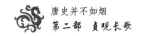
上下级关系还怎么处呢?"

王威和高君雅智商也不高,顺着武士彠的思路一想,也有道理,混乱时期当有非常之法,不妨就让长孙顺德他们先带着吧。

武士彠刚把王威他们安抚住,留守司兵田德平又跳了出来,他也觉得长孙顺德有问题,想建议王威深入调查,结果也让武士彠给按住了:"你懂什么?剿匪的军队一向是李渊负总责,王威他们就是随从,让二把手调查一把手,亏你想得出来!"

经过武士彠两次忽悠,李渊为最后的起事赢得了宝贵的时间,而在这期间,武士彠看出了李渊这个潜力股升值空间无限,索性把全部家产都捐了出来用于晋阳起兵,最后的事实证明,他的宝押对了!

唐朝开国之后,武士彠经过几次升迁,出任过工部尚书,还出任过荆州都督,总之在李渊心中,这是一个有分量的人。

历史总是充满着惊人的巧合,说起来,武曌这个唐朝杀手与李渊还有着千丝万缕的关系,如果不是李渊热心给武士彠做媒,或许历史上就没有武曌这个人。

武德年间,武士彠的原配妻子去世了,因为武士彠的工作表现很出色,让李渊这个上司很感动,李渊说:"此人忠节有余,去年儿夭,今日妇亡,相去非遥,未常言及,遗身徇国,举无与比!"

为了表彰武士彠这个工作狂,李渊热心给武士彠做起了媒,寻来寻去,寻到了隋朝四贵之一观王杨雄的侄女,杨达的女儿,典型的名门望族,前朝的金枝玉叶。美中不足的是,此时的杨小姐已经芳龄四十四了,究竟是一婚还是二婚,甚至三婚都搞不清楚了。武曌自己的说法是这样的:起初杨小姐是坚定的独身主义者,四十四岁这一年遇到了武士彠先生,两人一见钟情,于是杨小姐改变独身的想法投入了武士彠的怀抱。

一婚也好,二婚也罢,总之四十四岁的杨小姐嫁给武士彠之后展示出很强的生育能力,一连为武士彠生下了三个千金,老大长大后嫁给了贺兰氏,老三后来嫁给了姓郭的,老二后来嫁给了姓李的,老李和小李,不用说,老二就是武曌小姐。从因果的角度论,正是热心的李渊促成了武士彠与杨小姐的婚姻,也正是武士彠与杨小姐生育出大唐的杀手——武曌!(对于这一段,史家有争论,有人认为李渊帮武士彠找媳妇这一段是武则天后来自己编的。)

前人栽树，后人乘凉，爷爷挖坑，孙子陷落，倒霉催的！

贞观九年，李渊病逝，得知旧主去世的消息后，武士彟悲痛成疾，在同一年也去世了。李渊和武士彟不会想到，在他们的身后，李氏与武氏居然成为仇家，他们更不会想到，武士彟居然也当上了皇帝——在死后五十三年后被女儿追封为皇帝！

这下就乱了套了，如果武士彟被视为皇帝，那么李渊往哪里摆？李世民往哪里摆？所以说中国历史上的一些追封没法细论，一细论就说不通了。

贞观十一年，李世民为李家与武家的未来关系走向埋下了一个伏笔。这一年，李世民将貌美如花的武曌召入宫中，二十年后，当年的女孩将屠刀指向了李氏皇族，李氏皇族的黑暗时代随即到来。

贞观十一年，大唐的天空晴朗无比，在晴朗的天空下，武曌满怀期待走进了大唐皇宫，在这里她逐步升级自己的人生理想，在这里她成了很多人的深仇。她的仇人名单很长，这个长长的名单包括李氏皇族，包括长孙一脉，包括褚遂良，包括李世勣，包括诸多武德、贞观两朝的重臣以及后裔。

一切一切的仇恨，起源于贞观十一年！

第十一章　人生最高处

小试牛刀

孔子说，登东山而小鲁，登泰山而小天下。意思是说，登上东山之后就会觉得鲁国很小，登上泰山之后，就会发现原来天下也很小。

你不得不佩服孔子的智慧，他在不知不觉中已经提炼出人生的真谛，无论是东山也好，泰山也罢，其实归结起来就可以得出一句话：人的一生何尝不是在登山！

李世民的一生是在登山，李靖的一生是在登山，侯君集的一生也是在登山，李世民成功了，他登到了山峰最高处，李靖也成功了，他登到了为将者的最高峰，然后他戛然而止，闹市隐居。相比于李靖，侯君集的登山只有起点，没有终点，生命不息，登山不止，贞观十二年，侯君集迎来了又一次登山的机会，山的名字叫吐蕃！

吐蕃为什么会成为侯君集要征服的山头呢？这还要从一次失败的求婚说起！

吐蕃，在长安以西八千里，两汉时期是西羌的聚集地，至于吐蕃是从哪里来的，没有人能说清楚。据推测，可能是南凉秃发利鹿孤之后，经过发展，利鹿孤之子樊尼开始建国，同时改姓为窣勃野，以秃发为国号，后来因为秃发与吐蕃音相近，经过口口相传，秃发就慢慢演变成了吐蕃。

由于吐蕃与中原之间还隔着诸多羌族居住区，因此从周到隋，吐蕃与中原政权一直没有交往，到了贞观八年，吐蕃终于与唐朝搭上了线。

贞观八年，吐蕃国王（吐蕃人称国王为赞普）松赞干布派使节到长安朝贡，从此吐蕃与唐朝建立了联系，从此也开始了吐蕃与唐朝的长期恩怨纠葛。

对于吐蕃的朝贡，李世民自然很开心，从他称帝以来，大唐四周的国家纷纷前来朝拜，万国来朝之势不可阻挡，现在又多了一个八千里外的吐蕃，自然多多益善。

然而李世民没有想到，就在这次例行公事的回访中，居然牵扯出大唐与吐蕃的婚姻纠葛。

代表李世民回访的使节是冯德遐，冯德遐的到来让松赞干布非常开心，宾主相见甚欢。可能是喝酒喝大了，冯德遐的话也就多了起来，扯着扯着就扯到了公主和亲的话题上，冯德遐告诉松赞干布，东突厥和吐谷浑可汗都娶过大唐公主，从辈分上论他们都是大唐的女婿。

言者无心，听者有意，听着听着，松赞干布动了心，东突厥和吐谷浑能娶，我吐蕃国王为什么不能娶呢？差啥啊？不差钱啊！

数月后，冯德遐回到长安复命，与他同行的还有吐蕃的使节，使节此行的任务很简单，求婚！

求婚的请求刚一提出，李世民的头就大了，刚开始朝贡就惦记上大唐的公主了，成何体统？况且吐蕃离长安八千余里，又有哪个公主愿意去呢？

于是李世民干净利落地回复吐蕃使者：不许！

这样吐蕃第一次兴冲冲的求婚就失败了，国王松赞干布郁闷不已。

在松赞干布郁闷的同时，出使大唐的吐蕃使节还在掩饰自己的出师不利，这一掩饰就把吐谷浑当成了替罪羊。使节说道："初至大国，待我甚厚，许嫁公主。会吐谷浑王入朝，有相离间，由是礼薄，遂不许嫁。"

明明是李世民当场回绝了使节的请求，到现在却变成了因为吐谷浑离间才回绝请求，如此一来使节没责任了，吐谷浑责任大了！

是可忍孰不可忍，叔能忍婶也不能忍，不收拾吐谷浑简直没有天理了。

郁闷的松赞干布随即发兵攻打吐谷浑，向来不善战只会跑的吐谷浑延续了自己的传统，一击即溃，一打就跑，一跑就跑到了青海湖上，打不起，躲得起！

吐谷浑跑了，松赞干布的火气还没消，他要把在长安丢的面子给找回来。随即松赞干布调转兵锋，把矛头指向了唐朝的边境松州（今四川省松潘县），这一次他率军二十万抵达了松州西境，同时又派出使节携带金银绸缎前往长安，再次求婚！

见过死心眼的，没见过这么死心眼的！

死心眼的松赞干布不仅派出求婚使节，同时还对自己的部属宣布：若大国不嫁公主与我，即当入寇！意思是说，如果唐朝不嫁公主给我，咱就跟他们死磕！

松赞干布摆出一副志在必得的架势，明白人知道这是求婚，不明白的还以为是武装抢亲！

求婚也好，武装抢亲也罢，事实上到现在为止，唐朝都没把松赞干布当回事。松州都督韩威更是没把松赞干布放在眼里，只带了几个骑兵就出来侦察敌情，结果这次轻敌让韩威几乎付出生命的代价。

吐蕃国尽管没有文字，还停留在结绳记事的地步，但是这并不影响他们骁勇善战，给松州都督韩威上了生动一课：轻敌是要付出代价的。

遭遇痛击的韩威勉强逃回了松州城，紧闭城门坚守不战，同时上疏李世民：不好，吐蕃大军压境！

到这个时候，李世民才明白，原来上次回绝求婚真的伤了松赞干布的心，看来当时回绝得有点急了。不过朕不给，他也不能抢啊，太子尚且如此，何况他一个吐蕃国王呢？

三天不打，上房揭瓦，打！

李世民一声令下，侯君集迎来了那个叫吐蕃的山头，这一次他负责带兵出征，打一打吐蕃的嚣张气焰，省得他们在边境乱跳！

按照李世民的部署，吏部尚书侯君集为当弥道行营大总管，右领军大将军执失思力为白兰道行军总管，左武卫将军牛进达为阔水道行军总管，右领军将军刘兰为洮河道行军总管，全军总计五万，出征松州。

出征路上，侯君集摩拳擦掌，这一次他作为行营大总管，指挥雄兵五万，按照他的设想，一定要把吐蕃打得满地找牙，最好深入八千里，打到吐蕃的老窝去。

然而侯君集万万没有想到，吐蕃居然那么不经打！

贞观十一年九月六日，左武卫将军牛进达抵达松州城下，此时吐蕃军队已经围攻松州十余天了，气焰不是一般的嚣张。

牛进达远远地看了看吐蕃军队的大营，嘴角露出不易察觉的微笑，在他的心中已经写下了两个字：夜袭！

夜袭在《三国演义》里都已经被玩滥了，可拿出来对付吐蕃军队已经足够了。想想一个结绳记事的王国能有多少谋略呢？在那时的吐蕃，小学毕业的中原学生就可以当吐蕃的国师，所以说，知识就是力量！

当夜，牛进达的队伍袭击了吐蕃军大营，极尽杀人放火之能事，当场斩杀一千多人，白色恐怖就此笼罩在二十万吐蕃大军的头上，原来唐朝不好惹啊，再这么下去唐朝可要不高兴了！

松赞干布虽然不识字，但他也知道好汉不吃眼前亏，随即集合队伍，紧急撤退，没等侯君集抵达前线，吐蕃二十万大军已经远离唐朝边境，胜利大逃亡了！

然而事情并没有就此结束，撤退的松赞干布又一次向唐朝派出了使节，除了谢罪之外，又提出了一个请求：求皇上赐婚！

看来松赞干布真是吃了秤砣，还没少吃！

再次接到松赞干布的请求，李世民笑了，看来这个吐蕃国王还很执着，精神可嘉！赐婚就赐婚吧，难得他如此执着。

这一次李世民当面应允了吐蕃使节，吐蕃与唐朝的联姻就此拉开了序幕。不过这次联姻拖的时间比较长，贞观十二年李世民应允了这门亲事，贞观十五年皇族宗女文成公主才踏上了前往吐蕃的路。现在有了青藏线，从北京到拉萨，也不过四十八个小时，然而那时唐朝，交通基本靠走，而且走走停停，文成公主进吐蕃走了多长时间？不多，两年！

求婚成功了，吐蕃大军也撤退了，所有的人都很高兴，除了侯君集。作为战将，他是渴望战争的，可这一次，雷声大，雨点小，他还没来得及拔出剑来，敌人已经跑了，而且他还不能追，这仗打得，憋屈！

失落的侯君集不断地擦拭着自己的宝剑，他在期待着下一次亮剑的机会。

一年后，侯君集终于等到了亮剑的机会，这次山头的名字叫高昌！

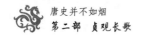
灭国高昌

高昌国，位于今新疆吐鲁番市东南，至今那里还有高昌国旧址。高昌在汉代时是车师国的王庭，距离长安四千三百里，属下总共有二十一个城市，除了高昌城，另有两个比较大的城市，一个叫交河城，王庭所在地，另一个叫田地城，校尉城所在地。

总体而言，高昌国的生存环境非常不错，土地肥沃，谷麦一年两熟，远远高于中原地区的一年一熟。在农业立国的朝代，粮食就是生产力，有着一年两熟优势的高昌自然就有了骄傲的资本。

高昌骄傲的还不只是谷麦一年两熟，他们还有葡萄酒。唐诗有云，葡萄美酒夜光杯，欲饮琵琶马上催。诗里的葡萄美酒可能就来自高昌。另外高昌还有一种神奇的草，草的名字叫白叠，高昌人采集这种草开出的花，然后就能织成布，这布如果放到现在，那就是纯天然绿色无污染的天价布了，卖多少钱都不算多！

说起来，高昌与中原政权的关系原本还是很不错的，隋朝时两国交往甚密，隋炀帝还做主将宇文氏女封为华荣公主嫁给了当时的高昌国王麴伯雅，杨广征辽东时还带着麴伯雅一同亲临前线观战，关系不是一般的好！

即使李渊以唐代隋之后，高昌与唐的关系也很不错，麴伯雅死时，继任的麴文泰还遣使报丧，李渊还派出使节专程前往吊唁。武德七年，麴文泰还为唐朝的动物发展做了一把贡献，他给李渊送来了一雄一雌两只宠物狗，名曰"拂菻犬"。拂菻就是当时的东罗马帝国，拂菻犬是在当地极受妓女和贵妇宠爱的宠物狗，麴文泰送给李渊的这一对，身高六寸，身长一尺，性甚慧，与现在的京巴狗相似，能曳马衔烛，中国有拂菻犬由此开始。

高昌与唐朝的友好关系一直延续到贞观四年，那一年，麴文泰前往长安朝拜，受到李世民的热烈欢迎。临走前他的妻子宇文氏还请求进入皇族宗谱，李世民大笔一挥，赐姓李氏，封常乐公主，给足了麴文泰面子，高昌与唐朝的关系达到了历史的顶峰。

然而按照历史规律，顶峰过后一般就是下坡路，高昌与唐朝的关系不可避免也落入了这个俗套，很快，两国的关系就开始走下坡路，主要原因是麴文泰变卦了。

麴文泰变卦的主要原因是长安离高昌太远了，四千三百里的距离让麴文泰产生了"山高皇帝远"的错觉。更何况，离高昌不远还有一个不消停的西突厥，时间一长，外交形势就发生了变化，以前的高昌亲唐，现在的高昌亲西突厥，朋友也就在慢慢的演变中变成了敌人。

没有永远的朋友，也没有永远的敌人，只有永远的利益纠葛！

在高昌从朋友变成敌人之后，西戎诸国与唐朝的联系就被生生切断了，这些国家想到长安朝贡都必须途经高昌，而现在高昌在国境内修起了收费站，光收钱不放行，一句话，此路不通。

切断西戎诸国朝贡的道路已经足以让李世民愤怒，接着麴文泰又做了一件傻事。

高昌有个邻国叫伊吾国，原本臣属于东突厥，东突厥灭亡之后，伊吾就臣属了唐朝，本来这件事与高昌没有任何关系，可经高昌与西突厥一商议，幺蛾子就来了。麴文泰竟然与西突厥统叶护可汗一起打起了伊吾国的主意，计划两国联合攻打，战后一起瓜分。

世上没有不透风的墙，高昌与西突厥的馊点子很快就被伊吾知晓了，然后火速报告给了李世民。这一下李世民的火大了，一纸诏书把麴文泰训得狗血喷头，同时责令麴文泰的下属阿史那矩入朝，共同商议两国双边关系。

然而出乎李世民意料的是，麴文泰居然学会了阳奉阴违，明明李世民征召阿史那矩入朝，麴文泰居然扣住阿史那矩不放，只派出长史麴雍来长安凑数。

这孩子没救了！

没救的孩子麴文泰在没救的道路上越走越远，直到无可救药。

隋朝末年天下大乱时，中原很多百姓投奔了东突厥，等到东突厥灭亡之后，这些中原百姓有的又投奔了高昌，麴文泰就扣留下这些百姓为高昌所用。等到李世民照会麴文泰遣返时，麴文泰两手一推六二五，四个字，"查无此人"！

不久，麴文泰又出了幺蛾子，居然联合西突厥攻打了臣属唐朝的焉耆国，一下子攻下了三个城市，掠走了城中的男女老少，生生让人家改了国籍。受了欺负的焉耆国王紧急上疏李世民：老大，麴文泰他又欺负我了！

麴文泰的劣迹就这样一笔笔在李世民的心中存了档，上了账，用不了多久，就会——清算！

贞观十三年，李世民开始清算高昌国麴文泰的劣迹，在他看来，这个孩子

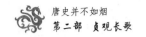
不是该打，而是该死了！

劣迹一：数年不往长安朝贡，没有藩臣之礼，居然在本国内设置与唐朝一模一样的官职体系，癞蛤蟆上公路愣充迷彩小吉普，哪有点藩属国的样子？

劣迹二：贞观十三年岁首，万国来朝，唯独麹文泰不到，据说在国内增高城墙，挖深战壕，准备打仗，不臣之心已经昭然若揭！

劣迹三：面对大唐使臣，出言不逊，居然说："鹰飞于天，雉窜于蒿，猫游于堂，鼠安于穴，各得其所，岂不活耶！"意思是说，老鹰在天上飞，野鸡在草里跑，猫在亭台楼阁上玩耍，老鼠在老鼠洞里自己玩，各有各的天地，谁还不能独立生存啊！言为心声，看来麹文泰确实想甩开唐朝单干了！

劣迹四：西域各国无论想来长安朝贡，还是想来长安贸易，无一例外都被麹文泰扣留了。

劣迹五：对薛延陀汗国挑拨离间，派使节对薛延陀国王说："既自为可汗，与汉天子敌也，何须拜谒其使。"意思是说，你既然是可汗，那么跟唐朝的皇帝是平起平坐的，你还朝拜他干吗？

综合以上五点，李世民总结陈词：事人阙礼，离间邻好，恶而不诛，善者何劝？明年，当发兵马以击尔。

自此，攻打高昌进入倒计时，等待倒霉孩子麹文泰的是要么赶快认错，要么准备收尸，倒霉孩子会选哪一样呢？

倒霉孩子居然两样都不选！

正式出击高昌之前，李世民准备给麹文泰最后一次机会，再次下诏，征之入朝，如果麹文泰就坡下驴到长安认错，一切还能挽回，然而麹文泰再次拒绝了李世民的好意，给了李世民一个冷冰冰的回复：抱歉，我有病去不了！

给脸不要脸，蹬鼻子上脸！

贞观十三年十二月四日，李世民正式下诏，命吏部尚书侯君集为交河道大总管，率左屯卫大将军薛万均及突厥、契苾之众，步骑数万出征高昌，高昌之战由此开始。

对于这场战争，很多人并不看好，此去征战高昌，天高路远，途经沙漠，四千三百里用兵，恐难得志，即便得胜，又离长安四千三百里，驻守也难。然而即使公卿近臣不断上书，李世民坚决不听，在他看来，高昌不除，国无宁日，高昌不除，万国来朝就会成为空谈。

有困难要打，没困难制造困难也要打！

一个智者，会在事情发生之前洞悉一切蛛丝马迹，然后果断趋避，然而一个弱智者则会对一切蛛丝马迹视而不见，明明身下的柴堆已经着了火，却不停地对自己说，我很好，我现在很好！

相比之下，李世民是智者，麹文泰就是弱智者！

麹文泰为什么如此有恃无恐呢？说白了都是空间距离惹的祸！

高昌距离长安四千三百里，在交通基本靠走的唐代，这个距离用兵难度之大，无法想象，因此麹文泰不无得意地跟左右亲信说："吾往者朝觐，见秦、陇之北，城邑萧条，非复有隋之比。设今伐我，发兵多则粮运不济；若发三万以下，吾能制之。加以碛路艰险，自然疲顿，吾以逸待劳，坐收其弊，何足为忧也？"

麹文泰的算盘打得不可谓不精，在他看来，如果唐朝发兵多，那么必定粮草不济，如果发兵少，那么必定不是高昌的对手，更何况中间还有长达两千里的戈壁荒漠，地无水草，冬风冻寒，夏风如焚。风之所吹，行人多死，一百人结伴而行，如果没有粮草接应必死无疑，更何况是数万大军，就算侥幸能兵临城下，二十天之内必定粮草殆尽，如何能不溃败呢？

然而麹文泰千算万算，却没有想到此次率军远征的居然是吏部尚书侯君集。侯君集是什么人？贞观九年率军穿越两千里无人区、人吃冰马吃雪的大唐名将，高寒的无人区都穿越了，还会怕你高昌的戈壁荒漠吗？

说到底，麹文泰就是一个军事白痴！

战争是什么？战争是矛盾激化的表现形式！

打赢战争靠什么？一靠实力，二靠出其不意！

在别人想不到的时间地点出现，就叫出其不意。

贞观十四年八月，侯君集率领的唐朝远征军在距离高昌不远的沙漠口出现，麹文泰认为最不可能发生的事情真的发生了。侯君集率领的唐朝大军已经犹如天兵天将出现在高昌的国境线上，还有比这个更出其不意的结果吗？

黑云压城，兵临城下，高昌国上下都将目光集中在国王麹文泰身上。他们相信，既然国王有本事挑衅，那么就一定有本事化解，一定会带领高昌度过这次战争危机。

事实证明，麹文泰确实有本事，他真的躲过了这次危机，侯君集拿他还没

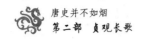

什么办法。

躲过战争危机的只有麴文泰一个人，在得知侯君集大军压境之后，麴文泰忧愁过度却又无计可施，眼睛一闭不睁，这一辈子就这么过去了，居然被唐朝大军活活给愁死了！

卖白粉的架势，卖白菜的胆！

挑衅了一辈子的麴文泰以愁死的方式结束了自己的一生，同时把高昌国的乱摊子留给了自己的儿子麴智盛。老子作孽儿子扛，真是作孽！

麴智盛在老爹麴文泰死后，火线就任高昌国第十六任国王，他的命可比老爹苦多了，一上任就背上了炸药包，导火索还不在他的手上，偏偏就在侯君集的手上。

侯君集率军抵达高昌国的柳谷时听说了麴文泰的死讯，同时听说高昌国的贵族们将云集高昌城为麴文泰发丧，属下将领当即请示，是否立刻包围高昌城？

直取高昌城，侯君集何尝不想？然而侯君集更清楚远征高昌的目的所在，吊民伐罪是远征的目标之一，终极目标却是借此扬大国军威，大国军队就要有大国的风度。

侯君集尽管读书不多，但他也知道"礼不伐丧"，袭人于墟墓之间，非问罪之师也，这是大唐军队的风度，也是侯君集的风度。

侯君集随即令旗一挥，擂动战鼓，向西直扑田地城，这个田地城就是远征高昌的第一个靶子，打下它，让高昌人有个害怕的样本。

田地城下，侯君集先礼后兵，先是例行公事的劝降，结果得到了意料之中的拒绝。侯君集心里清楚，这个国家跟国王一样，给脸不要脸，那就给他们点颜色看看吧！

第二天拂晓，侯君集的远征军发动攻击，正如他所预计的那样，仅仅半天时间，田地城告破，城内男女老少七千余人全部被俘。

当夜，侯君集命中郎将辛獠儿为前锋向高昌城进发，就在高昌城下击败高昌军队，随即侯君集率远征军主力抵达高昌城下，在城下安营扎寨。

城外侯君集大军压城，城内继任国王的麴智盛惶恐不安，他知道自己的日子已经不能论天过了，而是要论秒数了，但是他还想最后努力一次，壮着胆子给侯君集写了一封求饶信："有罪于天子者，先王也。天罚所加，身已丧背。

智盛袭位未几，不知所以愆阙，冀尚书哀怜。"意思说，得罪大唐天子的是我爹，他已经遭天谴，挂掉了，我刚继位没几天，可没得罪天子啊，尚书大人可怜可怜吧！

接到这封求饶信，侯君集笑了，这孩子，难道不知道"父债子还"吗？就算求饶，也得拿出点诚意啊！

侯君集很快给麹智盛回了封信："若能悔祸，宜束手军门！"

要么出来投降，要么缩头挨打！

倒霉孩子麹智盛选择了后者！

麹智盛选择后者是有原因的，因为他知道高昌城城高壕深，老爹在挑衅唐朝的同时没少在战备上下功夫，就凭几万孤军深入的唐军，你又能奈我何？难道高昌城的城高壕深都是摆设不成？

高昌城的城高壕深不是摆设，只可惜它遇到了有备而来的侯君集。

此次远征高昌，粮草没有保障，援军没有保障，唯独攻城是有保障的。本着速战速决的目的，李世民帮侯君集调集了大批攻城能手，高精尖攻城装备一应俱全，不怕城墙高，就怕没城墙！

很快，躲在城中的麹智盛就看到了科技的力量。侯君集一声令下，唐军开始抬土填高昌城外的战壕，因为早有准备，战壕很快被填平了，沟没了，一马平川！

就在麹智盛哀叹的同时，让他更哀叹的物件出现了，抛石车！

抛石车在高昌城外一字排开，在统一指挥下，无数石头飞进了高昌城，可以想象一下，一座孤城，在漫天飞石的攻击之下，还有比这更恐怖的吗？

事实证明，有！

在抛石车一旁，唐军很快矗立起一座高楼，这座楼也不算高，十丈而已，约合三十余米。在这座观察楼上，高昌城被一览无余，很快，这个观察楼就发挥了作用。

"一号抛石车向左偏一点，那边有几个小楼可以砸！"

"二号抛石车向右偏一点，那边出来了几个人！"

这日子没法过了！

到了这个时候，麹智盛还不想投降，并不是唐军的石头雨不可怕，而是他的心中还有念想，这个念想就是西突厥。

原本在麴文泰向唐朝挑衅之前，高昌与西突厥就签订了友好同盟条约，双方约定，一旦一方受到第三国攻击，另一方有救援的义务。麴智盛之所以在石头雨中死扛，就是在等待西突厥的救援，只要救援一到，里应外合，孤军深入的唐军只有一条路可走，那就是崩溃！

事实上，西突厥人确实遵守了约定，在得知唐军远征之后，西突厥可汗阿史那薄布就派出一名亲王进驻到可汗浮图城（今新疆吉木萨尔县），以作声援。

得到声援的麴智盛由此壮着胆子在高昌城里当缩头乌龟，等待着西突厥盟友前来救援，令他万万没有想到的是，在关键的时刻，西突厥盟友居然掉链子了！

西突厥盟友的掉链子是从上至下的，首先掉链子的是可汗阿史那薄布。在听说侯君集率领的唐军来势凶猛之后，阿史那薄布内心居然充满了恐惧，本着"不挨打就是福"的宗旨，向西连退一千里，人家溜了！

领导都掉链子了，下属就更没指望了，驻防可汗浮图城的西突厥亲王也受到了可汗的传染，恐惧过度，连逃跑都省了，就地向唐军投降！

这下就把麴智盛一个人搁里面了！

援军没指望了，漫天的石头雨没有停的时候，要么继续在石头雨中当忍者神龟直到高昌城变成一座石头坟，要么就是乖乖出城投降，二选一，自己选！

事情到了这个时候已经没得选了，继任没几天的麴智盛终于品味出一个成语：走投无路！没办法，父债子还，老子麴文泰已经挂了，剩下的债只能由儿子麴智盛埋单了！

贞观十四年八月八日，高昌国末代国王麴智盛打开城门向侯君集投降，立国一百八十一年的高昌国就此灭亡，他们也成为被侯君集踩在脚下的山头！

此后侯君集派兵四处夺城，共接收城池二十一座，八千零四十六户，一万七千余人，土地面积东西八百里，南北五百里，高昌国领域全部并入唐朝版图。

对于高昌国并入唐朝版图，老杠头魏征是有不同意见的，他认为在高昌国故地设立州县得不偿失，白白浪费军力，劳民伤财，所谓散有用而事无用，未见其可。

其实，在我看来，魏征的确是浪得虚名，是后世的人把他抬得太高了。在高昌国设立州县并非李世民贪图高昌领土，而是地缘政治的需要。在高昌设立州县，派兵驻守，这就打开了通往西域的大门，为后来唐朝征服中亚打下基础，同时保证了丝绸之路的畅通，更重要的是，还可以以此为据点，牵制对唐朝虎视眈眈的西突厥。

于是，李世民压下魏征的上疏，将高昌国故地改称西州，在可汗浮图城设立庭州，在交河城（今新疆吐鲁番市）设立安西都护府，这就是历史上安西都护府的由来！

这时，唐朝版图东及东海，西至焉耆（今新疆焉耆县），南尽林邑（今越南中部），北抵瀚海沙漠，皆为州县，东西九千五百一十里，南北一万九百一十八里。

与此同时，得胜将军侯君集率军东返，押解高昌国王麴智盛以及高昌文武百官前往长安，此时的侯君集春风得意，盖世无双，从武德九年的玄武门之变，到西征吐谷浑，再到远征高昌，侯君集不断在唐朝的功劳簿上写下自己的名字。

相比于李靖，他是玄武门之变的核心功臣；相比于尉迟敬德，他在贞观年间不断积累着赫赫战功。经过吐谷浑、高昌之战，他已经成为比肩李靖、李世勣的大唐名将，然而李靖已老，李世勣牢牢地钉在并州防范突厥人的前线，天下之大，数大唐名将，舍我其谁？

高处不胜寒

贞观十四年十二月五日，侯君集的戎马生涯达到最高峰！

这一天，侯君集在观德殿呈献远征军俘虏，麴智盛和他的文武百官就是他献给李世民的投名状。这次盛大的献俘是继贞观四年之后的又一次盛大仪式，上一次献俘的主角是李靖，他的投名状是颉利可汗，而这一次献俘的主角无疑就是侯君集。

论起来，侯君集其实还有一次献俘机会，那就是平定吐谷浑之战。可惜那一次战果不够完美，吐谷浑可汗身死，而且李世民很快允许吐谷浑恢复建国，所以即使李靖和侯君集想献俘也没得献，总得留下吐谷浑的文武百官参加国家

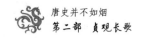

重建的重大工程。

无疑，侯君集是幸运的，他遇上了高昌这个山头，于是他去了，他看到了，他征服了！

在献俘仪式之后，李世民举行了盛大的凯旋庆功宴，同时下令天下百姓饮酒吃肉庆祝三天，举国同庆高昌之战大获成功。

庆功的酒格外甜美，庆功的肉分外飘香，在盛大的庆功氛围中，侯君集醉了，酒不醉人人自醉，心醉！

如果世界上有一种酒叫醉生梦死，那么侯君集一定会买上很多坛，在酒里他可以长久地活在戎马生涯的最高峰，在酒里他可以长久地保持得胜之后的幸福感。

可惜，酒可以醉，梦总要醒！

就在庆功宴召开数天之后，侯君集遭到了有史以来最严重的弹劾：攻取高昌国时，私取奇珍异宝，属下大肆劫掠，侯君集竟无法阻止！

又是战后劫掠，又是事后被弹劾，李靖平定东突厥之后曾经有此经历，现在轮到了侯君集。

战后劫掠本身就是一把双刃剑，从国际公约看，战后劫掠不人道，而从士兵九死一生来看，不允许战后劫掠同样不人道。战争与历史紧密相连，割裂历史谈战争道德根本就是空谈，在冷兵器时代，战后劫掠就是人所共知的"潜规则"，就连唐朝后来跟回纥借兵平叛也同样开出条件：土地人口归唐朝，金银财宝归回纥，说白了以"战后劫掠"作为出兵的回报！

现在侯君集也被"战后劫掠"击中，也冤，也不冤！

说他冤，是因为不如此不足以激励士气，说他不冤，是因为他公私兼顾，个人也没少捞。现在难题摆在了李世民面前，你该怎么办？

凉拌！下到大狱再说！

从长安到高昌，侯君集走了几个月，从庆功宴到深牢大狱，侯君集走了居然不到十天！侯君集的人生最高峰不过区区十天！

此时的侯君集开始在心中盘算，等待自己的将是什么呢？是跟李靖一样的免责，还是跟隋朝史万岁一样惨死的结局呢？

侯君集在思考，李世民在思考，中书侍郎岑文本也在思考，最后岑文本的上疏挽救了侯君集。

岑文本的上疏说道，侯君集凯旋不到十天就被下到大狱，固然是因为侯君集自己犯错，但天下人会疑心皇帝只记其过，不记其功。况且命将出师，主于克敌，苟能克敌，虽贪可赏；若其败绩，虽廉可诛。是以汉之李广利、陈汤，晋之王浚，隋之韩劲虎，皆负罪谴，然而都因为有功，咸受封赏。

岑文本最后几句话彻底挽救了侯君集，这几句话是这样说的："伏愿录其微劳，忘其大过，使君集重升朝列，复备驱驰，虽非清贞之臣，犹得贪愚之将，斯则陛下虽屈法而德弥显，君集等虽蒙宥而过更彰矣。"

看明白了吧，写奏疏要有技巧，劝人要会劝，岑文本就是很会劝人的人，他把落脚点落在了李世民身上，"陛下虽屈法而德弥显"，意思是说皇上您虽然一定程度上违背了法律的精神，但天下人都会记得您的仁德，"君集等虽蒙宥而过更彰矣"，侯君集虽然逃过法律制裁得到宽恕，可他的过失更彰显，全天下都知道！

话说到了这个份上，算是说到了李世民的心坎里，如此一抓一放，既惩戒了侯君集又放过了侯君集，同时又向天下显示天子仁德。一抓一放，皆是文章，为天子者，没有点手腕是不行的，当领导的，没有点技巧也是不成的。

李世民的"一抓一放"弹指一挥间，然而给侯君集的心里留下了永远的阴影：爬了半辈子山以为到了顶峰，没想到一夜之间就坠落到山谷，打了一辈子仗以为可以扬眉吐气，却没想到一夜之间就身陷大狱，所谓顶峰，所谓荣光，难道原本就是一场空？

山登绝顶，海到天边，贞观十四年十二月，侯君集的人生迎来了一道坎。迈过这道坎，或许他可以比肩李靖，成为近乎完美的历史名将，迈不过去，他就只是让历史一声叹息的悲剧人物。

2009 年香港金像奖颁奖礼上，多年半紫不红的张家辉终于问鼎金像奖影帝，一位影评人作了如此评价：香港的电影人如同在鲨鱼经常出没的海湾里游泳，如果你能成功游到对岸，那么你就是张家辉；如果你不能游到对岸，而是被鲨鱼吃掉，那么你就是路人甲！

李靖与侯君集，一个是张家辉，一个是路人甲！

尽管历史容不得假设，但我还是禁不住假设：

如果贞观十四年的侯君集能够效仿李靖，效仿尉迟敬德，效仿远在西汉的张良，以退为进，闹市隐居，那么侯君集的人生轨迹是否会改写呢？

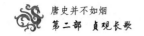
可惜，历史容不得假设，性格决定命运，侯君集的性格注定，他的悲剧命运早已写好，不可改变！

君子立功，守以谦冲；小人得位，足为身害，侯君集并非小人，可惜他离君子还差半步！

第十二章　危险关系

禅让伪装

世界上有一种关系血浓于水，有一种关系你死我活，这种复杂的关系就是皇帝的父子关系！

李渊和李世民的父子关系也没能免俗，他们的关系随着李渊登上皇位之后落入了既定的俗套。这种俗套的关系曾经存在于隋文帝杨坚与隋炀帝杨广之间，也存在于隋炀帝杨广与次子杨暕之间，当时一旁冷眼旁观的李渊以为自己可以躲开这个俗套，却没想到，躲了半天，还是没躲开，事实上也根本躲不开。

说起来，李渊和李世民父子还是通过禅让进行权力交接的，只不过禅让仪式没有隆重举行而已。在中国历史上，如果把权力"让"给外姓叫外禅，也就是我们通常所说的禅让，而像李渊这样把权力"让"给同姓血亲就叫内禅，而让出权力的人就叫太上皇。

唐朝是个非常有意思的朝代，一大特点，太上皇非常多，李渊做过太上皇，李旦做过太上皇，李隆基做过太上皇，唐顺宗也做过太上皇，一个朝代居然出了四个太上皇！

在我看米，所谓禅让，其实就是权臣夺权的美丽伪装，冠上"禅让"之名，一切就不那么赤裸裸。事实上，无论怎样伪装，都推不倒一个事实：在权

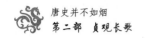

力一元化的时代，没有人愿意将自己的权杖拱手让人！

尧禅让给舜，舜禅让给禹，一切看上去很美，却早被韩非子一语点破："舜逼尧，禹逼舜，汤放桀，武王伐纣，此四王者，人臣弑其君者也！"

同韩非子一样，荀子、孟子皆对"禅让"嗤之以鼻。

有人问荀子："尧舜禅让的事，是真的吗？"

荀子回答道："怎么会有这样的事情发生呢？所谓的禅让是肤浅的人们的传闻，粗俗的人们的解说，天子职位最高，权势最大，有谁肯让位呢？"

有人问孟子："尧把帝位给了舜，这件事是真的吗？"

孟子说："根本没有这回事，天子不可能把帝位让给他人。"

一针见血！

这就是禅让，中国历史上津津乐道的禅让，李渊是禅让的受益者，同时也是禅让的受害者。

武德元年，他逼迫隋恭帝杨侑将皇位禅让给自己，从辈分上论，他是杨侑的姨姥爷，他跟杨侑的亲爷爷杨广是货真价实的表兄弟。

武德九年，命运的天平转向，这一次被逼禅让皇位的成了李渊自己，从辈分上论，他是李世民的亲爸爸，如假包换的亲爸爸！

麻将桌上无长幼，皇权面前无父子，在一番挣扎之后，李渊就从皇帝变成了太上皇。

著名导演陆川曾经说过，谁说副导演是导演，我跟谁急；他当过副导演，他知道那玩意到底是不是导演！

李渊同样也要说，谁说太上皇是皇帝，我跟谁急；他当过太上皇，他知道那玩意是不是皇帝！

武德九年八月之后，太上皇李渊的政治生命已经结束了，他身上只剩下一个符号：父亲。扮演好这个角色，你还是太上皇，扮演不好，对不起，谢幕吧！

幸好，在太上皇与皇帝的复杂关系上，李渊和李世民父子都是聪明绝顶的人，父子二人联手为世人奉献出一幕幕家庭和睦、其乐融融的景象。

贞观四年，唐朝军队生擒东突厥颉利可汗，李渊高兴地说道："昔日刘邦被困白登山，事后却不能复仇，今天我儿能消灭突厥，看来我把政权托付对人了，还有什么可担忧的呢？"

这既是李渊的自我安慰，也是向李世民示好！

贞观八年三月，李渊以太上皇的身份宴请西突厥使者于两仪殿，酒酣耳热之际，李渊对长孙无忌说道："当今蛮夷率服，古未尝有。"

灵光的长孙无忌赶紧顺势表态："都是太上皇领导得好，您老万寿无疆！"

李渊大悦，以酒赐李世民，随即李世民端着酒杯向李渊敬酒祝寿，流涕而言曰："百姓获安，四夷咸附，皆奉遵圣旨，岂臣之力！"

甜言，一副不花钱的良药！

同一年，阅武于城西，李渊亲自临视，慰劳凯旋的将士。当夜置酒于未央宫，三品以上官员一起陪同。酒宴上，李渊命突厥颉利可汗起舞，又命南越酋长冯智戴咏诗，继而笑曰："胡、越一家，自古未之有也。"

李世民再次端起酒杯为父亲敬酒祝寿："臣早蒙慈训，教以文道；爰从义旗，平定京邑。重以薛举、武周、世充、建德，皆上禀睿算，幸而克定。三数年间，混一区宇。天慈崇宠，遂蒙重任。今上天垂佑，时和岁阜，被发左衽，并为臣妾。此岂臣智力，皆由上禀圣算。"

这祝酒词说的，能不让太上皇李渊听着舒服？论口才，李世民称第二，没有人可以称第一！

家国不一

家庭和睦，其乐融融，这一切仅仅是在家的层面，只可惜，皇帝将家国捆绑到了一起，在家的方面李世民给足了李渊面子，在国的方面，李世民却根本不给面子！

一般小到一个单位，大到一个国家，新老两任领导交接时，后任总会给前任以高度评价，例行公事，给个面子而已，然而到了李世民这里，连这个面子也不给。

事实证明，李世民不仅没有对李渊的武德年间作出高度评价，甚至给出的是低度评价！

贞观三年，李渊的死党裴寂因未能及时举报妖言惑众的法雅和尚而遭到免职，并被责令回故乡山西蒲州居住，不得居留长安。裴寂请求留在长安，却遭

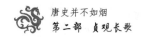
到李世民劈头盖脸地指斥："依你功劳，怎能升到如此高位，只不过受到太上皇宠爱，侥幸排名第一；武德年间贿赂公行，法纪紊乱，毛病都出在你身上。念你是故旧，不做处理，能活着回乡，已算万幸！"

打狗看主人，打狗给主人看！

"武德年间贿赂公行，法纪紊乱"，这就是李世民对武德年间作出的评价，不是高度，绝对是低度。

翻开唐代的相关记载，你会发现，关于武德年间的政绩记载非常稀少，即使有，也要从极不显眼的边边角角的地方查找。关于李渊，记载也相对偏少，以至于李渊的形象是相对模糊的，只记住了他有一个形象丰满的儿子叫李世民，而另外两个叫建成和元吉的顽劣不堪，压根儿不成器！

这一切，根源就来自李世民。

贬低别人，抬高自己，以此证明自己是优秀的，自己继位是合理的，这就是李世民的逻辑，也是中国式的逻辑：因为你糟糕，所以我优秀！

其实在这一点上，我们可以学一学西方的逻辑：因为你优秀，而我比你优秀，所以我更优秀！

抬高了你，更衬托了我！

父子真相

在历史冠冕堂皇的记载中，太上皇李渊在李世民的照顾下生活得很好很幸福，自己也很欣慰，真是这样吗？别看广告，看疗效！

贞观三年，太上皇李渊的死党裴寂被驱逐出长安，起因仅仅是举报不及时，这不是打狗看主人，这是打狗给主人看！

也是在这一年，四月四日，太上皇李渊从一直居住的太极殿迁出，搬到了弘义宫，弘义宫就此改名大安宫，估计是取"安享晚年"之意。

关于太上皇李渊移宫，历史上只有寥寥数笔，多数人不会在意，不就是搬个家吗？然而不只是搬家那么简单。

历史的细节往往反映真相，贞观六年，马周的一封奏疏反映了李世民与李渊父子之间的部分真相。

马周的奏疏中写道：太上皇李渊居住的大安宫在皇城以西，格局规模比李世民的太极殿小得多，地理位置还没有李承乾的太子宫好，而且整体感观上也有缺憾，需要大规模整修了，这样才能满足百姓的期望，彰显皇帝的孝心。

由此可见，太上皇和皇帝确实不一样，皇帝住大殿，太上皇住小殿，百善孝为先，这回李世民没做到！

其实在马周这封奏疏中还反映出一个细节，李世民从贞观五年开始，每年夏天都要去九成宫避暑，而太上皇李渊却只能留在长安"享受"酷热的夏天。在马周上疏之前，李世民没有邀请李渊同往的意思，诏书只表明，朕要去避暑了，有事到避暑山庄找我！

贞观八年，李世民开始邀请李渊一同前往九成宫避暑，然而李渊始终没有答应。

因为他忌讳！

忌讳什么？原来九成宫是在隋文帝杨坚的仁寿宫基础上翻修的，杨坚就驾崩于仁寿宫，作为亲外甥的李渊心中自然有所忌讳。

到这个时候，李世民才想到为李渊在皇城东北建造一座避暑离宫，宫名就叫大明宫。然而一切都晚了，大明宫还没有落成，李渊已经染病卧床，注定无福消受大明宫了。

从宫殿到避暑，都是细节，都是小事，小事和细节却折射出父子关系的尴尬。尽管欢聚一堂时做足了面子，但内心之中必定充满了厚厚的隔膜！

皇帝只有一个，有你没我，无论父子，无论兄弟！

驾　崩

人生就是一出戏，李渊的人生大戏该谢幕了！

贞观九年五月六日，太上皇李渊在长安垂拱殿去世，享年七十岁，死于中风，群臣上谥曰大武皇帝，庙号高祖。

到这时，无论是曾经的辉煌，还是曾经的屈辱，一切都结束了，那个幼年丧父、中年丧妻、晚年丧子的不幸人终于走完了自己的人生路。不知道李渊在最后时刻是否在总结这一辈子，是否会和弘一法师一样得出四个字：悲喜

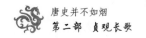
交加！

《旧唐书·高祖本纪》对李渊作出如下评价：高祖审独夫之运去，知新主之勃兴，密运雄图，未伸龙跃。而屈己求可汗之援，卑辞答李密之书，决神机而速若疾雷，驱豪杰而从如偃草。

有此为证，晋阳起兵的谜团便已彻底清楚，说到底，晋阳起兵，李渊是主角，李世民是配角，李唐王朝由李渊开始，由李世民非典型继承！

老爹盖棺定论，李世民长长地出了一口气，九年来与太上皇并肩作战的日子太让人煎熬了，尽管太上皇已经深居简出，但无形中总有掣肘的感觉，别人当皇帝都是一身清爽，自己当皇帝却偏偏多背了一袋面！

现在，一切都结束了，作为儿子，我思念你，作为皇帝，我欢送你，家国合一的感觉实在太糟糕了。家事，国事，分不清，家不是家，国不是国，皇帝需要理的头绪实在太多。

遥想晋阳起兵之前，谁曾想李氏一脉可以君临天下，结果李氏一脉做到了，现在皇权的接力棒已经彻底地从老爹的手上传递到我的手上，我们还要一代一代传递下去，第二代，第三代，直到永远，太行山不是曾经说过：唐国兴，理万年吗？对，一定会！

孝服之下的李世民一方面很悲伤，一方面又如释重负，谢天谢地，太上皇与皇帝的危险关系终于解除了，终于可以做一个纯粹的皇帝了！然而，李世民不会想到，皇家的危险关系没有解除：与太上皇的危险关系是解除了，但没有消失，而是悄悄地转移了！

贞观九年五月十一日，重孝在身的李世民命太子李承乾在东宫裁决国家大事，这一年李承乾十七岁！

绝症没有根治，转移了，而且扩散了！

萌　芽

贞观九年，太子李承乾十七岁，他出生于承乾殿，因此得名李承乾。

在武德九年六月四日之前，他只是秦王世子，没有人想到他有朝一日会像他的名字一样承担起乾坤大业。六月四日之后，一切不同了，秦王世子变成了太子，李承乾也就有了"承乾"的机会。

贞观九年六月二十五日，皇帝李世民恢复主持国政，已经当了一个月家的李承乾将裁决大权归还父亲李世民，同时在父亲的授意下继续处理相对较小的事情。从处理的结果来看，李承乾相当有决断能力，潜质不错。

自此，每逢李世民出京，太子李承乾都负责留守，全面主持中央政府工作，皇帝接班人的态势已经不言自明！

然而态势仅仅是态势，并不是最后的定势，只要没有吹响终场哨，每个皇子都有机会，尤其是皇后嫡出的皇子，谁赢谁输，没有定论。

李承乾很幸运，他是嫡长子，长孙皇后的第一个儿子；李承乾也很不幸，他还有一母同胞的弟弟，而且一下子两个，分别是魏王李泰和晋王李治。

晋王李治这一年只有七岁，从年龄上对李承乾构不成威胁，能够对李承乾构成威胁的只有魏王李泰，这一年李泰十六岁，一样是嫡出，而且比李承乾多一个爱好：文学！

要害就在于爱好文学！

如果诸位没有忘记，武德年间的李世民就是爱好文学的典范，在他身旁有时称"十八学士"的智囊团，后来这十八学士几乎都成为贞观一朝的栋梁之臣，因此爱好文学是一个标签，是父子性情相近的一个标签！

贞观十年，李世民晋封诸位兄弟和儿子为王，每位兄弟和儿子都被封到全国相应的地区当王，除太子李承乾外，年纪稍长的皇子全部封王，李泰没有例外，封魏王，出任相州都督（今河南省安阳市）。

三月二十三日，各亲王前往各自任职的军区任职。在欢送会上，李世民与兄弟们一一道别，说出一些肝胆相照的话语：帝国大业需要你们出外镇守，兄弟之情谁不愿意长相厮守？儿子死了可以再生，兄弟死了，不会再有！（多会说话！）

各位亲王上路之后，长安城安静了许多，太子李承乾满心以为年长的皇子已经全部离京，没想到还是有漏网之鱼。

谁？魏王李泰！

魏王李泰并不是擅自做主，而是李世民特批，不用去相州了，就留在京城吧！那相州都督空缺怎么办？好办！着金紫光禄大夫张亮以长史（秘书长）身份代理相州都督！

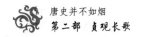

皇帝要宠信一个人总是有办法!

就这样,李泰留在了长安城,继续与太子李承乾并肩作战。从表面看,他们是亲密无间的兄弟,从骨子里看,他们已然是你死我活的对手,尽管一切只是萌芽,然而同样尊贵的血缘决定他俩之间的战斗一定会绵绵不绝,一如武德年间的李建成和李世民。

令李承乾没有想到的是,父皇李世民对李泰的宠信与日俱增。也是在这一年,李世民鉴于李泰爱好文学,对待知识分子彬彬有礼,特下令:魏王府成立文学馆,李泰可以自由招揽天下学士!

有其父必有其子,李泰,正是李世民的标准克隆版!

马 拉 松

太子,国器!

历朝历代都把太子放在重中之重的位置,李世民同样如此!

为了教育好李承乾,李世民同样花费了很大的精力,他同样希望这个嫡长子能够像他的名字一样,担负起社稷的重担。

贞观四年七月十日,李世民任命原太子少保李纲出任太子少师,原兼任御史大夫的萧瑀出任太子少傅,这是给太子选择老师,李世民自然不会马虎。

其实这个任命有着李世民的深意,让李纲出任太子少师是为了教授李承乾道德文章,而任命萧瑀则是看重他的端庄,顺便让这个端庄却又牢骚满腹的萧瑀有个发挥余热的地方。李纲和萧瑀都很优秀,都在青史留名,可惜他们都不适合李承乾!

李世民只看到了李纲和萧瑀的优秀,却没有看到一个非常实际的问题——代沟!

这一年,李纲八十四岁,李承乾十二岁,他们之间足足差了七十二岁,不仅隔着几条代沟,更隔着两个朝代,李纲在北周当过官,在隋朝领过俸禄,在武德年间当过大臣,在贞观年间又出任太子少师,这种经历是一笔珍贵的财富,只是这样的财富并不能转化为李承乾自己的财富!

李承乾曾经向李纲请教古来君臣名教、竭忠尽节之事,李纲凛然曰:"托六尺之孤，寄百里之命，古人以为难，纲以为易。"每吐论发言，皆辞色慷慨，有不可夺之志。

对于李纲而言，他的表现不可谓不好，对于李承乾而言，听这样的课他其实似懂非懂。一个十二岁的少年听八十四岁老爷爷慷慨陈词，有些道理他似乎懂，有些道理他又似乎不懂，但又不能说不懂，不然八十四岁的老爷爷会不高兴，所以表现出来的一定是"我懂了"！

真的懂了吗，其实未必！

懂了也好，不懂也罢，李承乾还是跟师傅们一起做了官面文章。每次李纲前往东宫，李承乾都会亲自叩拜，而每次李承乾升堂处理政务，李纲和房玄龄都会在一旁陪坐，他们是奉李世民旨意陪太子升堂，李世民也希望李承乾能从两位大臣身上学到治理天下的学识，只可惜，一厢情愿。

从武德九年开始，太子李承乾就按照父亲的要求非常努力地学着做一个太子，到贞观九年时，他学得很努力，很刻苦，得到的评价也不错。《旧唐书·太宗诸子》如是记载：太宗即位，为皇太子。时年八岁，性聪敏，太宗甚爱之。太宗居谅暗，庶政皆令听断，颇识大体。自此太宗每行幸，常令居守监国。

"太宗居谅暗"指的就是高祖李渊去世后那几个月，在那几个月中，军政大事一律由十七岁的李承乾裁决，结果证明李承乾"颇识大体，很有决策能力"，无疑李承乾的初次亮相堪称完美。

然而，当太子不是参加奥运会：参加奥运会可以一战成名，赛前的小萝卜头也可以蜕变成载入史册的奥运冠军；当太子则不可能一战成名，也不可能一战定终身，只能在漫长的等待中，力争出彩，力争不犯错，坚持到最后撞线的才是真正的皇帝。

与奥运会相比，奥运会是一百米短跑，当太子则是 42 公里加 195 米的全程马拉松。

事实证明，李承乾只适合跑一百米，不适合跑马拉松！

锋　芒

贞观十年，李承乾的好日子结束了，这一年他十八岁，魏王李泰十七岁。

从这一年开始，太子李承乾和魏王李泰的角力开始了，这次角力延续了李家兄弟内斗的光荣传统，这一斗又是八年！

十八岁的李承乾从这一年起开始走下坡路，而魏王李泰从这一年起开始向上发力。

李承乾为什么会走下坡路呢？

在我看来有两个原因：一、小时了了，大未必佳；二、李承乾遭遇了过早的成人化教育。

小时了了，大未必佳，意思是说小时候表现出色，长大了却未必出色，这是一个颠扑不破的真理。最典型的例子就是层出不穷的小童星，在小时候这些小童星们一个个风生水起八面威风，而进入成年之后，真正成才的又有几个？

所以东北有句俗语，先胖不是胖，后胖压塌炕！

李承乾其实就属于"小时了了，大未必佳"的行列，这个政治小童星在作为储君的前十年里，他很出色，而要命就要命在这个"出色"上。少年李承乾之所以出色，主要是衡量标准在作怪，衡量少年李承乾的标准其实是孩子的标准，而恰恰李承乾在师傅们的教育下早早成为一个"小大人"，反过来再拿"小大人"跟同龄的孩子比，出色是必然的，不出色是闭眼的！

这样一直"出色"的李承乾就带着错觉度过了前十年的储君生涯，他一直自认为很出色，旁边的人也说他很出色，其实他一点都不出色，只是接受成人化的教育早了一点而已，这就是李承乾走下坡路的第二个原因。

李承乾的师傅有李纲，有萧瑀，有房玄龄，这些人都有一个特点，年龄大。年龄有多大呢？贞观四年李纲年龄八十四，萧瑀五十七岁，房玄龄五十二岁，三人中，李纲足以当李承乾的太爷爷，萧瑀和房玄龄可以当李承乾的爷爷，而李承乾便是跟着这些爷爷和太爷爷学习治国平天下的道理。

可以想象，当李世民将李承乾委托给李纲、萧瑀等人，他们该是多么忠忐，而他们又是多么殚精竭虑地将生平所学传授给李承乾。这个安排本身没有错，李纲没有错，萧瑀没有错，房玄龄没有错，李世民没有错，李承乾也没有错，但是还是有一个错了，那就是时机！

李世民让李承乾学习的时机不对！倒霉的李承乾遭遇了过早的成人化教育！

过早的成人化教育其实有利有弊，对于有资质的孩子是一件天大的好事，而对于资质平平的孩子却并不是好事，因为他的资质不足以承担过早的成人化教育，而这种过早的成人化教育必定会在他的人生之中出现排斥反应，那些过早接受专业化教育的童星就是最好的证明，而很不幸，童星李承乾也归于此列！

三岁唱出六岁的水平是童星，六岁唱出十岁的水平是童星，而十八岁唱出十八岁的水平只是一般人，二十岁以后还是十八岁的水平，那就是铜星了，破铜烂铁的铜！

从童星到铜星，一字之差，天壤之别，然而无形之中，这就是李承乾的人生轨迹！

与李承乾的下坡路不同，魏王李泰迎来了自己的上坡路。

其实说起来，魏王李泰的嫡子身份还有过一段波折，在他的人生之中曾经有一段时间他不能叫李世民父亲，而只能称之为"二大爷"。

为什么亲生儿子要叫亲生父亲"二大爷"呢，始作俑者可能是李渊。

李泰出生于武德二年，比李承乾晚出生一年，武德三年，还在襁褓之中的李泰被封为宜都王，一年后，进封为卫王，然而这个卫王不是白封的，是继承已故三叔卫怀王李玄霸的衣钵，也就是说李泰被过继给了李玄霸，从此他宗法上的父亲是李玄霸，而李世民只是他的生父，现在得叫二大爷。

李世民的二大爷生涯持续了至少五年，至少持续到武德九年六月四日。

贞观二年，李泰改封越王，授扬州大都督，同时李世民以宗室西平王李琼之子李保定嗣李玄霸，这样李代桃僵才把李泰替换了回来。

从这一年起，李泰从李玄霸的名下回到了李世民的名下，这下二大爷又变成了亲爹，货真价实的亲爹！

亲爹变二大爷，二大爷再变亲爹，从李泰名分的波折来看，他名分的波折可能恰恰是他的资本，李世民对李泰的厚爱不排除有补偿长达五年父爱缺失的因素！

贞观十年三月二十三日，当其他亲王纷纷上路赶赴自己的责任防区时，魏王李泰依然安坐在自己的魏王府内。从这一刻起，李泰感受到了自己的与众不同，别的年长皇子纷纷离去，唯独自己照常留守长安，还获准开设文学馆，随意招聘人才，父皇李世民这步棋又有什么深意呢？这步棋的潜台词又是什么呢？

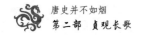

所谓深意，所谓潜台词，说出来都很简单，连老农都能说出来：不要把鸡蛋放在同一个篮子里！

谨慎一生、算计一生的李世民不是老农，但他比老农精明，为了皇权的接力棒继续平稳传递，他并不想把所有的宝都押在李承乾身上，因为把宝押在一个人身上很冒险，也很不公平，毕竟嫡子不止一个，而是三个，更何况李承乾与李泰，年龄仅差一岁，能力也在伯仲之间。而在潜意识之中，李世民更欣赏李泰，因为在喜爱文学这一点上，李泰更像自己！

对于李承乾，李世民一直维护着他的太子地位，对于李泰，李世民却有着发自内心的喜爱，这种喜爱其实源自惺惺相惜，源自知音难觅。此时李世民的心中出现了一架天平，一端是李承乾，另一端便是李泰，作为父亲的李世民究竟喜欢哪一个，看重哪一个，他很矛盾，也很困惑！

在矛盾和困惑之中，李世民继续着对李泰的偏爱，在允许李泰开馆招揽学士之后不久，李世民赏赐了李泰一辆车！

别误会，这辆车不是机动车，也不是畜力车，而是人力车，人拉的车！

这辆车是做什么用的呢？接送李泰上下朝用的！

原来李泰生得腰腹洪大，用现在的话说就是膀大腰圆，体态较胖，相比别人等于多背了两袋面。多背了两袋面的李泰同其他大臣一样，上朝的时候都需要小步快走，这叫"趋拜"，这是臣子见皇帝的礼节，没有人可以例外，因此李泰每次上朝之后都有点气喘，毕竟他多背了两袋面。

气喘的李泰仅仅在心中抱怨过自己的体重，却从来不敢奢望在上朝时享受例外。李泰知道，能够享受例外的要么是受伤，要么是年老难以行走，至于自己，想都别想！

机会有时候也垂青没有准备的头脑，尽管李泰没有准备，他还是被李世民的恩宠击中，他居然被李世民赏赐了一辆人拉的小车，专供上下朝使用！

自此，当长孙无忌、房玄龄、魏征等重臣还在上朝的道路上小步快走时，魏王李泰已经安坐在天子钦赐的小舆上轻松地跟各位重臣打着招呼。如果有心情的话，还可以一边坐车，一边跟小步快走的长孙无忌们聊聊长安的天气。

恩宠到如此地步，李泰再没有格外想法的话，要么是天生弱智，要么就是没有随身携带大脑！

小 报 告

贞观十年年底，一件意想不到的事情发生了，李世民居然在朝堂之上对房玄龄等大臣大发雷霆！

李世民尽管有脾气，可无缘无故发脾气的场景还不多见，这究竟是为什么呢？事情还得从一个小报告说起。

一开始，李世民宠爱李泰并不明显，随着开设文学馆、赏赐小舆，这种宠爱已经众人皆知，于是李泰就成了迅速蹿红的绩优股，人人都恨不得抱他的大腿。

抱大腿的方式有很多种，有直接摇旗呐喊的，也有曲线救国的。有一种曲线救国的方式就叫打小报告，打有利于魏王李泰的小报告。

贞观十年十二月，有人向李世民打了一个小报告：三品以上的高官看不起魏王李泰！

这个小报告算是打到李世民心里去了，朕都青眼有加的皇子居然有人看不上？还有王法吗？

随即李世民召集三品以上官员开会，就发生了脸色铁青、大发雷霆的那一幕。

李世民铁青着脸训斥道："隋文帝时，一品以下皆为诸王所顿踬，彼岂非天子儿邪！朕但不听诸子纵横耳，闻三品以上皆轻之，我若纵之，岂不能折辱公辈乎！"

意思是说，隋文帝时一品以上的官员都挨过亲王（隋文帝皇子）们的殴打，我的儿子也是皇子，也是有权殴打的，只是我约束他们不让他们打而已，我听说你们还轻视他（特指李泰），我如果放纵他的话，他羞辱你们可是很容易的！

老爹给儿子张目到这个程度，李世民这个老爹够可以的！

此时朝堂之上鸦雀无声，静到可以听到冷汗的汗珠滴到了地上。

要说关键的时候，还得是老杠头魏征顶上。眼看众人无声无息，魏征一挺身站了出来，说出的话句句在理，让李世民无法抵挡。

魏征第一句话，"臣窃计当今群臣，心无敢轻魏王者"。这是一推六二五，就算有人轻视李泰，这时打死也不承认；

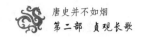

第二句话，"在礼，臣、子一也。《春秋》：王人虽微，序于诸侯之上"。这是抬出《春秋》的记载说事，告诉李世民，大臣和皇子是平级的；

第三句话，"三品以上皆公卿，陛下所尊礼。若纪纲大坏，固所不论；圣明在上，魏王必无顿辱群臣之理"。这是将李世民的军，如果你承认现在纪纲大坏，那么你随便打；

第四句话，"隋文帝骄其诸子，使多行无礼，卒皆夷灭，又足法乎"？再将一军，看皇上你举的什么例子，隋文帝一家最终家破国亡，他值得我们效仿吗？

四句话下来，魏征把李世民的训斥化解为无形，为李泰张目的李世民也不得不承认："老魏，你说得对！"

小报告事件总算平静地过去了，然而李世民对李泰的宠爱却如同泛滥的江水，绵绵没有绝期！

拜　师

在李世民慈爱的江水中，李泰茁壮成长，到贞观十一年，李泰迎来了人生中非常重要的一位老师，这位老师的名字叫王珪。

王珪，其实是老熟人了，李建成曾经的左膀右臂，玄武门之后与魏征一起被李世民重新起用，在贞观一朝风生水起。

其实王珪的祖上也很有来头，他的祖父是王僧辩，南梁重将，一度呼风唤雨，只可惜不够谨慎，被竞争对手陈霸先打了袭击，兵败身死。王珪的曾祖叫王神念，在南朝也很有名，有一种说法说王神念的先祖是书圣王羲之，如果从这里论的话，王珪得算是王羲之的后裔了，不过只是说说而已，未必当真。

说起来王珪的一生也是非常坎坷，受尽磨难，父亲死得早，幼儿时期的王珪就成了孤儿。可能是早年丧父的原因，王珪性雅澹，少嗜欲，志量沉深，能安于贫贱，体道履正，交不苟合，由此深得叔父王颇的赞赏，王颇对他的评价是："门户所寄，唯在此儿耳。"

然而天有不测风云，就是这个王颇叔叔险些给王珪带来一场大祸。王颇后来在隋朝汉王杨谅的帐下效力，杨广即位后跟着杨谅一起反叛杨广，结果兵败被诛。叔叔王颋被诛，侄子王珪也脱不了干系，按律应当连坐论处。幸好王珪反应快，逃跑的速度也快，没等杨广派兵来抓，就一溜烟地跑进终南山藏了起来，这一藏就是十几年。

李渊起兵攻入长安后，丞相府司录（相当于组织部长）李纲向李渊引荐了王珪，这才结束了王珪长达十四年的流亡生涯。后来王珪进入了太子李建成帐下，一直效力到武德七年，结果这一年发生的杨文干谋反事件，让王珪替李建成顶了雷。杨文干谋反可能是受李建成指使，也有可能是被秦王李世民诬告，总之真相难辨，李渊不舍得处理李建成，只能拿李建成的手下出气，一挥手就把王珪发配到了嶲州（今四川省西昌市），算是为20世纪的卫星发射事业做点早期的开发工作。

李世民即位后，王珪的机会来了，本着人尽其才的原则，李世民一挥手，王珪又从嶲州回到了长安，跟着新李老板继续打工。

在李世民的手下，王珪历任谏议大夫、黄门侍郎、侍中、礼部尚书等要职，李世民看重他，一是因为他善于进谏，二是因为他知礼。李世民指定王珪担任李泰的老师，看重的恰恰就是王珪的知礼。

在王珪之前，唐朝公主的眼中是没有公婆的，公主在婆家没有尽儿媳之礼的，一句话，你娶的是公主，是大爷，恰恰不是儿媳。

这个恶习延续了二十年，到王珪这儿，终于给扳过来了。

贞观十一年，李世民的女儿南平公主下嫁王珪的儿子王敬直，按照以前惯例，南平公主不需要对王珪夫妇行儿媳见公婆之礼，然而这一次王珪对惯例说了"不"。

王珪说道："今主上钦明，动循法制。吾受公主谒见，岂为身荣，所以成国家之美耳。"意思是说，当今皇上英明神武，一举一动都合乎法度，我接受公主的拜谒，不是为了显摆我自己，其实是为了成就国家的美谈！

王珪话说到这个份上，南平公主无言以对，李世民也不便多说，南平公主只得按照儿媳拜见公婆的礼仪对王珪夫妇行了大礼。大礼包括给公婆敬奉装满水果的果篮和供公婆洗手用的水盆，形式不重要，内容很关键：进了王家门，就是王家人，得有规矩。

从此，唐朝公主过门之后向公婆行儿媳之礼成为惯例。

其实定儿媳之礼只是王珪小试牛刀，王珪真正为李世民所欣赏是因为一本

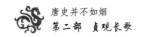

书，书的名字叫《五礼》。

五礼即吉礼、凶礼、军礼、宾礼、嘉礼。

吉礼：五礼之冠，主要是对天神、地祇、人鬼的祭祀典礼。

凶礼：哀悯吊唁忧患之礼。

军礼：师旅操演、征伐之礼。

宾礼：接待宾客之礼。

嘉礼：和合人际关系、沟通、联络感情的礼仪。

从五礼的内容不难看出，有了五礼，国家才算得上真正的国家，而王珪正是为唐朝正定《五礼》的核心人物。为了《五礼》，王珪从贞观八年一直干到了贞观十一年，历时近四年终于将《五礼》正定完毕，书成之日，李世民赐帛三百缎，封其一子为县男。

如此一来，李世民的用意已经若隐若现，让正定《五礼》的王珪出任魏王李泰的老师，背后的潜台词已经快成了明台词。

为了加强这次任命的严肃性，李世民特意指示李泰：汝之待珪，如事我也，可以无过！这话是不是看着有些眼熟，没错，刘备临终时对阿斗就这样说过，抬出这样的句式，只能说明李世民对这次指派老师很上心，很重视。

自此，李泰每次见到王珪必定先跪下叩头，而王珪同接受南平公主的礼仪一样，泰然处之！

当然老师不是白当的，既然已经当了李泰的老师，就得给李泰上课，王珪给李泰上的最重要一堂课核心只有两个字——"忠孝"。

李泰问王珪何为忠孝，王珪答曰："陛下，王之君也，事君思尽忠；陛下，王之父也，事父思尽孝。忠孝之道，可以立身，可以成名，当年可以享天祐，余芳可以垂后叶。"

李泰说道："忠孝之道，已闻教矣，愿闻所习。"王珪答曰："汉东平王苍云：'为善最乐。'"（做善事最快乐！）

从王珪的话语来看，多数都是老生常谈，然而就是这些老生常谈，古往今来真正读懂的又有几个？最朴实的话往往最有深意，最直白的话往往更有价值，只可惜，多数情况下，这些话都被视为"老生常谈"而弃之如敝屣。

王珪的"老生常谈"他本人读懂了，李世民也读懂了，李世民在得知王珪的教学内容后曾经说过一句话：我儿可无过也！意思是说，只要听懂了王老师的课，李泰一生都不会有太大的过失。

只可惜，李世民的说法只是一厢情愿，李泰尽管上了王老师的课，却没有真正读懂！

尽管李泰没有真正弄懂王珪的课，王珪却不动声色，于公于私都在不遗余力地帮助李泰，很快王珪用一个特殊的方式曲线救国，这个方式叫：争礼！

礼，不仅仅是我们通常所说的礼貌，而是生活中无处不在的礼节、礼仪，林林总总，五花八门。王珪为李泰争的这段礼叫作"降乘"。

"降乘"，通俗地讲，就是下车行礼。李世民原本规定三品以上官员路遇亲王需要下车叩拜行礼，然而这个规定到贞观十二年遇到了抵抗，礼部尚书王珪上奏：三品以上遇亲王于路皆降乘，非礼！

不符合礼仪，即为非礼！

非礼？难道朕的规定是非礼？

李世民有些恼火，冲着王珪吼出了一句："你们以为自己很高贵，就轻视我的儿子们？"（卿辈苟自崇贵，轻我诸子。）

解铃有时候不一定需要系铃人，有魏征这样的万金油在，一般的难题还是解得开的。魏征又一次站了出来，说道："亲王们的位次在三公之下，而九卿和八座也都是三品官员，级别要么与亲王持平，要么比亲王还高，这样在路上遇到，还要下车叩拜，确实不符合礼仪！"（诸王位次三公，今三品皆九卿、八座，为王降乘，诚非所宜当。）

此时的李世民脑子有些乱，一方面他知道维护礼仪的重要性，一方面他又想提高亲王们的地位，尤其是李泰的地位，结果这一乱，话就脱口而出："人生寿夭难期，万一太子不幸，安知诸王他日不为公辈之主！何得轻之！"

言为心声，若是李世民没有废立之心，焉能将这样的话说出口，居然说出倘若太子夭折的话，一定是心有所想！

然而即便李世民心有所想，魏征却不为所动，直愣愣地回应了李世民一句："从周朝以来，都是子承父业，没有兄终弟及的，就是为了不给庶子们留念想，断了争位的根源，当国君的更要警惕！"（自周以来，皆子孙相继，不立兄弟，所以绝庶孽之窥窬，塞祸乱之源本，此为国者所深戒也。）

"降乘"之礼争到最后，李世民同意了王珪的上奏，从此三品以上官员路遇亲王不必降乘，李泰概莫能外。

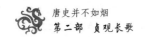

从争礼的结果来看，作为老师的王珪似乎让李泰吃了亏，其实恰恰相反，王珪非但没有让李泰吃亏，反而在这场争礼之后得到了莫大的好处，那就是避免风头过盛。

在当时的长安城中，年长皇子留守京城的只有李承乾和李泰，李承乾作为太子接受路遇降乘的礼仪是合法的，因为他是储君，而李泰作为亲王接受降乘的礼仪则是不合适的，一来与太子享受了同样待遇会让人非议，二来也在无意之中增加了三品以上官员对李泰的反感，毕竟路遇降乘，不仅折腾人，而且折腾心，人家服从的只是皇帝的规定，而并非你李泰本人。取消降乘，让路遇的高官不再对着李泰折腾，其实无形之中拉近了李泰与高官的距离。

无招即是有招，不争也是争，王珪以正礼仪之名却起到帮李泰收心之实，尽管李世民的辩解被魏征否决，但在李世民和王珪的维护下，李泰的声名与日俱增，不可阻挡！

略显遗憾的是，王珪老师对李泰的庇护只维持了不到两年。贞观十三年王珪老师去世，享年六十九岁，倘若王珪老师能够硬挺到贞观十七年，或许李泰顺利登顶也未为可知！

《括地志》

时隔一千多年后，很多人已经不知道唐朝曾经有一个皇子名字叫作李泰，但是对历史和地理有点研究的人都会知道，唐朝曾经产生过地理方面的大型专著《括地志》。历史的灰烬可能会湮没李泰，湮没李泰曾经的种种事迹，但不会也不该湮没《括地志》，而李泰正是《括地志》的主编。为了《括地志》，李泰整整花去了四年时间。

李泰为什么会想起主编《括地志》呢？这个想法不是从天上掉下来的，而是来自魏王府司马（秘书长）苏勖的建议。

苏勖，名字看着比较陌生，实际很有来头，也很有水平。李世民开文学馆时，他就是其中一员，后来由阎立本画像、褚遂良之父褚亮配文遂成历史上津津乐道的《十八学士写真图》，苏勖正是十八学士中的一员。

苏勖学士在成为魏王府司马之后，辅助魏王李泰就成了他人生的一大目标。如何才能最大程度地帮助李泰？如何才能最大程度地让李泰赢得更多的青睐？苏勖学士想了很久，想了很多方法，又否决了很多方法，最终想出了一个方法——编书！

编书，古往今来都是一条不错的捷径，战国时吕不韦延揽宾客编了一套书，最后吕不韦定下了书名《吕氏春秋》。《吕氏春秋》出版后，吕不韦玩了一个噱头，悬赏千金，凡能改动书中一字者即得千金，这就是成语"一字千金"的由来。后来吕不韦倒了，而《吕氏春秋》还在，直到现在。

除了吕不韦，古代名王延揽宾客编书的还大有人在，除了赢得身后盛名，更重要的是在当时也赢得了重要的政治资源，这不正是魏王李泰所需要的吗？

愚蠢的人总是七窍开了六窍，然后剩下一窍不通，而聪明的人恰恰相反，一点就透，一点就通，魏王李泰就是这种聪明人。当听到苏勖的编书建议之后，李泰差点儿跳了起来，这不正是自己日思夜想的捷径吗？还有比这更好的捷径吗？

两个聪明人一对视，一合计，很快定下了编书的大方向。

这个大方向是什么呢？地理！

定下地理这个大方向是有深意的，简单地说就是投李世民所好。李世民被后世称颂，一是因为他的文治，二是因为他的武功，而武功就体现在大唐版图的扩张。从这个角度说，没有人比李世民对大唐的版图更感兴趣，没有人比他对大唐的地理更感兴趣，而李泰要编的就是让李世民成就感得到满足的大型地理专著《括地志》。

贞观十二年，李泰上书李世民，请求编撰《括地志》。李世民准奏，从这一年起，李泰开始了编撰《括地志》的漫漫征程，这一编就是四年！

公允地讲，李泰很有能力，也很有号召力。他将著作郎萧德言、秘书郎顾胤、记室参军蒋亚卿、功曹参军谢偃等延揽到魏王府中，大家一起编撰这套大型地理专著。

李泰延揽的这些人，绝大多数有着真才实学，以上的这四位，除蒋亚卿外，皆声名很大，影响很广，百度一下就知道。

萧德言，隋唐学者，贞观年间官至著作郎、弘文馆学士，为晋王李治讲授经书，封武阳县侯。高宗立，拜银青光禄大夫。博涉经史，精《春秋左氏传》，晚年尤笃志于学，卒赠太常卿，谥"博"。

顾胤，唐代学者、史学家，苏州人，唐高宗永徽中累官起居郎兼修国史，预修《太宗实录》和武德、贞观两朝国史，加朝散大夫、弘文馆学士，迁朝请大夫，封余杭县男。龙朔三年（663 年）迁司文郎中。

谢偃，卫县人，贞观初，应诏对策及第。驾幸东都，诏求直谏，偃极言得失，太宗称美，引为弘文馆直学士。为尘、影二赋甚工，尝奉诏撰《述圣赋》，又献《惟皇诫德赋》以申讽。时李百药工五言诗，谢偃善作赋，时人称为李诗、谢赋。

需要指出的是，那个年月没有电脑，也没有复印机，编书者也不像现在编书者那么高产，一个星期就能攒出上百万字，那个年月一字一句都来之不易，不仅要博采方志，还要旁求故老，一字一句都马虎不得，所以需要数十名学者奋战四年才能大功告成，不是因为他们效率低，而是因为认真。

根据记载，《括地志》原书 550 卷，序略 5 卷。序略为全书总纲，列于卷首，其后按贞观十道排比 358 州，再以州为单位，分述辖境各县的沿革、地望、得名、山川、城池、古迹、神话传说、重大历史事件等，征引广博，保存了许多六朝地理书中的珍贵资料，吸收了《汉书·地理志》和顾野王《舆地志》两书编纂上的特点，创立了一种新的地理书体裁，为后来的《元和郡县志》《太平寰宇记》开了先河。

遗憾的是，这部饱含着李泰四年心血的地理巨著在南宋后散佚，原书字数已经无从考究，1980 年中华书局出版《括地志辑校》四卷，约 13 万字。如果以 4 卷 13 万字为标准，假定每卷字数相同，那么《括地志》原书的字数可能在 1800 万字左右，以古代线装书的容量，那将是多么庞大的地理专著！

四年时光，数十名学者心血，1800 万字洋洋洒洒，汗牛充栋的书籍规模，无比详细的大唐地理阐述，还有比这更好的礼物吗？当这样珍贵的礼物放到了李世民面前，作为父亲的他能不心动吗？

"内殚九服，外极八荒。宪章之规，条目有序，戎夏之域，今古无遗。简而能周，博而尤要，足以度越前载，垂之不朽。"

当李世民为《括地志》写下这样的评语时，他的内心又在想什么呢？

第十三章 争 储

双面李承乾

小时了了，大未必佳，这是我对李承乾的评价，也是李承乾一生的悲剧写照！

贞观十三年，当魏王李泰团结文人学士忙于编撰地理鸿篇巨著《括地志》时，李承乾又在做什么呢？

《资治通鉴》记载，这一年李承乾游猎过度，荒废学业，太子宫事务署长（太子右庶子）张玄素苦苦规劝，却没有结果。这条记载可谓是李承乾一生的分水岭，在这条记载之前，历史记载的李承乾是一个有作为有美誉的好少年，在这条记载之后，历史记载的李承乾就成了一个不可救药的顽劣青年。

其实无论是从基因还是从师资力量讲，李承乾都是皇子中最好的，论基因他是嫡长子，论师资力量，李世民给他配置的张玄素、于志宁、杜正伦也都是有名望、有学识的官员。那么为什么李承乾会在与李泰的竞争中每况愈下呢？在我看来，原因只有一个，性格决定命运。

小时候老师总是教育我们，要把"要我学"转变成"我要学"，因为前者是被动，后者则是主动。在我看来，李承乾属于"要我学"，李泰则属于"我要学"，一母同胞，基因相同，不同的性格决定了不同的命运，李承乾随性的性格注定了他的人生败局！

说起来，先后辅佐李承乾的几位其实都是青史留名的高人，如果李承乾是个中规中矩的人，那么这几位一定会辅佐李承乾登上帝位，偏偏李承乾不是一个中规中矩的人，而是一个随性的人，一个想有自己活法的人，他的性格决定了自己的命运，也影响了他身边辅佐他的人。在这些辅佐的人当中，关键的人有三个，杜正伦、于志宁、张玄素。

杜正伦，秀才出身，出类拔萃，隋朝时每年全国选拔秀才不过十余人，杜正伦就是其中一个，更奇妙的是，在隋朝不多的秀才指标中，杜正伦一家占去了仨，其兄弟杜正玄、杜正藏都是隋朝秀才，一门三秀才，还让不让别人活了。开句玩笑话，如果杜家人上街遭到莫名其妙的殴打，不用问，一定是落第秀才干的！

杜正伦在贞观元年经魏征推荐出任兵部员外郎，后来一路青云直上，到贞观六年已经受李世民赏识升任中书侍郎，不久加授朝散大夫，出任太子右庶子。

对于这次任命，李世民很重视，特地把杜正伦召来语重心长地嘱咐了一番，大体意思说，太子对于国家而言很重要，必须找出色的人辅佐，所以我就找到了你，我身边也需要你这样的人，这次是忍痛割舍让给了太子，这一下你知道这次任命的轻重了吧！

接受任命的杜正伦从此活跃在太子的身边，最初的几年，波澜不惊，太子表现不错，杜正伦表现不错，李世民也很满意。

然而随着时间的推移，一切发生了变化。当时李承乾患有足疾，行动不便，经李世民批准，李承乾在痊愈之前不必朝谒，安心在太子宫静养。

在李承乾静养一段时间之后，李世民极为痛心地发现，以前那个乖孩子李承乾消失了，取而代之的是一个远离君子、亲近小人的问题青年。为此李世民专门把杜正伦召来深谈了一次，李世民说道："我儿疾病，乃可事也。但全无令誉，不闻爱贤好善，私所引接，多是小人，卿可察之。若教示不得，须来告我。"

李世民说这话是发自肺腑的，杜正伦听这话也是肝脑涂地、头脑发热。结果头脑一发热，就干了一件错事，他居然把这些话一股脑地都告诉了李承乾。

其实杜正伦也是有苦衷的，作为太子左庶子的他操碎了心，磨破了嘴，身板差点没累垮。然而多次劝谏下来，他的话就成了一阵风，说完了，刮过了，在李承乾那里没有留下一丝痕迹。被逼急了的杜正伦这次想出了最后的撒手铜："你再不老实，我告诉你爸去！"

地上祸你不惹，你偏去惹天上的祸，这下大嘴杜正伦算是捅了马蜂窝。自觉委屈的李承乾给父亲李世民上了一道奏折，为自己极力辩解了一番，话里话外告诉李世民，你告诉杜正伦的话我都知道了，但是我不服，我很委屈！

接到儿子这样的上奏，李世民郁闷不已，本来想好好教育儿子，没想到杜正伦这个大嘴一张嘴就把自己给卖了，这不等于告诉太子了，自己不信任他吗？为人父者怎么能告诉儿子，我不信任你呢？

郁闷中的李世民召来了杜正伦，责问他为什么泄露了自己的话，杜正伦对曰："开导不入，故以陛下语吓之，冀其有惧，或当反善。"

完了，杜正伦居然把自己当成大灰狼吓唬太子，有这么当老师的吗？

盛怒之下的李世民一挥手，杜正伦，你给我一边待着去！

自此杜正伦长时间混迹于老少边穷地区，先后出任过谷州刺史、交州都督（都督府设在今越南河内），贞观十七年还因为与侯君集有关联流配骦州（今越南境内的荣市），直到唐高宗显庆年间才得以重新起用。

在杜正伦出入太子宫的同时，于志宁也活跃在太子宫，他也是李世民身边的红人，当李世民还在南征北战时，他就跟在李世民身边，与殷开山等人一起参赞军谋，李世民被封为秦王后他依然跟随，同时兼任文学馆学士。

贞观三年，于志宁升任中书侍郎（正四品），李世民依然恩宠有加。有一天李世民召集重臣内殿欢宴，宴席还没开始，李世民环视一周，忽然发现少了于志宁，于志宁干什么去了？难道不知道有宴会吗？这时有人提醒李世民："您召集的都是三品以上的官员，于志宁是正四品，所以没来！"

原来如此，把这茬给忘了！

如果换作别的皇帝，这件事就算过去了，可偏偏他是李世民，历史上最会当皇帝的皇帝。李世民当即下令：按照宴席的标准给于志宁提前单开一桌！同时加授散骑常侍，从今以后你就是从三品了。等等，别忙着谢恩，话还没说完，同时委任你代理太子宫左庶子，明天就到太子宫报到！

什么是恩宠？恩宠就是请你白吃一顿大餐，吃完饭然后告诉你，你又升官了！

与委任杜正伦时相同，在于志宁上任太子左庶子之前，李世民也语重心长地交代了一番。李世民嘱咐于志宁，一定要辅佐太子走正道，别让邪僻占据了他的内心，一定要用心辅佐太子，日后封赏朕自有安排。

带着皇帝的嘱咐，于志宁走进了太子宫，他的目标是将李承乾领上正道，遗憾的是，这个目标没有实现。

不过，尽管李承乾不长进，并不影响于志宁受到李世民的赏识，因为于志宁已经竭尽了全力。

为了教导李承乾，于志宁独自编撰《谏苑》二十卷，这二十卷《谏苑》编者于志宁一人，读者李承乾一人！在民国初年，也曾经出现过一份只供一个人阅读的报纸，编者袁克定（袁世凯长子）等数人，读者袁世凯一人！

与袁克定的报纸不同，于志宁劝诫李承乾向善，袁克定诱导袁世凯称帝，同样是给一个人看的读物，两者却判若云泥，一个在天，一个在地！

一个人的读物没有感动李承乾，却感动了李承乾的父亲李世民。李世民闻之大悦，赐黄金十斤、绢三百匹。贞观十四年，任命于志宁兼太子詹事（太子宫主管）。贞观十五年，于志宁因母亲去世解职，不久起复本官，然而仍旧不断上表，请求按照儒家传统为母亲守丧三年。

此时已经离不开于志宁的李世民只能夺情（不准官员为父母守丧），派出中书侍郎岑文本到于志宁家中传口谕曰："忠孝不并，我儿须人辅弼，卿宜抑割，不可徇以私情。"

谁都可以走，老于不能走！

不能走的于志宁并不孤独，因为他不是一个人在战斗！

在他的身边还有一个志同道合的战友，这个人就是张玄素。

张玄素，素有清名，为官深得民心。隋朝末年，张玄素出任景城县户曹，适逢窦建德攻陷景城，张玄素不幸被俘，即将被窦建德砍头。就在此时，意想不到的事情发生了，居然有数千老百姓痛哭流涕地为张玄素请命，甚至有人愿意替张玄素去死！

这是为什么呢？

为张玄素请命的老百姓说道："此人清慎若是，今倘杀之，乃无天也。大王将定天下，当深加礼接，以招四方，如何杀之，使善人解体？"

群众的眼睛是雪亮的，群众的口碑也高于一切奖杯，有老百姓如此为张玄素请命，窦建德立刻对张玄素刮目相看，当场将他释放，并且委任为治书侍御史。

然而窦建德的任命却遭到了张玄素的拒绝，理由是皇帝杨广在，忠臣不事二主。闻听此言，窦建德没有勉强，直到杨广身死江都的消息传来，窦建德才重新征召张玄素出任黄门侍郎，这一次张玄素应召。

窦建德被荡平之后，张玄素出任景城都督府录事参军，逐步有了不小的声名，这个声名也渐渐传到了李世民的耳中。等到李世民即位，张玄素得以征召，答对得体，当即被李世民委任为侍御史，不久升任给事中（御前监督官）。

升任给事中只是张玄素履历中的一小步，不久他就因为一次进谏深深打动了李世民。

贞观四年六月二十二日，李世民下令整修洛阳宫殿，以备巡视。在李世民看来，这只不过是一次再简单不过的诏令，皇帝预备巡视，提前整修宫殿有什么不可以呢？然而偏偏就有人说不可以，这个人就是张玄素。

张玄素的理由其实很简单，归纳起来就是劳民伤财，容易生变。张玄素的一番劝诫说得李世民浑身不自在，李世民问道："卿谓我不如炀帝，何如桀、纣？"张玄素对曰："如果陛下还坚持仓促之间修复洛阳宫殿，那么结果会跟炀帝一样，天下大乱！"（若此殿卒兴，所谓同归于乱。）

"天下大乱"在别的皇帝听来或许只是危言耸听，然而在李世民听来却是逆耳忠言，因为他正是从天下大乱中走来，明白天下大乱对王朝意味着什么。李世民叹息道："我不思量，遂至于此！"当即下令停止修复洛阳宫殿，同时赏赐张玄素彩缎二百匹，以资鼓励！

在这之后，张玄素不断升迁，后升任太子少詹事（太子宫副总管），不久转任太子右庶子，在接下来的几年，他将一直在太子李承乾身边效力，他渴望与于志宁一起为李承乾保驾护航，然而最终却发现，原来这是一个不可能完成的任务！

贞观十三年，鉴于李承乾热衷游猎，荒废学业，张玄素上书讽谏，对李承乾进行了苦口婆心的劝导，其中一句十分经典："慎终如始，犹惧渐衰，始尚不慎，终将安保！"这句话值得历代太子铭记在心，只可惜李承乾太子依旧没把张玄素的上书当回事，同杜正伦和于志宁的话一样，它们都是风字辈的，一阵风而已。

屡战屡败，是结果，屡败屡战，是精神。现在张玄素对待李承乾也拿出了屡败屡战的精神，一次不行，两次，两次不行，三次，总之要说到你回心转意为止。此后不久，张玄素又上书了，讽谏的重点依然是游猎，这一次张玄素的话依然苦口婆心，依然用心良苦，然而这样的金玉良言在李承乾那里还是风字辈的，刮过了，天空了无痕！

张玄素在上书中说道："若其骑射畋游，酣歌戏玩，以悦耳目，终秽心神，渐染既久，必移情性。古人有言：'心为万事主，动而无节即乱。'臣恐殿下败德之源，在于此矣。"

一语中的，无以复加！

写到现在，杜正伦、于志宁、张玄素一一亮相完毕，这三个人都是李世民为李承乾千挑万选的人才。倘若李承乾成器，三人得一人足矣，遗憾的是，李承乾偏偏不成器，三人纵使披肝沥胆，也改变不了最后的结局。

或许很多人会问，为什么被李世民寄予厚望的李承乾会不成器呢？这就回到了我之前的提法：一、小时了了，大未必佳；二、李承乾遭遇了过早的成人化教育。

过早的成人化教育让李承乾懂得了父皇和大臣们对太子的要求，也知道他们所要求的道德标准，因此每次李承乾临朝视事，必言忠孝之道，宫臣有人进谏，李承乾就会先揣摩进谏人的心态，然后正襟危坐，做出一副虚心倾听的样子，时不时还要做出引咎自责的姿态。有李世民的遗传基因，再加上后天老师的教育，李承乾的智商和口才都是一流的，群臣在他面前一般都讨不到便宜，只能忙于应答，然后诚惶诚恐地离去。时间一长，李承乾在群臣面前就树立了圣明的形象，至于圣明形象的背后，没有人知道是什么！

西方哲学家说，人都是有两面性的，李承乾就是双面人的典型。在朝堂上他是圣明智慧的皇太子，在私下里他却是有着各种嗜好的准问题青年，他的人生就是在圣明皇太子和问题青年之间不断切换，如同一个硬币的两面，一面是花，一面是字，或许李承乾也在疑惑，自己究竟是花，还是字，抑或花、字都不是！（硬币立起来，花非花，字非字！）

李泰向左，李承乾向右

龙生九子，性格迥异！

当李承乾在东宫小天地享受堕落年华时，魏王李泰却从未停止追赶的脚步。在这几年里，李泰一方面忙于编撰鸿篇巨制的《括地志》，一方面忙于招贤纳士，扩大声名，经过几年的努力，成绩非常明显，父亲李世民给这个时期的李泰打上了大大的一个"优"！

贞观十四年正月十六日，李泰家宅蓬荜生辉，这一天家中来了一位极为重要的客人，客人的名字叫李世民！

古往今来，皇帝家庭贵为天下第一家庭，然而第一家庭因为有了第一两个字就与普通家庭有了极大的不同，普通家庭父亲到儿子家串门抬脚就进，不需要什么废话，而第一家庭的皇帝父亲到儿子家串门，那就不是普通的串门了，而是圣驾亲临，是有特殊意义的。这意味着皇帝父亲很看重你，很喜欢你，换句话说，你在政治上很有前途！

现在，皇帝父亲李世民来到了政治上很有前途的李泰家宅，表面上是为了看看儿子的居住环境，实际上却是为了给李泰的脸上再贴上几块金，因为李世民的这次亲临不是空着手来的，而是带来了一个大大的红包。

这个红包很大，赏赐范围很广，李泰家住长安城里的长安县延康里，因此李世民给李泰的红包就重重地砸在了长安县的上空。

李世民在李泰家中宣布：赦免长安县死刑以下所有囚犯，托魏王李泰的福，现在你们自由了；免除延康里居民今年所有赋税，托魏王李泰的福，今年你们所有收入都是自己的，政府一分不收；按等级赏赐魏王府官属以及延康里老人，托魏王李泰的福，你们每个人都有红包！

宣布完毕！

用皇帝的酒浇李泰的块垒，父亲厚爱如此，李泰内心怎会没有涟漪？

就在李世民用自己的酒浇李泰的块垒的同时，太子李承乾依然一如既往，问题依旧，唯一的用处就是当了一次张玄素的升迁垫脚石。李世民鉴于张玄素有不断讽谏太子的事迹，特擢升张玄素为银青光禄大夫，品级从三品，副部级，同时卸任太子右庶子，转而代理太子左庶子（太子宫政务署长）。

蜘蛛侠说，能力越大，责任越大，而在张玄素看来，官职越大，责任越大。感到责任重大的张玄素从此更加用心，对太子李承乾的讽谏也更加不遗余力。

说起来，也难为张玄素了，有李承乾这样不成器的太子，他需要讽谏的地方实在太多了。

这一年，李承乾几乎不在东宫内坐朝，东宫的官员们几乎已经记不起上次在公开场合见到太子是什么时候，那么李承乾又在做什么呢？

其实什么都没干，就是忙着跟宫内的美女们聊天嬉戏，毕竟对着美女要比对着张玄素那些官员轻松得多，有轻松的，谁还去找那些沉重的？

时间一长，张玄素看不下去了，再一次上书讽谏。在书中又是苦口婆心，又是推心置腹，然而还是没用，你就是把自己掏成了比干，李承乾还是当没看见，眼不见，心不烦！

不过张玄素讽谏的次数多了，李承乾也烦了，这个张老头成天叽叽歪歪干什么，也不管别人受得了受不了，不给他点颜色看看，他还真不知道他是谁！

数天后，张玄素在深夜回家时遭遇蒙面人袭击，蒙面人手持大号马鞭对张玄素进行抽打，几乎致命。《旧唐书·张玄素列传》称此次袭击是太子李承乾派家奴干的，不过事后李承乾并没有宣布对该事件负责，敢做不敢当，见了恐怖分子好意思跟人家打招呼吗？

不敢承认的李承乾以为从此张玄素会消停一些，没想到这个老家伙骨头还很硬，尽管挨了一顿暴打，可是性格一点没改，还变本加厉！

不久之后，李承乾又一次出格了，居然在东宫内击鼓，而且鼓声很大，传播很广，要知道东宫与李世民的居所只有二十几步，身为太子居然没事在东宫内击鼓玩，成何体统？

急切之下的张玄素什么都顾不上了，直接冲到李承乾正在击鼓的阁子前，要求与李承乾面谈。眼前的李承乾依然温文尔雅，用心倾听，随即做痛心疾首状，当着张玄素的面取下刚才还在击打的鼓，亲手摧毁，并表示下不为例！

多好的太子，从善如流，闻过能改，遗憾的是，这只是广告，却不是疗效！

为什么张玄素的讽谏在李承乾身上只收到广告的效果，却看不到疗效呢？问题还是出在李承乾身上。此时的李承乾就如同一个叛逆期少年遭遇网瘾，又是叛逆期，又是网瘾，神仙见了都得耸肩，然后深情地说一句"I'm sorry"。

小时了了、大未必佳的李承乾在过早成人化的教育下成了双面人，在二十出头的年纪又遭遇了叛逆期，在叛逆期又有了各种嗜好，这些嗜好常人可以有，唯独太子不能有。然而越是别人说不行的，他偏偏要说行，这就是叛逆期青年的棱角，也是所谓的性格。

过早成人化，双面人，叛逆期，不良嗜好，四者有其一已经足以影响李承乾的储君之位，偏偏他兼而有之，这可就要了亲命了！

贞观十五年，李承乾在叛逆的道路上渐行渐远，这一年他更加出格。

为了修建东宫内的宫殿，李承乾征集大量农民充当差役，这一征集便是很长时间，时间长到耽误了应征农民的正常农耕，以至于这些农民错过了这一年的正常播种季节，要想播种，只能等来年了。如此一来，李承乾就犯了李世民最不愿意看到的错误，在李世民的眼中，农业立国，"不违农时"是为政者的红线，太子李承乾却偏偏触及了这根红线，太子詹事于志宁看在眼里，急在心里，却只能按下暂且不表。

然而李承乾是注定不会消停的，不久之后他就迷恋上音乐，而且是正统人士所认定的那种淫荡音乐——要么很世俗，要么很下里巴人。这些音乐平民百姓可以迷恋，而你，太子，储君，不可以！

针对这两条，太子詹事于志宁上书讽谏，结果涛声依旧。

不甘心的于志宁没有放弃，他依然在努力，随后又发现三件值得讽谏的事情：

一、李承乾宠信宦官；

二、东宫负责驾驭车马的差役已经半年没有轮休了；

三、李承乾没有经皇帝批准，居然私自将突厥人达哥友接入东宫密谈。

于志宁又给李承乾上书讽谏，结果这一次情况居然有了转机，李承乾一改平时不管不顾的做法，很快作出了反应，这一次不再是涛声依旧。

这一次是大发雷霆！

大发雷霆之后的李承乾依然不解气，招呼手下叫来干将张思政、纥干承基，交给两人一个任务：干掉于志宁！

张思政和纥干承基当夜潜入于志宁家中，在那里他们看到了让他们终生难忘的一幕：一身素服的于志宁住在苫庐之中。按照祖制，这是孝子为父母守丧的标准模式。原来被夺情的于志宁一直在家中用这种方式为亡母守丧，身虽

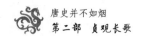

夺情，心依然忠孝。

张思政和纥干承基尽管知道此行的任务是行刺，但他们更为于志宁的孝心感动，两人一对视，当下手就软了，没有惊动于志宁，两人悄悄地退了出来，垂头丧气地回东宫找李承乾复命。此时的李承乾已经平息了怒火，清醒之后的他知道，一旦于志宁被刺，自己万万脱不了干系，既然杀手无功而返，那就算了吧，这一页就算翻过去了！

就在李承乾还在与张玄素、于志宁较劲的同时，魏王李泰已经成就了一项大大的功业，这个功业就是鸿篇巨制《括地志》。

《括地志》从贞观十二年开始编撰，历时四年，终于在贞观十六年（一说是贞观十五年）编撰完成。贞观十六年正月九日，李泰将完结的《括地志》呈献李世民，李世民大喜过望，他早知道李泰能干，却没有想到李泰如此能干。贞观年间天下已经大治，皇子想获得战功基本不太可能了，魏王李泰却独辟蹊径，从编书上为帝国立下了大大的功业，这个功业绝对不啻于战争年代的战功。

为此，李世民特意下诏，在诏书中对李泰称赞有加，"左武候大将军雍州牧相州都督魏王泰，体业贞固，风鉴凝邈，学综策府，文冠词林。乐善表于夙夜，好士彰于吐握。讨论舆地，详延儒雅；博采方志，得之于旧闻；旁求故老，考之于传信"，在诏书的最后，李世民写道："可赐物一万段，其书宜付秘阁！"

事倍功半，事半功倍，字数相同，顺序不同，背后的意义大不相同，其实一切的关键就在于是否得法。

不得法的李承乾事倍功半，得法的李泰事半功倍！

李承乾的不得法与李泰的得法都被李世民看在了眼里，也在心里进行着悄悄的对比。他心里的天平究竟要往哪边偏，李承乾在猜测，李泰在猜测，大臣们也在猜测。

随着李泰《括地志》的完成，李泰的美誉度也在节节高升，这时大臣们才恍然发现，原来这几年李泰魏王府获得的津贴居然要高于李承乾的东宫，这在以前是不可想象的。

李泰的津贴为什么会高于李承乾呢？这主要是因为李泰有编撰《括地志》之名，也有编撰《括地志》之实。借着编撰《括地志》不断延揽各方文人志士,他们都是以《括地志》的名义进入魏王府,这些人所产生的费用自然也要由《括地志》埋单,这样魏王府获得的政府津贴就要高于李承乾的东宫,而李泰也就享受了不是太子的太子待遇,此时的李泰或许可以印一张名片:

李泰 亲王(享受太子待遇)

名片的说法尽管戏谑,但事实确实是这样,李泰与太子待遇无异,差的只是太子的名号而已。

问题马上就来了,一山难容二虎,除非一公一母,一国也难容两个太子,连一公一母都不成。

面对李泰与太子李承乾的并驾齐驱,李世民无所谓,大臣们却很有所谓,这回皇帝不急,太监不急,大臣急了!

谏议大夫褚遂良看不过去了,给李世民上了一道奏疏,奏疏写道:"圣人早就定下体制,嫡子尊贵,庶子卑贱,嫡子所用之物没有限制,与皇帝享有同样标准,庶子虽然也可以被疼爱,但标准不能超过嫡子,这是阻止庶子夺嫡、根除祸乱的根源!"(圣人制礼,尊嫡卑庶,世子用物不会,与王者共之。庶子虽爱,不得逾嫡,所以塞嫌疑之渐,除祸乱之源也。)

从礼法而言,褚遂良说得有理有据,然而此时的他只是隔靴搔痒,说不到李世民的心坎上,因为他恰恰忘记了李世民皇位的由来,若是一味遵照嫡子传承的原则,李世民焉能登上皇位?所以说穿了,李世民是一个不按套路出牌的人,他不按套路争到了皇位,同样也不想按套路传承自己的皇位。

说到底,嫡子传承的原则合理吗?不合理!那为什么还要承认这个原则?难道没有更好的办法?

不按套路出牌的李世民并不想遵守这个原则,他想跟这个所谓的圣人体制掰一掰手腕,看看自己能否用一己之力改变这个老套的原则。

然而一个人对抗一种体制,即便有成果,也难免头破血流。

对于褚遂良的上书,李世民口头表示接受,实际上他依然在按照自己原有的套路出牌。从这个角度讲,其实李承乾的双面性格就是来自李世民的遗传,嘴上一套,手上一套,或许心里还有一套。

不久之后,李世民又打出了一张牌:魏王李泰迁居武德殿!

这张牌意味着什么呢?

这张牌其实是投石问路,看看群臣的反应。因为武德殿处于皇宫之内,正好在东宫以西，也就是说东宫在东，武德殿在西，两者恰恰是李世民天平的两端，如果说以前偏爱李泰还需要遮掩，那么现在就已经全部摆在台面之上，朕就是要实行双太子制，怎么样？

不怎么样！说这话的是老杠头魏征。

魏征上书说道："陛下如果疼爱魏王，那么就别让他处于被猜忌之地，武德殿正处于东宫西面，正是敏感之地。再者，海陵王元吉以前就住武德殿，虽然时代不同，事情不同，不过魏王住进去之后恐怕也不会安心！"

李世民看过魏征的上书，只能摇摇头，这个老魏，净说实话！

魏征的话代表了多数大臣的心声，这让李世民不得不有所顾虑。皇帝尽管君临天下，但同样需要重视大臣们的意见，即便是李世民这样自身能力超强的皇帝，也需要时不时与大臣们妥协。

这一次，李世民选择了妥协，因为他看到大臣们尽管明确反对的不多，但支持的几乎没有，默不作声的潜台词其实是反对，因为他们都在维护着一个东西：礼法！

礼法就是一张网，看似若隐若现，却无处不在，礼法是风车，而李世民就是堂吉诃德！

贞观十六年到贞观十七年，是李世民与礼法这架风车作战的两年。他曾经藐视这架风车，所以在武德九年六月四日他做下了惊天之举，然而事隔十六年，李世民发现，他不能再藐视这架风车了，因为他的位置已经在十六年间发生了重大的变化。

十六年前，他只是一名亲王，为了皇位他可以挑战风车。

十六年后，他已经是在位十几年的皇帝，身为皇帝，他需要尊重这架风车，如果连皇帝都不尊重礼法，礼法还会存在吗？社会秩序还会存在吗？

李世民是矛盾的，一方面他想尊重礼法，让嫡子正常传承，一方面他又想平等竞争，让更优秀的皇子继位，然而这注定是个两难的命题，没有最佳答案。

如何才能解开这个结呢？或许只能先从自身做起！

贞观十六年六月六日，李世民下诏，恢复息王李建成皇太子称号，海陵王李元吉改封巢王，这是时隔十六年后李世民对兄长和弟弟的追封，对李建成和李元吉而言毫无意义，毕竟他们不能从墓地里爬出来"谢主隆恩"。

追封是给死人的，慰藉的是活人的心。想想十六年前的你死我活，李世民的心中也充满了煎熬，尽管十六年来他一直告诉自己那是为了江山社稷，然而轮到自己的皇位传承，他才发现自己十六年来的自我安慰竟是那样的苍白。

皇权面前没有父子，遑论兄弟，然而你们毕竟是兄弟，流着同样血液的兄弟，李建成，李世民，李元吉，现在又轮到了李承乾和李泰。

何苦呢！何必呢！

矛盾中的李世民依然找不到答案，他决定继续试探。这一年的六月二十日，李世民下诏：自今皇太子出用库物，所司勿为限制！

随心所欲，为所欲为，这是皇帝给太子的礼物吗？太子李承乾说，是！然而太子左庶子张玄素说，不是！

这不是礼物，这是一个局，一个布满机关的局，一个决定李承乾储君地位的局。遗憾的是，李承乾没有智商，地球人都看出来了，而他偏偏没看出来！

两个月后，李承乾动用国库已经超过七万钱，算是过足了为所欲为的瘾。此时的李承乾如同坐在一堆柴火上，柴火的下面已经火星四溅，然而李承乾还在告诉自己，我很好，我很好！

很好，很好，你居然没有发现你爹把你放在火上烤！

太子左庶子张玄素又忍不住了，又一次上书劝谏，劝谏书的结尾张玄素写道："苦药利病，苦言利行，伏惟居安思危，日慎一日！"

这一次李承乾没有无动于衷，而是有了很大的反应，据《旧唐书·张玄素列传》记载，李承乾一度想派杀手行刺张玄素，《资治通鉴》则记载，李承乾派人用马鞭抽打了张玄素一顿，总之张玄素很着急，李承乾很生气！

生气的李承乾继续着自己的堕落，充满生机的李泰却从没有停止自己的私下活动。

从编撰《括地志》开始，李泰就开始用心招揽文人志士，注意与朝中大臣保持良好的关系。与此同时，李泰开始培养自己的心腹，这个心腹名单包括柴令武（柴绍的儿子）、房遗爱（房玄龄的儿子）等二十几人。在这期间黄门侍郎韦挺、工部尚书杜楚客（杜如晦的弟弟）先后进入魏王府管理日常事务，这两个人又成了李泰与朝中文武百官沟通的桥梁。

古往今来，沟通都不是单单用嘴说，还要讲究手里有货，韦挺和杜楚客的手里都是有货的，他们的"沟通"都是货真价实，真金白银。羊毛总是出在

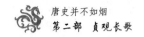
羊身上，李泰用于沟通百官的经费正是来自李世民赏赐的津贴，无穷无尽，没有尽头。

在李泰笼络百官的同时，李承乾也没闲着，他也派出自己的亲信与百官沟通，钱同样没少花。如此一来，太子李承乾与魏王李泰的竞争就成了一场拉人头的战争，搞笑的是，他们用的活动经费都来自皇帝的赏赐，都来自国库，说白了两家都不是大款，而是用公款。他俩的竞争就是李世民左手与右手的斗争，究竟谁能胜出，不取决于左手，也不取决于右手，而取决于李世民的内心。

此时的朝中尽管没有明显的分野，但李世民已经闻到硝烟的味道，这种味道他太熟悉了，在武德年间他经常闻，还很上瘾。然而现在不同了，他的角色不同了，他是皇帝，他是天下唯一的主人，他最不愿意看到的就是臣子们的派系斗争，因为这样的斗争毫无意义，于国于民有百害而无一利。

李世民清楚地知道，朝廷大臣中除长孙无忌、房玄龄、褚遂良、魏征、马周等少数重臣外，其他大臣都是心有所属的，他们都在内心押宝，猜测继承大统的究竟是李承乾还是李泰。这道二选一的选择题高悬在长安的上空，它的答案将关系着大唐的未来走向。

这一年八月十四日，李世民与褚遂良有过一次聊天。

李世民曰："当今国家何事最急？"

谏议大夫褚遂良曰："今四方无虞，唯太子、诸王宜有定分最急。"

李世民曰："此言是也。"

如果说年初李世民回应褚遂良的上书还是虚与委蛇，那么这一次的回应却是真实的，半年来他已经察觉到李泰和李承乾争斗，而且这种争斗还有愈演愈烈之势。倘若任由发展，朝中大臣早晚会彻底分成两派，届时自己这个皇帝怎么摆？是加入其中一派，还是充当孤家寡人？

不行！不能任由他们发展下去了！

然而要想阻止太子与亲王的争斗并不是一纸诏书就能解决的，关键问题还在于稳定太子的地位，让亲王动无可动。如何稳定太子的地位，那就是给他配备强有力的师傅。

李世民遍阅群臣，最终选定了魏征，这个老杠头抬起杠来连皇帝面子都不给，忠心正直别人是没法比的，就选他吧。有他做太子的挡箭牌足以抵挡一阵，至于太子能否真正度过危机，那就看他自己的造化了。

贞观十六年九月四日，李世民委任魏征为太子太傅，李世民就是要用魏征这个老杠头堵上群臣的嘴：看，皇上让位高权重的老魏给太子压阵了！

对于这个任命，魏征自知责任重大，大病初愈后不久便上书请辞，结果被李世民驳回。李世民说，昔日刘邦险些废掉太子，多亏有商山四皓才避免了废嫡立庶，现在我把你当商山四皓，我知道你还有病在身，没事，躺在病榻上一样能辅佐太子！

如此推心置腹，病重的魏征只能应命，勉强为之，他明知道李承乾可能难堪大任，而皇命在身，明知不可为，也需为之！

在这之后，李世民刻意维护着太子李承乾，并在贞观十七年正月十五日有了一次非常正式的表态。

李世民郑重说道："太子虽然脚有毛病，但并非不能行走，无伤大雅。况且《礼记》有云：嫡子死，立嫡孙，今年太子的儿子已经五岁了，我绝对不会以庶子代嫡子，打开祸乱根源！"（太子虽病足，不废步履。且《礼》：嫡子死，立嫡孙。太子男已五岁，朕终不以孽代宗，启窥窬之源也。）

说到，做到，一字之差，万里之别，有的人，说到做到，有的人，说到却做不到！

看疗效！

第十四章 意 外

魏 征 去 世

贞观十七年，多事之年。

这一年正月十七日，老杠头魏征含笑九泉，这个阅历丰富、履历复杂的老臣终于走完了他的人生路。

他的一生是复杂的一生，斗争的一生，他给李密打过工，给窦建德出过力，给李建成出过谋划过策，又在贞观年间以善于进谏名扬天下，名垂青史。后世的人一提到李世民必然会提起魏征，一提起魏征也必然会想起李世民，君臣一时之际遇，堪称千古典范。

在魏征病重期间，李世民先后派使者前去探望，派出慰问和送药的使者相望于道，同时李世民还安排中郎将李安俨住在魏征的家中，一有情况随时报告。

在魏征病重期间，李世民、太子李承乾一同前往魏征家中看望，鼓励他安心养病早日战胜病魔，并且指定衡山公主下嫁魏征的儿子魏叔玉。魏征表示，一定牢记李世民的嘱托，安心养病，早日回到工作岗位。

然而，天不假年，病魔还是夺去了魏征的生命，贞观十七年正月十七日，魏征病逝，享年六十四岁。

当日李世民命文武百官九品以上者必须参加魏征的葬礼，同时赏赐羽毛仪仗队和军乐仪仗队，陪葬昭陵（李世民百年以后的寝陵）。

然而李世民的安排却遭到了魏征夫人的反对，其妻裴氏曰："征平生俭素，今葬以一品羽仪，非亡者之志。"随后将一切赏赐固辞不受，只用篷盖围幛之车载柩而葬。

悲痛中的李世民登上皇家禁苑西楼，望着送葬的队伍流泪哭泣，随后亲自撰写碑文，并亲自提笔书写。

随后的几天，李世民对魏征思念不已，对侍臣说出了那句千古名言："人以铜为镜，可以正衣冠，以古为镜，可以见兴替，以人为镜，可以知得失；魏征没，朕亡一镜矣！"

斯人已逝，音容永存！

古人说，盖棺定论，其实盖棺未必定论！

魏征的身后定论在李世民的手中遭遇了反复！

魏征定论的反复起因是两次推荐！

贞观十七年四月，侯君集因与太子李承乾阴谋谋反被诛，与侯君集有过联系的人都受到了调查。这一调查就调查到已经过世的魏征身上，原来魏征曾经向李世民推荐过侯君集，建议由侯君集出任尚书右仆射，同时掌管长安的禁卫部队。这个建议当时就被李世民否决，现在侯君集被诛，魏征这次推荐被当作旧账翻了出来。

如果仅仅推荐侯君集也就罢了，偏偏魏征还有一次推荐，那一次推荐的是杜正伦。遗憾的是，杜正伦因为泄露李世民的话被贬出长安，一路被贬到了越南。

两次推荐，一个被诛，一个被贬，难道是巧合吗？

心胸很大的李世民同样疑心很大，由此他怀疑魏征并非表面看起来那样正直，连续推荐两人都出了事，莫非这两人都与魏征有私交？莫非魏征结党营私？

就在李世民冥思苦想没有答案时，一封针对魏征的小报告呈递给李世民，这个小报告的内容更惊人："魏征居然每次将自己的进谏书出示给褚遂良看。"

这个小报告意味着什么呢？意味着魏征沽名钓誉。

魏征将自己的进谏书出示给褚遂良看，而褚遂良恰恰是负责记录李世民起居的官员，李世民的一言一行褚遂良都会记录，这些记录都会成为历史。魏征展示进谏书后，褚遂良也会同样记录，这样历史上就留下了魏征的进谏，而这些进谏书也在不经意中暴露李世民的若干缺点（没有缺点就无从进谏），所以说魏征展示进谏书是沽名钓誉，增加自己的声名，却在无形之中损害了李世民的名誉。

是可忍，孰不可忍！

魏征去世三个月后，第一次盖棺定论被李世民用行动推翻。李世民宣布解除衡山公主与魏征之子魏叔玉的婚约，同时命人推倒自己亲手为魏征书写的墓碑，这就是魏征得到的第二次盖棺定论！

第一次盖棺定论是荣耀，第二次盖棺定论是屈辱，那么还会有第三次吗？

两年之后，九泉之下的魏征等来了第三次盖棺定论。

贞观十九年十月，李世民用兵高句丽受到挫败，此时的他又想起了魏征，不由叹息道："如果魏征还在，他不会让我有这次行动！"

叹息之余，李世民派出使节亲临魏征墓前，用少牢（羊一只猪一头）祭奠魏征，同时下令将两年前推倒的墓碑重新竖立，从今之后，你依然是群臣典范的魏征！

一次去世，三次盖棺定论，饱经折腾的魏征一家从此一蹶不振，再无往日辉煌，尽管李世民为魏征重竖墓碑，然而仅仅是做个姿态而已，衡山公主与魏叔玉的婚约再也没被提起。显然在李世民的心中，魏征这两个字，已经打了折！

世事浮云，魏征带给这个家族无限荣光，同时也带走了家族荣光的最后一片云彩！

伴君如伴虎，生死不轻松！

风暴之中的李承乾

魏征走了，李世民为李承乾竖起的挡风墙又消失了，此时的李承乾并没有意识到魏征的重要性。在他看来，只不过走了一个迂腐的老头。

如果魏征健在，李世民还能长时间拿魏征说事，如果有人对李承乾不利，那么职责在身的魏征一定会拼着老命维护李承乾，他，说到做到！

遗憾的是，这一切都是如果，没有结果，没有魏征挡风的李承乾注定要把自己的软肋一一露出，然后在浑浑噩噩中等来致命的一击。

过早成人化，双面人，叛逆期，不良嗜好，这是李承乾的四大软肋，而不良嗜好恰恰是李承乾作为太子的最短的那块木板！

一只木桶储存多少水，不取决于最长的那块木板，而恰恰取决于最短的那块木板，这就是著名的短板效应。

李承乾的不良嗜好有很多，比如酷爱突厥文化，比如同性恋，比如喜欢列阵厮杀。

酷爱突厥文化放在一般人身上不算不良嗜好，隋文帝杨坚就有一个儿子酷爱佛教差点儿直接出家当了和尚。但问题在于，你，李承乾不是一般人，你是大唐的储君，一言一行都需要合乎法度，要有储君的风范，而你，偏偏都没有。

说起来，难以置信，大唐的储君居然喜欢偷民间的牛马！

可能是为了体验生活，李承乾私自命人铸造了高八尺的铜炉、六只脚的大鼎，这些物件是做什么用的呢？煮牛马用的！牛马从哪来呢？不是买来的，也不是自己养的，更不是皇帝赏赐的，而是李承乾安排手下到民间偷来的！

偷来牛马之后，李承乾毫无架子，亲自动手烹饪，然后与手下共享，或许在那一刻他已经忘了自己是太子，而是一个普通的突厥人。

除了饮食，李承乾在语言上和服饰上也向突厥看齐，他最喜欢的服饰是突厥服饰，他最喜欢的手下都有一个共同标准：要么是突厥人，要么长得像突厥人！

李承乾把这些类突厥人手下五人分为一个小组，这个五人小组就相当于一个迷你突厥部落，这些人一律梳着小辫，身披羊皮，然后一起到草地上放羊。另外李承乾还特别制作了画有五个狼头的大旗以及裁成长方形的幡旗，在竖立狼头大旗的地方搭建帐篷，他自己就住在帐篷之中。

这样，服饰、装扮、旗帜全部突厥化，饮食方式也突厥化，每次到了吃饭的时候，李承乾都会逮几只羊烹煮，然后极其平易近人地抽出佩刀与手下一起分割食用。

酒足饭饱之后，李承乾导演还要给大家说一下戏："现场都注意一下啊，我现在假装是可汗，我挂了，你们现在来参加我的葬礼！要注意你们的表情，

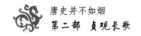
预备，开始！"（我试作可汗死，汝曹效其丧仪。）

说完导演僵卧于地，手下号啕大哭，骑着马围着导演的"尸体"转圈，并按照突厥的传统，用刀割破自己的脸，以表示对逝去可汗的怀念与尊重！

许久之后，李承乾才从地上跳起来，发表一通感言，说道："等我拥有天下之后，一定要率数万大军到金城（今甘肃省兰州市）以西打猎，然后解开头发打扮成突厥人，去投奔阿史那思摩，假如让我当一将军，那肯定不会落于他人之后！"

不愿意当天子，却愿意当突厥的将军，李承乾与明朝那位荒唐的正德皇帝有得一拼！不同的是，人家正德皇帝愿意当的还是大明的将军，而他要当的则是突厥的将军！

咋想的呢？

或许可以套用某位至善文化大师的话，"因为文化"。

如果说李承乾酷爱突厥文化还只是个人爱好问题，那么同性恋，就是十足的离经叛道了，不用说在一千多年前的唐朝，就是在当代，同性恋依然是一个敏感的话题。

从李承乾的表现来看，他应该属于双性恋，他有子嗣，这说明他并不排斥女人，他又喜欢一名姿容美丽的乐队男童，这说明他也不排斥男人，综合评定：双性恋！

李承乾喜欢的这名乐童在历史上没有留下名字，只知道李承乾称他为"称心"，称心，称心如意！

有了称心之后，李承乾与称心同起同睡，感情亲昵，如果没有意外发生，两个人或许还可以留下更多的佳话。

然而意外还是来了，意外的制造者就是李世民！

怒不可遏的李世民将称心和另外几个受李承乾宠爱的旁门左道人士一网打尽，一个字，斩！

这次意外给李承乾的打击很大，"称心"已去，夜风冷冷，谁与共眠？

有情有义的李承乾在家中腾出了一个房间，供起称心的塑像，早晚焚香祭奠，感伤不已，同时又将称心的遗体埋葬在东宫的花园里，并且追赠称心官位，竖立墓碑，以示纪念！

有情有义，有爱有心，可惜用得不是地方。

电视剧《大明宫词》中有一个桥段：高宗李治的皇太子李弘莫名其妙暴死之后，一直与他相恋的男童主动来到李治和武则天的面前，承认自己与太子李弘的恋情，并主动要求为李弘殉葬，唯一的要求是合葬，最终高宗成就了这段凄美的爱情。

显然这是败家编剧恶搞的桥段，但这个桥段的取材应该就来自李承乾和称心的爱情故事。

或许在李承乾看来，同性恋不是罪，爱情更不是罪！

与生活突厥化和同性恋比起来，李承乾喜欢列阵厮杀其实对于他而言，实在算不上致命的恶习，这条恶习严格算来是充数的！

与李承乾一起玩列阵厮杀的是李承乾的叔叔汉王李元昌，这个李元昌是李渊的儿子，李世民的弟弟，并非出自窦皇后，很有可能是李渊称帝后与后宫美女在工业化流水线上生产出来的。

前面我说过，李建成，李世民，李元吉，这是李渊与窦皇后精耕细作的结果，后面的多数都是工业化流水线的结果。因为这个原因，李承乾和李元昌有可能年龄相仿，甚至很有可能李承乾年龄长于李元昌，可没办法，见了李元昌还得叫叔，谁叫人家辈分大！

不过这个李元昌实在没有个叔叔样，时任梁州都督（总部位于今陕西省汉中市）的他经常违法乱纪，已经多次受到皇帝哥哥的训斥，为此心里非常不爽，对李世民不免也有些怨恨，"牛什么牛，谁不知道你的皇位是怎么来的！"

与哥哥李世民关系紧张，但与侄子李承乾的关系非常铁，两人经常一起游玩，他们经常玩的游戏就是列阵厮杀。

每逢此时，两人将带领的手下一分为二，两人各率一队，队员们身披毛毡缝制的铠甲，手持竹枪竹刀，列阵扎营，呐喊厮杀，每次冲锋都得有挂彩的，不然没效果，不真实。

即便如此，李承乾还是觉得不过瘾，常常不无憧憬地说道："使我今日做天子，明日于苑中置万人营，与汉王分将，观其战斗，岂不乐哉！"

除了憧憬"战斗"，李承乾还展望过登基后的生活，曰："我为天子，极情纵欲，有谏者辄杀之，不过杀数百人，众自定矣。"

胡亥再世，商纣王轮回，这孩子没救了！

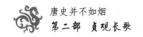
酷爱突厥文化，同性恋，喜爱列阵厮杀，三大不良嗜好叠加，李承乾的储君地位已经岌岌可危，尽管李世民还在用《礼记》维护着李承乾，然而《礼记》不是避风港，《礼记》不是防弹衣，只要再来一阵风，等待李承乾的将是万劫不复！

风从北方来

贞观十七年，太子李承乾和魏王李泰的相互倾轧还在继续，彼此都在给对方下套。此时的两个人如同纠缠在桅杆上争夺顶端的彩球，那彩球就是未来的大唐皇位。

在这期间，李泰授意他人打小报告以达到诋毁李承乾的目的，李承乾也不是省油的灯，居然想出了一个馊得不能再馊的主意。

这一年的某一天，有人自称为魏王府典签（管理信件收发的官员）向李世民呈递"亲启密奏"，在"亲启密奏"上历数李泰的种种罪恶，看得李世民触目惊心。惊心之余，李世民想与此人面谈，没想到一查找，这个人已经消失得无影无踪，生无对证！

稍有点智商的人都会推测出这是李承乾搞的鬼，可为什么李承乾还要这么做呢？因为他没智商，尤其是政治智商！

屈指一算，李泰和李承乾的争斗已经进行了七年，这七年中他们表面和睦，暗地争夺，在父亲心中的那架天平上上蹿下跳，折腾不已。如果没有外力介入，天平两端的均势还会持续，现在，一股外力出现了，风从北方来！

这股从北方来的风是从齐州（总部位于今山东省济南市）刮过来的，风暴中心是齐州都督齐王李祐，在李世民十四个儿子中，李祐排名第五。

李祐并非出自长孙皇后一脉，因此在皇位的争夺战中没有他的份，不过无份参与并不代表与世无争，他其实还是想争一争，即使争不到皇位，也需要给自己争一争生存的空间。基于此，他的舅舅尚乘直长（皇宫御马管理局副管理官）阴弘智游说他："王兄弟既多，陛下千秋万岁后，宜得壮士以自卫。"

闻听此言，李祐不断地点头，是啊，兄弟十四人，个个都是白眼狼，一旦父皇挂了，这些白眼狼还不把脑浆子都打出来，不得不防啊。

随后阴弘智向李祐引荐了自己的大舅哥燕弘信，深得李祐赏识，此后，燕弘信就成了齐王府死士的头目，在他的手下，有一群誓死效忠李祐的死士。

死士归死士，效忠归效忠，说到底李祐招募这些人是为了自保，至于谋反，还是想都不敢想。

李祐之所以最终会谋反，都是被齐王府长史权万纪给逼的！

权万纪这个人，有能力，有忠心，有官德，就是少了一点人性。别人做官是既做官又做人，到他那里，变了，只做官不做人，说到底，这是一个能吏，同时是一个酷吏！

酷吏权万纪被作为正直的人派遣到齐王府做长史（政务秘书长），李世民交给他的任务是辅佐齐王，劝谏齐王，齐王有过失时及时向皇帝汇报。

二十出头的李祐跟李承乾一样，也酷爱打猎，这可能是李世民的遗传。然而频繁的打猎不仅劳民伤财，还有不务正业之嫌，为此权万纪没少劝谏，结果跟张玄素一样，他们的劝谏都成了一阵风。

除此之外，权万纪还对李祐手下的一些死士看不惯，最看不惯的两个人叫昝君謩和梁猛彪，借着给李世民上书的机会狠狠地弹劾了这两个人，后来由李世民下令，把这两个人驱逐出了齐王府。

然而不久之后，齐王李祐又想起了这两个人的好，私下里又把这两个人接了回来，权万纪算是白折腾了。

眼看劝谏无用，弹劾无用，权万纪想到了明哲保身。在他看来，齐王迟早会出事，自己一定要趁早选择清楚。

要说权万纪这个人也挺黑，在自己选择清楚的同时还摆了李祐一道。

权万纪先是找到李祐，告诉李祐："你做的那些事皇帝都知道了，你自己上书承认一下吧，争取一个好态度，我会在皇帝面前替你辩解，保你无事，同意的话，就按照我写的这个东西上书吧！"

李祐一看，权万纪居然详细列出了自己的种种过失，非常全面，如果按照这个上书能有好果子吃吗？

看看权万纪坚定的眼神，李祐相信了他，一一承认了这些过失，然后把这些汇总起来给父亲李世民上了奏疏。

随后权万纪从齐州动身到了长安，面见了李世民汇报了工作情况，并且向李世民声明："齐王一定会改好的，陛下您放心。"

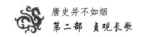

如果事情到此结束，权万纪和李祐各取所需，皆大欢喜，然而李世民的搅和让两人的关系从此势如水火。

李世民是怎么做的呢？

他一方面对权万纪勉励有加，一方面又对李祐进行训斥，针对李祐自己上书列出的种种过失——训斥，这下让李祐的心态彻底失衡！

"闹了半天，你权万纪是拿我邀功请赏呢！先让我承认这些过错，然后再把我的表态认错当成你的功绩，这不是坑人吗？迟早有一天我会杀掉你！"

时光飞逝，李祐和权万纪之间的龃龉还在升级。

有了在长安时李世民的勉励，权万纪对李祐的约束越来越严，每次李祐想外出打猎，权万纪都不批准，别说打猎，连城门都出不去。想打猎，门都没有，就在齐王府内转圈吧！

这还不算，权万纪还私自做主，把李祐打猎用的苍鹰和猎犬都放了，猎都不打了，还要鹰和犬干什么？更令李祐气愤的是，权万纪居然又一次把昝君謩和梁猛彪驱逐出齐王府，不准他们再与李祐见面，否则见一次，打一次！

双方的龃龉升级，权万纪紧张的神经也在绷紧，稍有风吹草动就紧张不已，不久终于发生了一个土块引起的血案！

土块血案的起因是这样的，一天深夜，一个来路不明的土块落到了权万纪家的院子里，这个土块究竟是什么人扔的呢？土块的背后究竟隐藏着什么呢？神经紧绷的权万纪一下子想到了昝君謩和梁猛彪，这两个人两次遭到自己的驱逐，一定是这两个人想谋害自己。

越想越怕，越怕越想，权万纪索性派人把这两个人囚禁了起来，同时通过朝廷的驿马向李世民发去了奏章：齐王李祐及其同党数十人为非作歹！

这下李祐与权万纪的关系彻底崩了，势不两立！

接到奏章的李世民责成刑部尚书刘德威前往齐州调查，发现事出有因，查有实据，齐王李祐确实问题很多！

李世民下诏，齐王李祐与权万纪一起进京面圣！

此时的李世民未必真的想处理李祐，或许只是叫到长安当面训斥一番，然而他高估了李祐的心理素质！接到诏书的李祐居然反了！问题严重了！

李祐接到李世民的诏书后，几年来的怨气彻底爆发了，其实他的怨气主要是针对权万纪，这个酷吏几年来把自己折腾得够呛，这一次又是恶人先告状，此时不除更待何时!

已经先李祐一步动身的权万纪此时正在通往长安的路上,他以为这一次可以在李世民面前替自己说清楚,没想到,他已经再也见不到李世民了,因为他先看到了李祐的箭!李祐派出二十多名骑兵一路疾驰,追上了权万纪,二十多名骑兵一起放箭,酷吏权万纪倒在了乱箭之中!

其实即使射死了权万纪,李祐也没到非谋反不可的地步,只可惜,这孩子,轻浮急躁,做事不过脑子,脑子一热,索性造起了老爹李世民的反!然而造反是一件高智商的工作,不只是一咬牙一跺脚,爷爷李渊能造反是因为他处在那个风起云涌的时代再加上本身有那个能力,而你,孙子李祐,你难道没有发现时代不同了?难道没有发现你是个低能儿?

喝醉的人从来不说自己喝醉,低能的人从来不知道自己低能,都是悲剧!

冲动的李祐在射死权万纪后举起了造反的大旗,开始任命自己的文武百官,同时大开仓库,滥赏随从,磨砺武器,增强城防,一副新起炉灶、开国奠基的模样。

贞观十七年三月六日,李祐谋反的消息传到长安,这既在李世民的意料之外,又在李世民的意料之中。

李世民平静地发布命令,命兵部尚书李世勣集合怀州、洛州等九州兵马前往平叛,同时给李祐写了一封亲笔信:"我经常告诉你不要亲近小人,就是为了避免发生今天这种事,可惜你没听!"(吾常戒汝勿近小人,正为此耳。)

事实证明,李祐原本不想造反,他也没有能力造反,在李世勣率领九州兵马向齐州逼近时,他还在与死士头目燕弘信的哥哥燕弘亮一起开怀畅饮。为了打消李祐的焦虑,燕弘亮说道:"大王不必担忧,我右手拿酒杯,左手拿刀就能把他们全打跑!"(王不须忧!弘亮等右手持酒卮,左手为王挥刀拂之。)

吹牛不上税吗?

吹牛能迷惑李祐的内心,却挡不住大兵压境,在李世勣的九州兵马还没有到来之前,青州、淄州的兵马已经进入了齐州境内,齐王府的覆灭只是时间问题。覆巢之下焉有完卵?为了避免被一锅烩,齐王府内的一些人开始自救,领头的是齐王府兵曹参军(军务官)杜行敏,在杜行敏的身后是一批李祐的随从以及齐王府的卫兵。在李世民和李祐这道二选一的选择题上,他们齐刷刷地

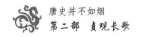
选择了李世民！

三月十日夜，齐王府外鼓声喊杀声乱成一片，杜行敏开始行动。在内室之中的李祐惊恐地询问侍从发生了什么事，侍从们欺骗他说："英公统飞骑已登城矣！"李祐目瞪口呆，惶惶不安地坐在内室里等待事情的进一步发展。

与此同时，杜行敏已经将李祐布置在王府外的党羽砍杀干净，李祐已经孤立无援。然而齐王府内依然有部分忠于李祐的卫兵在抵抗，这也难不住杜行敏。杜行敏瞅准一处防卫空虚处，从院墙上愣是掏出了一个洞，顺着这个洞，杜行敏等一千余人一拥而上，把李祐的内室包围得严严实实，留给李祐的时间和空间都已经不多了。

李祐还想死守，杜行敏一句话让李祐放弃了抵抗："王昔为帝子，今乃国贼，不速降，立为煨烬矣！"

不出来，就烧死你！

没有比这更恐吓的恐吓了，受到惊吓的李祐只能与党羽们灰溜溜地出来投降。齐王叛乱就此结束，刚开头，就结了尾！

不久之后，与此事件相关的各方人等都有了不同的结局：

齐王李祐因谋反被赐内侍省自尽。

党羽四十余人处决。

杜行敏因平叛有功晋升巴州刺史。

权万纪因忠于王事追赠齐州都督，追封武都郡公，谥号敬公！

东宫勇士纥干承基因与齐王谋反有牵连，羁押大理狱，按律当斩！

不起眼的纥干承基，阴差阳错地受牵连，却在不经意之中让这场争储之战有了出人意料的结果！

事　败

在无数的电视剧或者是颁奖礼上，总有一些成功男士哽咽地说："我感谢我的家庭，然而我亏欠家庭的太多，我不是一个好丈夫，也不是一个好父亲！"说到动情处，竟无语凝咽，此处无声胜有声。

其实，严格说起来，李世民是个好皇帝，却不是一个好父亲，或者说没有尽到做父亲的教育责任。在他的教育下，李承乾、李泰野心勃勃，李祐性格轻浮急躁，李治貌似忠厚实则心眼不少，总之每个儿子都虎视眈眈，李世民这个父亲却始终无法平复皇子们的狼子野心。

或许在皇权至高无上的背景下，只要不是独生子女，皇帝就注定无法一碗水端平，也无法做一个完美的好父亲，所以李世民的父子关系注定要以悲剧告终！

贞观十七年三月，齐王李祐自酿悲剧，最终自杀身死，与此同时，太子李承乾也在行动，种种迹象表明，他试图复制一次"玄武门事变"。

这一次，李承乾是认真的，他的手下不再是以前那些乌合之众，取而代之的是一些重要角色。这个名单包括吏部尚书侯君集，左屯卫中郎将李安俨，汉王李元昌，洋州州长赵节，杜如晦之子、驸马杜荷，这些人聚集到一起的目的就是为了李承乾继承大统。

侯君集怎么会混入李承乾的队伍呢？这还得从灭国高昌后的那次审判说起！

灭国高昌之后，侯君集踌躇满志地班师回朝，满心以为等待他的是节节高升，然而没想到，班师不到十天，他就被控纵兵劫掠押入大牢。如果没有岑文本的上奏，侯君集恐怕还要在大牢中煎熬些时日，在岑文本上书后，侯君集才被无罪释放。

无罪释放，劫后余生，侯君集的心中却憋着一口气，何以远征大胜还要受这种气，侯君集想不通，心里也不服，然而不服又不能找皇帝去说，不服怎么办，只能忍着。

从此之后，侯君集担任吏部尚书，颇有声名，然而吏部尚书这个位置依然不能让他完全满意，在他的前面是长孙无忌和房玄龄这些刀笔吏出身的文官，甚至远离朝政的李靖也排在他的前面，这让侯君集非常不忿：长孙无忌、房玄龄有什么战功？李靖的战功过时很久了吧！

不忿，不服，郁闷，贞观十四年后的侯君集始终是有情绪的。

侯君集的不服不忿瞒过了很多人，却瞒不过自己的女婿贺兰楚石，而贺兰楚石当时正好担任东宫贴身带刀侍卫（东宫千牛），于是贺兰楚石就成了侯君集与李承乾沟通的桥梁。不久，侯君集与李承乾一拍即合，各取所需。李承乾需要利用侯君集的谋略与影响巩固自己的储位，侯君集则渴望通过李承乾迎来出头之日。在权衡利弊之后，他们发现，只有政变才是唯一的出路，不然，侯君集无法出头，李承乾的储君之位也随时有可能倾覆。

为表忠心，侯君集举起自己的双手对李承乾说道："此好手，当为殿下用之。"这就算向李承乾表了忠心。随后侯君集又严肃地对李承乾说道："魏王李泰正受皇帝宠爱，恐怕殿下会有隋朝太子杨勇那样的灾祸，如果皇上有诏书召见殿下，一定要提前有所防备，以防不测！"（魏王为上所爱，恐殿下有庶人勇之祸，若有敕召，宜密为之备。）

听罢，李承乾沉重地点了点头。

除侯君集之外，左屯卫中郎将李安俨也投入了李承乾的阵营。他的任务很简单，利用职务之便监视李世民的行动，一有情况，随时汇报。

儿子监视老子，李承乾已经越陷越深！

在这两个人之外，汉王李元昌，洋州州长赵节，杜如晦之子杜荷，他们都把宝押在了李承乾身上，一旦李承乾成功，他们都是重臣，而一旦失败，他们都将是乱臣贼子。然而，当他们决定投身李承乾阵营时，眼前闪现最多的还是成功后的场景，成功，太诱惑了，成功，也是有先例的，当今皇上不正是通过这个途径成功的吗？长孙无忌、房玄龄不就是当初押对了宝吗？

世上无难事，只怕有心人！

统一思想之后，所有同谋者皆割破手臂，以帛拭血，然后把沾血的帛烧成灰，最后放到酒里喝下，立下同生共死的誓言，同时计划引兵攻入皇宫，再来一次"玄武门之变"。

为了防止夜长梦多，杜荷提醒李承乾说道："天文有变，当速发以应之，殿下但称暴疾危笃，主上必亲临视，因兹可以得志。"

这个计划比攻入皇宫还简单，直接把李世民诈入东宫然后完成逼宫，如果李承乾采纳杜荷的计划，大事犹未可知！

不知出于什么原因，李承乾没有采纳杜荷的计划，而是静观事态发展，等待机会，这一等就等到了齐王谋反。李承乾听闻齐王李祐齐州谋反后，很是不以为然，顺嘴对身边的纥干承基说道："太子宫西墙与大内只有二十步的距离，我要是跟你们一起举事的话，齐王怎么跟我比啊？"（我宫西墙，去大内正可二十步耳，与卿为大事，岂比齐王乎？）

有些话可以说，有些话不能说，一辈子都不能说。

因为这句一辈子都不能说的话，李承乾栽了，彻底栽了，即使爬到西天求我佛，我佛也得说：孩子，我也没辙！

大嘴李承乾说完这话后不久，纥干承基被抓了，理由是与齐王谋反有牵连。凡是牵连进这种谋反大案，注定十死无生，如果没有天大的意外，贞观十八年的某一天就是纥干承基的忌日。

要生日还是忌日，纥干承基在内心里不断挣扎，最终生的欲望占了上风，选择到贞观十八年过生日。

艰难抉择后的纥干承基抬起头，对狱吏说道："我要见你们的上司，我有重大事情举报！"

贞观十七年四月一日，那一天不是愚人节，李世民却收到了比愚人节还愚人节的亲启密奏：太子李承乾谋反！

没有比这更劲爆的愚人节新闻了！

震惊之余，李世民指定司徒长孙无忌、司空房玄龄、特进萧瑀、兵部尚书李世勣会同大理寺、门下省、中书省联合调查审判，结果让李世民继续震惊，"反形已具"！

不是愚人节，是真的！

李承乾谋反是真的吗？在我看来，其实未必！

我们现在看到的历史实际是经过多方修饰的，未必是完全的真相。

李承乾谋反，可能有其心，未必有其胆，可能有策划，未必有实施。然而在皇权面前，并不需要绝对的事实，只要有"意欲"，一切就足够了！李世民这样的皇帝是不会等到木已成舟之后再清算的，任何威胁皇权的举动都必须被消灭于萌芽之中，因为他的心中有一道永远走不出去的玄武门！

现在李承乾谋反已经被坐实，该如何处置呢？历史上不乏处决谋反太子的先例，难道李世民也要步他们的后尘吗？

此时隋朝大将来护儿之子、通事舍人来济站了出来，说道："陛下不失为慈父，太子得尽天年，则善矣！"

这句话说到了李世民的心坎里，经历过玄武门之变的他更加明白父子深情的含义，即便意欲谋反，即便图谋不轨，然而父子毕竟是父子，血缘深情，你是逃不过的，三月已经赐死了齐王李祐，现在还要加上一个李承乾吗？不能！绝不能！

第十五章　尘埃落定

曙　光

李承乾倒了，最难过的是李世民，最高兴的莫过于李泰。

争储天平的两端，一端是李承乾，一端是李泰，现在那一端的李承乾倒了，这一端的李泰便看到了曙光，争斗了七年，终于要在贞观十七年画上一个句号了。

无论是李泰，还是李泰身边的人，抑或是朝中那些看好李泰、支持李泰的人，他们一致认为，在李泰的面前将是一片阳光灿烂！

可惜，阳光灿烂的日子只有五天，短短的五天！

贞观十七年四月一日，李承乾事败，李泰从这场争储大战中疑似胜出，而这个疑似一度有确诊的迹象。

四月一日之后，李泰连续数日进宫侍奉李世民，他知道这是立储的关键时刻，把握住这个时刻，自己就是未来的皇帝，把握不住，那么七年来的争斗将毫无意义！

此时的李世民疲惫不堪，伤心不已，不到一个月，连续两个儿子谋反，自己这个皇帝真就当得如此失败吗？

看着眼前的李泰，李世民又有些安慰，还好，不是所有的皇子都不成器，青雀（李泰小名）一直表现都不错。如果太子成器，他必定没有机会，现在太子谋反已经查实，太子之位空了出来，莫非是命中注定给青雀的？

或许有些事是上天早已注定的！

闲暇之余，李世民翻看这几日大臣们送上的密奏，有几封密奏是关于立新太子的。从密奏来看，李泰的支持率非常高。

黄门侍郎刘洎、中书侍郎岑文本、给事中崔仁师都给李泰投了赞成票，看来李泰的呼声真的很高。

然而令李世民疑惑的是，司徒长孙无忌却提出了不同意见，他不同意李泰而是坚决支持晋王李治，这是为什么呢？两个都是他的亲外甥，他为什么不支持李泰，转而支持晋王李治呢？

其实，以李世民的聪明，他应该已经看透，只是不点破罢了。如果立李泰，长孙无忌于李泰毫无功劳，如果立李治，一切就不一样了，李治得立，长孙无忌首功一件。

一边是寸功未立，一边是首功一件，如果你是长孙无忌，你会怎么选？

实际上，在长孙无忌押宝之前，李世民原本已经心有所属了，这个人不是别人，正是魏王李泰。

当日，李世民当面告诉李泰，朕将立你为太子，等这一天等了七年的李泰再也控制不住自己的情绪，激动地投入李世民的怀抱，说道："我到今天才成为陛下真正的儿子，这是我的重生之日，我只有一个儿子，等我死之日，我会为了陛下杀掉他，然后传位给晋王！"（臣今日始得为陛下子，乃更生之日也。臣有一子，臣死之日，当为陛下杀之，传位晋王。）

假话说多了，就把假话当成真话，别人信以为真，自己也浑然不觉！

李泰败就败在这句表忠心的话上！此时即使不说话，老爹也不会把你当哑巴，谁让你嘴欠，多嘴！

李世民心属李泰，但他同样需要听听群臣的意见，早年间魏征就曾告诫过他，"兼听则明，偏信则暗"，听一听大臣们的意见很有好处。

当李世民把李泰的话转述给大臣们听时，褚遂良接过了话头，说道："陛下，您说错话了，可得警惕啊。陛下百年之后，魏王君临天下，有哪个皇帝肯杀自己的爱子传位给兄弟的？魏王可能那么做吗？陛下您以前立李承乾为太子，后又宠魏王李泰，如此才造成了今天之祸。陛下今立魏王，那就先处置晋王，那样才能安全！"

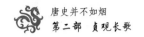

一语惊醒梦中人，原来如此！

听罢，李世民流下了热泪，感伤地说道："立魏王而杀晋王，我做不到！真的做不到！"

回宫之后，李世民久久不能平静，原本以为二选一的选择题已经有了答案，现在看来，还是没有答案，为什么立储这么难呢？这道选择题太难了，太难了！

最后的博弈

在李世民面对立储选择题左右为难时，李泰急切之下做了一件大大的蠢事，他居然恐吓了晋王李治！

李治与汉王李元昌的关系非常不错，现在李元昌事败伏诛，而李元昌与李治的亲密关系就成了李泰恐吓李治的由头。

李泰幽幽地对李治说道："你和李元昌关系很好，现在李元昌已经伏诛了，你难道不担心你自己吗？"（汝与元昌善，元昌今败，得无忧乎？）

贞观十七年，李泰二十四岁，李治十五岁，这是一个青年与少年的对话，然而谁赢谁输尚属未知。

在历史记载中，李治一直给人敦厚仁孝的感觉，实际上这可能是一个错觉，大大的错觉。真正的李治绝不是他表现出来的那么单纯，所有以为他软弱单纯的人其实都被他蒙蔽了，不信，可以去问问长孙无忌，可以问问褚遂良。

十五岁的李治被恐吓后要么是真害怕，要么是假害怕，总之他表现得很害怕，很忐忑，而且让自己惶恐不安的表情在李世民面前一览无余，这让李世民很奇怪，李治怎么了？

百般追问之下，李治说出了实情，魏王李泰恐吓我！

李泰，聪明一世，糊涂一时，偏偏在这个时候弄出一个无聊的恐吓，恐吓本身很无聊，结果却很可怕。由此，李世民对李泰的看法急转直下，如此口是心非之人，焉能君临天下？

硬刀子可以杀人，软刀子同样可以杀人，十五岁的李治就是用软刀子轻轻捅了李泰一刀，这一刀很软，不见血，但不等于不致命。

李泰注定是属于悲剧的，在李治的软刀子之后，李承乾的硬刀子来了。

此时的李承乾已经认命了，他只是为自己做了一点小小的辩解，他告诉自己的父亲，其实自己的本意并非如此。

面对父亲的责难，李承乾并不甘心，不无沉痛地说道："臣为太子，复何所求！但为泰所图，时与朝臣谋自安之术，不逞之人遂教臣为不轨耳。今若泰为太子，所谓落其度内。"

毒丸，彻头彻尾的毒丸。

在21世纪的经济活动中，充斥着收购与反收购，反收购的一方为了维护自己的利益就会启动毒丸计划，毒丸计划一般是对本公司的股票进行"自残"，自我打压，说白了宁可自身承受损失，也要让已经渗透进来的外来公司由于惧怕损失而抽身退出。这就是一损俱损的毒丸计划。毒丸计划说白了就是七伤拳，在伤人的同时，也重重地损伤了自己。

现在李承乾对李泰祭出了七伤拳，"我不好过，你也别好过！"

三个嫡出儿子，一个皇位继承权，到此时李世民已经伤透了心，原本以为李承乾和李泰二选一，就会为自己选出一个合格的接班人，没想到，这两个居然只是五十步与一百步的区别。

李承乾顽劣，李泰心机重重，自己培养了十几年的皇子怎么就结出这样的果？

沾上谋反，李承乾没机会了，即使李世民答应，群臣也不会答应；李泰原本是不错的人选，现在看来，这个孩子心机太深，包藏祸心，算计大哥，恐吓幼弟，如此不顾手足之情，安能担当大任？

联想到之前岑文本、刘洎的奏章，李世民不寒而栗，一个亲王尚能获得如此高的支持率，一旦成为太子，接下来会发生什么呢？

李世民不愿意去想，但他不得不去想，太子逼宫在历史上并不少见，在贞观之前的三十年间就发生过两次，一次是隋炀帝杨广，一次就是李世民自己。

隋炀帝杨广是否真的逼宫是一个历史悬案，而李世民自己是否逼宫，他比地球人都清楚，而且当时他还不是太子，仅仅是亲王。

有其父必有其子，难道还要让自己的皇子再复制一回"玄武门"吗？绝不能！

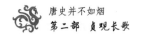

天壤之别

到现在为止，李世民已经完全推翻了以前的看法，以前他的心中是一架天平，一端李承乾，一端李泰，现在这架天平不存在了，天平的两端没有赢家，都是输家。

贞观十七年四月六日，朝会完毕之后，李世民留下了长孙无忌、房玄龄、李世勣、褚遂良，这是他最信任的四位大臣，也是可以参与皇帝家事的大臣。

李世民颓然说道："我三子一弟（太子李承乾、魏王李泰、齐王李祐、汉王李元昌），竟然做出这样的事情，真让我心灰意冷！"说完轰然倒在自己的床上。

这一倒着实吓坏了长孙无忌这些大臣，急忙上前扶起。起身后的李世民又抽出了自己的佩刀，作势向自己猛刺，褚遂良眼疾手快夺了下来，顺手把刀交给了一旁的晋王李治。

在这个关键时刻晋王李治在场，李世民的用意已经昭然若揭。

刚才的折腾一半是作秀，一半是发泄，任何一个皇帝、一个父亲遇到这样的连环打击都会难过，李世民也不例外。

平静之后，长孙无忌先说话了："请陛下说出自己的真实想法吧，臣子们都听着。"

这是他与李世民常年磨合的结果，李世民一个眼神，一个动作，长孙无忌都能洞察，现在折腾出自残的表演，一定是有大事要宣布。

李世民缓缓地说道："我欲立晋王。"

长孙无忌等的就是这句话，马上对曰："谨奉诏。有异议者，臣请斩之！"

李世民看了长孙无忌一眼，然后眼角又扫过房玄龄、李世勣、褚遂良的脸，三个人一脸的平静，似乎没有听到刚才两人的话。其实不是没听到，而是装着没听到，这是皇帝的家事，长孙无忌是舅舅可以参与，剩下的人只是陪衬，负责鼓掌配戏的而已。

李世民冲着晋王李治一笑："汝舅许汝矣，宜拜谢。"晋王李治跪下冲着舅舅深深地磕了一个头，亲舅舅啊，恩人啊！

政治说白了就是一场秀，只不过秀场大小有不同而已。

在确立晋王继承大统的问题上，李世民先率领长孙无忌等四名重臣作了一场小型的秀，接下来，他还需要一场大型的秀。

《资治通鉴》是这样记载这场大型政治秀的：

> 上谓无忌等曰："公等已同我意，未知外议何如？"
>
> 对曰："晋王仁孝，天下属心久矣，乞陛下试召问百官，有不同者，臣负陛下万死。"上乃御太极殿，召文武六品以上，谓曰："承乾悖逆，泰亦凶险，皆不可立。朕欲选诸子为嗣，谁可者？卿辈明言之。"
>
> 众皆欢呼曰："晋王仁孝，当为嗣。"

这就是一场彻头彻尾的政治秀，小型会议已经确立了李治的储位，现在只不过再在大规模的场合重来一遍，而且答案已如陈佩斯的秃头，明摆着。

李世民：请听题，晋王李治一母同胞兄弟三人，都是长孙皇后嫡出，现在李承乾悖逆，李泰凶险，请问皇帝应该立他们哪一个为储君？

群臣：晋王李治！

李世民：确定吗？确定不改了吗？真的确定吗？

群臣：确定！不改了！

李世民：恭喜你们，答对了！

事实上，在这个时候，还有一个皇子保持着微弱的竞争力，这就是李世民的第三子李恪！

李恪性格果断，做事干脆利落，很有李世民年轻时的风范，在嫡子之外，李恪是最受宠的。

现在李承乾谋反，李泰凶险，被排除在外，再排除早薨的二皇子李宽，剩下的皇子中最年长的就是吴王李恪。尽管《礼记》规定立嫡，但同样也有立长的规定，同李治的"嫡"相比，李恪的"长"也是一个优势。

然而，同历史上的很多皇子一样，李恪注定是悲情的，因为从他与生俱来的血统来看，他继承大统的可能性微乎其微。因为他的母亲正是隋炀帝的公主，也就是说，吴王李恪的身上流淌着隋炀帝的血！

继承王朝大统的皇帝居然流淌着前朝皇帝的血，这在中国的大历史中是不可想象的！

这并不是李恪的错，因为他无从选择。

李恪注定是悲情的，他身为皇子，却有着前朝皇帝的血脉；李恪注定是属于悲剧的，他有两个亲舅舅，一个早早过世（杨昭），一个江都身死（杨暕），世上只留下一个歪把舅舅长孙无忌，偏偏还是人家李治的亲舅舅，然而造化弄人，李外甥与长孙舅舅注定不共戴天！

由来只闻新人笑，有谁听得旧人哭，在晋王李治内心窃笑的同时，魏王李泰却从阳光灿烂的日子中迅速跌落到人生的最低谷。

在李世民确立李治储君地位的同时，原本当红的李泰却被排除在外，对这一切茫然不知。在他看来，自己获得储君之位只是时间的问题，应该就在这几天，不会等得太久。

贞观十七年四月六日，这是李泰一生都铭心刻骨的日子，在这一天，他经历了从大喜到大悲。

如果没有意外，父皇会在今天正式向群臣宣布，立自己为太子，自己等待七年不正是为了这一天吗？或许今天就是自己大喜的日子，一个值得载入史册的日子。

接到父亲李世民的传诏，李泰在数百骑兵的护卫下抵达永安门。在永安门下，李世民传令，所有骑兵门外守候，只准李泰一人进宫。

低调，一定要低调，孤身进宫的李泰暗暗地对自己说。

在宫廷侍卫的引导下，李泰进入了肃章门，眼前的路似乎有些不太对劲，似乎不是通往父皇寝宫的路，这是哪里啊！

北苑！你的软禁之地！

爱人结婚了，新郎不是你！

贞观十七年四月七日，李世民诏令，立晋王李治为皇太子，随后登承天门，大赦天下，准许天下百姓大吃大喝三天，庆祝新太子得立！

随后，李世民对身边的侍臣感叹地说道：“我如果立李泰为太子，那就说明太子之位可以通过谋略经营得到。如今太子无道，魏王钻营，所以两个都弃用，这个方法可以传给子孙，以后就采用这个方法。况且如果立李泰，李承乾和李治都不会安全，而立李治，李承乾和李泰都会安养天年！”

一厢情愿，自说自话！

说太子之位不能靠经营得到，那么你的太子之位从何而来？立李治，李承乾和李泰就会安养天年，也是一厢情愿，只是李承乾和李泰死得早，不然挺到武后当国时代，后果不堪设想！

历史证明，长于妇人之手的李治暧昧地给了武则天机会，李世民为了李承乾和李泰的安全选择了李治，然而给大唐王朝埋下了致命的隐患！

长达七年的争储大战终于落下了帷幕，李承乾输了，李泰也没赢，倒是年仅十五岁的李治爆了一个大大的冷门，抢了半天，两个二十多岁的青年输给了十五岁的毛头少年。

不是青年不出色，不是少年太出色，一切都是李世民的一手导演。说到底，李导演只有一个原则：别威胁到皇权，别抢戏！

很遗憾，李承乾，你威胁到皇权；很遗憾，李泰，你抢戏了，而且将来也会威胁到皇权；恭喜你，李治，你年轻，不威胁皇权，也不抢戏，乖！

如此一来，一母同胞三兄弟有了各自不同的人生结局：李治继承大统，成为历史上的唐高宗；原太子李承乾被废黜，放逐黔州（今重庆市彭水县）；李泰免去雍州牧、相州都督、左武候大将军等职，降爵，改封东莱郡王，后改封顺阳王，放逐均州（今湖北省丹江口市西北）。

从此，长安成为李治一个人的城市，而李承乾、李泰这两个生于斯、长于斯的皇子在有生之年与长安再无交集。

贞观十八年，李承乾逝世于黔州，时年二十六岁，以国公之礼于当地安葬，数十年后迁回皇陵安葬，活着没能回到长安，死后终于得偿所愿。

唐高宗永徽三年，李泰逝世于均州，时年三十五岁，就地安葬。1973年当地砖瓦厂清理出两座唐墓，一座是李泰墓，一座是李泰长子李欣墓。这位心比天高的皇子最终没能回到长安、安葬于皇陵之内，只能孤零零地长眠于自己的流放之地！

金枝玉叶，一母同胞，一人升天，两人入地，人生际遇，一声叹息！

侯君集的悲剧

皮之不存，毛将焉附？

当太子李承乾被打上谋反的烙印，他的东宫团队就注定了树倒猢狲散的结局。

汉王李元昌没有等来际遇的改变，却等来了家中自尽的结局。李世民还算法外开恩，除李元昌一人外，娘亲、妻子、儿女一律赦免；

左屯卫中郎将李安俨，洋州州长赵节，驸马杜荷，你们的宝押错了，所以你们的头衔过期了，跟过去说声再见吧，然后接受一刀两断的结局；

太子左庶子张玄素，太子右庶子赵弘智、令狐德棻，没有尽到劝谏责任，一律废为庶人。

一连串都是倒霉的名单，不过在倒霉名单之外还有两个幸运名单，太子詹事于志宁，告密有功纥干承基。

太子詹事于志宁数次劝谏，虽未能阻止太子悲剧的发生，但已经竭尽全力，因此没有处罚，只有嘉勉，数日后与马周一起出任太子左庶子，李承乾太子走了，李治太子来了；

纥干承基告密有功，擢升为祐川府折冲都尉，封平棘县公，踩着前太子的身体上位，你的仕途已经到头了！

侯君集没有出现在上面的名单之中，并不是躲过了处罚，而是我特意把他抽了出来，重点说说这个离名将只有半步之遥的准名将。

做事追求极致，做人心胸狭窄，性格决定命运，侯君集的性格决定了他悲剧的命运。

做事追求极致，在远征吐谷浑、灭国高昌时已经体现得淋漓尽致，为别人不能为之事，战别人不能战之战。凭借追求极致的精神，他成功了，先灭吐谷浑，再灭高昌国，在军事上他已经做到极致。

战争是生活的一部分，但并不是全部，战场上呼风唤雨的侯君集到了生活之中却不是那样随意从容，而是屡屡碰壁，失意不已。

性格决定了李靖可以出将入相，性格同样决定了侯君集可以出将，但不能入相，正是入相后的不如意最终酿成了侯君集的人生悲剧。

其实，在侯君集入相后，已经先后有四个人说过侯君集可能谋反，前三个人的说法都被李世民一笑而过，最后一个人的举报让李世民痛下决心！

最先说侯君集会谋反的是一个名将，千古名将，这个人就是李靖。

李靖说侯君集会谋反，其实是被侯君集逼的，因为是侯君集先向李世民报告，李靖将反矣！

李世民闻言，死死盯着侯君集，说道："证据呢?"

侯君集答道："李靖只教给我一些粗略的兵法，精华的一点不教，由此可以判断!"（靖独教臣以其粗而匿其精，以是知之。）

后来李世民向李靖求证，被逼到墙角的李靖说了这样一番话："此乃君集欲反耳。今诸夏已定，臣之所教，足以制四夷，而君集固求尽臣之术，非反而何!"

两位名将，一位要穷尽兵法精华，一位却只点到为止，在天下大治的背景下，谁高谁低，一目了然。

跟李靖比，侯君集差的不止一个身位。

第二个说侯君集会谋反的也是一位名将，李世民的堂兄、江夏王李道宗。

李道宗曾经在一次闲谈中提醒李世民说道："君集志大而智小，自负微功，耻在房玄龄、李靖之下，虽为吏部尚书，未满其志。以臣观之，必将为乱。"

对于这一次提醒，李世民也只是一笑了之，对曰："君集材器，亦何施不可！朕岂惜重位，但次第未至耳，岂可亿（臆）度，妄生猜贰邪！"

在李世民看来，侯君集的才能足以胜任朝中的任何一个位置，现在只把他放在吏部尚书的位置上，只是因为论资排辈还没有轮到他，在他的前面毕竟还有长孙无忌、房玄龄这些人。李世民认为侯君集不会因为位置的问题心生二心，所以李道宗的猜测是多虑了。

实际上，李世民高估了侯君集的心胸，这个做事追求极致的人不是不在乎位置，恰恰很在乎位置，而且对现有的位置很不满意。吏部尚书在别人看来是高位，在侯君集看来则是屈辱，更关键的是，灭国高昌之后的牢狱之灾让侯君集一辈子都心绪难平！

人有智商和情商之分，或许侯君集就属于智商很高、情商很低的人，经得起风浪，却受不起委屈。

如果时空可以穿越，可以用20世纪一位伟人的诗宽慰一下愤愤不平的侯君集。

牢骚太盛防肠断，风物长宜放眼量。（毛泽东）

第三个说侯君集谋反的人也是一位名将，凌烟阁上有画像的张亮。

贞观十七年，时任太子詹事的张亮因故被贬出长安出任洛州都督，侯君集前往送行。

在送行宴上，侯君集挑起了话头："是谁在排挤你啊？"

张亮没好气地回道："除了你，还有谁！"

侯君集瞪大眼睛说道:"我平叛一国归来,谁想到皇帝竟大发雷霆,怒气连一个屋子都装不下,我都这样了,还能排挤你!"

说到自己的遭遇,侯君集搂不住了,卷起袖子说道:"我太郁闷了,郁闷得都不想活了,你反不? 我跟你一起反!"(郁郁殊不聊生! 公能反乎? 与公反!)

酒啊,真不是一个好东西,说这话时的侯君集一定是喝酒喝高了,神经短路了,大脑已经管不住嘴了!

此时的侯君集把张亮当朋友,然而张亮没把侯君集当朋友。不久,侯君集的酒话就被张亮原封不动地告密给了李世民,这一次李世民依然没有采信。

李世民对张亮说道:"你跟侯君集都是功臣,说这话时没有第三人在场,如果就此逮捕侯君集,侯君集必定不服,也不会认账,僵持下去,不会有什么结果。这件事到此为止,不要再说了!"

李世民一直按下不表,这并不意味着他完全信任侯君集,只是因为侯君集"反形未具",所以他对侯君集一直观察使用而已。

然而事不过三,更不会过四,等到李承乾事败,第四个检举侯君集谋反的人来了。这个人叫贺兰楚石,身份是东宫千牛,贺兰楚石还有另外一个身份,侯君集的女婿。

前三次举报蜻蜓点水,这一次举报釜底抽薪,要了亲命!

侯君集还想硬扛,却架不住贺兰女婿的当面对质。贺兰楚石不仅将当初的阴谋和盘托出,更是拿出了侯君集与李承乾的来往信件,人证、物证一应俱全,从未在战场上低头的侯君集低头了,彻底认栽!

这一次审判由李世民亲自操刀,为的是不让侯君集受到刀笔小吏的刁难,也算是给了侯君集最后的面子。然而谋反大罪,罪无可赦,即便李世民有心,群臣舆论也不会答应。

临别之际,李世民流泪了,眼泪有作秀的成分,也有发自肺腑的痛心,毕竟侯君集从他亲王时代就开始追随,至今已经二十余年,二十余年来战功不断,有口皆碑,只可惜,只可惜沾上了这十恶不赦的谋反大罪!

李世民最终对侯君集说了一句话:"与公长诀矣!"

说完,李世民转身离去,侯君集扑倒在地。

临刑前,侯君集提出了最后一个要求,对着监刑官凄然说道:"君集蹉跌至此！然事陛下于藩邸，击取二国，乞全一子以奉祭祀！"

李世民准奏，诏令赦免侯君集妻子以及子女，然死罪已免，活罪难恕，侯君集妻儿被逐出长安，流放岭南，自此侯君集一脉再无所踪，湮没于历史的云烟之中。

据《隋唐嘉话》记载，在侯君集身后，李世民没收了他的家产，收获颇丰，这次抄家还有一个意外的收获，居然在侯君集的家中发现了两位美女。

美女不稀奇，稀奇的是两位美女从一出生只吃人乳，不吃任何食物！

曾经辉煌也好，曾经落寞也罢，贞观十七年四月六日，一切的辉煌和落寞都打上了句号，唐初名将侯君集，一刀两断，人头落地，从此世间再无侯君集！

生前荣光，身后寂寞，千古功过，任由世人评说！

画像凌烟阁

男儿何不带吴钩，收取关山五十州。
请君暂上凌烟阁，若个书生万户侯？
——（唐）李贺

李贺是唐朝的鬼才诗人，出自李唐宗室，祖上是唐高祖李渊的堂弟郑王李亮，不过到李贺这儿已经家族衰落，他本人一生不得志，郁郁寡欢，只活了二十七岁就与世长辞，可惜，可叹。

在李贺诗中提到的"凌烟阁"其实是李世民的杰作，贞观十七年二月二十八日，李世民将二十四名开国功臣肖像画在凌烟阁上。此举堪比东汉的云台三十二将，都是以挂肖像的方式给予开国功臣精神奖励。

凌烟阁建在长安城内（太极宫）三清殿的旁边。阁中又隔为三层：最内一层所画，均为功高宰辅的大臣；中间一层所画，均为功高王侯的大臣；最外一层所画则为其他功臣。这二十四位功臣的画像均面北而立，以示为臣之礼。

略有遗憾的是，到贞观十七年二月二十八日，二十四名开国功臣中已有十二人作古，因此凌烟阁画像一半是生前荣耀，一半是身后荣光。

二十四人都包括哪些人呢?

1. 司徒、赵国公长孙无忌

2. 司空、扬州都督、河间郡王李孝恭（已故）

3. 司空、莱国成公杜如晦（已故）

4. 司空、相州都督、太子太师、郑国文贞公魏征（已故）

5. 司空、梁国公房玄龄

6. 开府仪同三司、尚书右仆射、申国公高士廉

7. 开府仪同三司、鄂国公尉迟敬德

8. 特进、卫国公李靖

9. 特进、宋国公萧瑀

10. 辅国大将军、扬州都督、褒忠壮公段志玄（已故）

11. 辅国大将军、夔国公刘弘基

12. 尚书左仆射、蒋忠公屈突通（已故）

13. 陕东道行台右仆射、郧节公殷开山（已故）

14. 荆州都督、谯襄公柴绍（已故）

15. 荆州都督、邳襄公长孙顺德（已故）

16. 洛州都督、郧国公张亮

17. 光禄大夫、吏部尚书、潞国公侯君集

18. 左骁卫大将军、郯襄公张公谨（已故）

19. 左领军大将军、卢国公程知节（程咬金）

20. 礼部尚书、永兴文懿公虞世南（隋末奸臣虞世基之弟)(已故)

21. 户部尚书、渝襄公刘政会（已故）

22. 光禄大夫、户部尚书、莒国公唐俭

23. 光禄大夫、兵部尚书、英国公李世勣

24. 徐州都督、胡国公秦叔宝（已故）

生前荣耀，身后荣光，小小的凌烟阁浓缩了二十四名功臣的一生。就二十四名功臣而言，最具悲剧意义的就是侯君集。

二十四名功臣，十二名已经身故，他们没有来得及亲身体会画像凌烟阁的荣耀，如果地下有知，只能在九泉之下感叹身后的荣光。但侯君集不一样，他健在，他看到了，他体会到了，然而他的体会又是那么短暂。

从二月二十八日画像凌烟阁，到四月六日侯君集伏诛，其间只有短短的三十几天，这三十几天中侯君集先是开国功臣，后是谋反逆贼，角色切换之迅速，只能让人感叹历史这个导演太无情，才登巅峰就入谷底，中间连一个转换都没有。

然而侯君集又是幸运的，李世民没有因事废人，在侯君集身后，他依然以二十四功臣之一的身份享受凌烟阁画像的待遇。如果侯君集地下有知，这一次他应该心里平衡了。

九九归一，尘埃落定！

第十六章　再征高句丽

李世民的烦恼

在传统的印象中，人们总觉得皇帝君临天下，为所欲为，应该是没有烦恼的。事实上，皇帝也是人，皇帝也有烦恼，只是由来人们只看到了"贼吃肉"，没看到"贼挨揍"。

贞观十七年的李世民也是烦恼的，在四月七日前，他的三个儿子和一个兄弟为了皇位的继承权打得死去活来，最后他快刀斩乱麻，将心中的那架天平掀翻，太子和魏王两弃之，转而选择了时年只有十五岁的晋王李治。

选择李治，李世民是不得已的，因为嫡出总共三个儿子，太子和魏王都倒了，只剩下晋王一棵独苗，不选他还能选谁呢？然而晋王李治柔弱的肩膀能挑起大唐的江山社稷吗？李世民有些怀疑，有些不放心。

都说是一个篱笆三个桩，一个好汉三个帮，到了李治这里，三个帮是不够的，起手十一个，而且个个都是当朝绝顶高手。

这十一个帮手都是谁呢？

太子太师长孙无忌，太子太傅房玄龄，太子太保萧瑀，这是太子的三师；

太子詹事（太子宫总管）李世勣，太子宫右卫率（太子宫右翼侍卫军司令）李大亮，太子宫左庶子于志宁、马周，太子宫右庶子苏勖、高季辅，太子少詹事张行成，太子宾客褚遂良，这是太子宫的领导层配置。

这个名单几乎将贞观一朝的核心一网打尽，由此可见李世民的用心良苦。值得一提的是太子少詹事张行成，此人的名字知道的人很少，但他有两个很有名的族孙，这两个族孙在武曌执政的晚期红得发紫，热得发烫，两个活宝的名字分别叫作张易之、张昌宗。

十一人的大名单涵盖了贞观一朝的核心，也涵盖了李世民最后的三大托孤重臣，分别是长孙无忌、褚遂良、李世勣。

长孙无忌是李世民的发小、大舅哥，褚遂良的父亲褚亮是李世民的十八学士之一，这两个人都是有渊源的。唯独李世勣没有这些渊源，他是凭借自己的战功和为人获得了李世民的赏识，他的李姓正是李唐皇室赐予，而他本姓徐，《隋唐演义》中徐茂公的原型正是他。

为了笼络李世勣，李世民是下了血本的，血本下到最后，连自己的胡子都搭上了。

李世勣曾经得过一次急病，需要用偏方治愈，偏方由数味中草药构成，其中一样很奇特：胡须灰，也就是把胡须剪下来烧成灰，然后掺到药丸里。本来胡须灰并不难得，难得的是李世民贡献出了自己的胡须灰。

李世民亲自剪下了自己的胡须，烧成了灰，亲手掺到了药丸里，然后送给李世勣吞服治病，这一下把李世勣感动得几乎吐血。

皇帝，君临天下的皇帝，为了你李世勣的病居然剪掉了自己的龙须，这是何等的恩宠，你李世勣承受得起吗？

感动不已的李世勣不断地磕头，不断地谢恩，直到磕头磕出了血。对此李世民淡淡地说道："为社稷，非为卿也，何谢之有！"

如果说剪须事件已经足以让李世勣感动，那么随后的恩宠就让李世勣感动到无以复加。

贞观十七年的某一天，李世勣参加了李世民主持的宫廷宴会。在这次宴会上，李世民对着李世勣又说出了一番推心置腹的话，李世民盯着李世勣的眼睛，缓缓地说道："朕在群臣中寻觅可以托付孤儿寡妇的大臣，没有比你更合适的了，当年你没有辜负旧主李密，想来也不会辜负朕！"（朕求群臣可托幼孤者，无以逾公，公往不负李密，岂负朕哉！）

话说到这个份上，算是把李世勣捧到了极点，此时李世勣的感动已经无法用言语表达，当即谢恩发誓，咬破自己的手指，以示忠诚。

在这场宴席上，李世勣喝醉了，喝高了，最后直接倒在宴席上呼呼大睡，李世民则关切地解下自己的龙袍为他盖上，以免受凉！

君臣际遇如此，夫复何求？

历史上的事情就是这样，总有些人物让人感叹，总有些事情让人感动，然而如果你真的以为李世民与李世勣交心到如此程度，那就是你错了。李世民与李世勣的君臣际遇也是一场政治秀，是广告，不是疗效。

李世民处心积虑，用心良苦，说到底为的都是大唐江山的传承。然而到现在为止，他对李治还是不放心，在他的心里一直还有一个人选，那就是吴王李恪，李恪颇有李世民年轻时的风采，李世民不由得动心。

一边是英武类己的李恪，一边是看似柔弱的李治，李世民再次陷入了烦恼之中，该不该换掉李治改立李恪呢？

犹豫中的李世民找来了自己的大舅哥长孙无忌，说道："公劝我立雉奴（李治小名），雉奴懦，恐不能守社稷，奈何！吴王恪英果类我，我欲立之，何如？"

何如？不何如！

李世民用这样的话问长孙无忌绝对是问错了人，试问长孙无忌这个晋王李治的拥立者能轻易放弃自己的立场去转而支持吴王李恪吗？不可能，绝对不可能：第一，吴王李恪不是自己的亲外甥；第二，吴王李恪年龄太大了，难以控制了，有谁愿意拥立这样一个尾大不掉的爷呢？

李世民似乎看出了长孙无忌的小九九，说道："公以恪非己之甥邪？"

一语中的，直击要害，且看长孙无忌如何应答。

长孙无忌从容说道："太子仁厚，真守文良主；储副至重，岂可数易？愿陛下熟思之。"

这就是长孙无忌，老奸巨猾的长孙无忌，抬出太子仁厚的招牌，再祭出"储君之位不能经常反复"的宝典，一个招牌，一个宝典，就让李世民哑口无言。

"太子仁厚"，完全符合储君的规范，这说明你没有废太子的理由；"储君之位不能经常反复"，这说明一个君临天下的皇帝不能总是出尔反尔，反复无常，已经废了一个太子，难道还要再废一个吗？

长孙无忌用一个招牌和一个宝典稳住了李世民，同时将李世民的质问按下不表，"公以恪非己之甥邪?"

是的，我与晋王打断骨头连着筋，感情是带血的，至于吴王，哪个村的?

到了这个时候，李世民只能认命了，想立的不能立，不想立的却偏偏得立，这就如同处于三角恋中的青年男女，你爱的人不是爱你的人，爱你的人却不是你爱的人，总共才三个人，却始终无法将关系理顺。

以李世民的执政能力，此时若是一意孤行立吴王李恪也是可以的，然而作为皇帝，他必须考虑眼前也必须考虑身后。在眼前，他可以用自己的手腕迫使大臣们服从李恪，然而在身后，他就无能为力了，以长孙无忌为首的大臣们不会轻易就范，这就注定了李恪即使成为太子，也未必成为合格天子。

那么为了李恪而赶走长孙无忌这些大臣可行吗? 也不可行! 他们都走了，皇帝也就成了光杆司令。

皇帝与大臣，就是一个主角与一大堆配角的关系，缺了主角这戏没法演，缺了这一堆配角同样也没法演，卓别林可以唱独角戏，但古往今来的皇帝不能，一个都不能。

痛定思痛的李世民只能就此放弃易储的想法，无论李治仁厚也好，懦弱也罢，他只能有这一个选择了，至于吴王李恪，只能忍痛放弃，怪只怪他不是嫡出，怪只怪他没有一个舅舅叫长孙无忌，怪只怪造物弄人，时不我与!

此后，李世民专门找来了吴王李恪，通知了他不能立储的结局。从今以后，大唐的太子就是李治，以后他会是大唐的皇帝，而你，李恪，尽管年长，但你是臣，要记住自己的身份!

李世民对李恪说道:"父子虽然是至亲，但如果有罪，天下的法律也不能徇私情。西汉时汉武帝确立刘弗陵当皇帝，刘弗陵的哥哥燕王刘旦不服，阴图不轨，结果摄政大臣霍光一纸诏书就把他诛杀了。为人臣子，不可不诚!"

说这话时李世民表面严肃，内心悲伤，他想用刘旦和刘弗陵的故事警示李恪，却没有想到一语成谶!

十年后，吴王李恪被诬陷谋反，勒令自杀，而把他打入谋反大名单的，正是挂名舅舅长孙无忌，于是燕王刘旦的悲剧在唐朝再次上演，李恪就是"刘旦"，而长孙无忌当仁不让，"霍光"!

想爱不能爱才最寂寞，唱歌的是信乐团，点头的却是李世民!

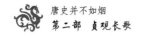

高句丽恩仇

贞观十七年到十八年的李世民是烦恼的，是苦闷的，是需要发泄的。恰在此时，一个很好的发泄载体出现了，这个载体就是高句丽！

高句丽在隋朝时一度与隋朝为敌，结果引发了隋朝前后四次远征，隋文帝杨坚一次，隋炀帝杨广三次，而隋朝末年的天下大乱就是由三征高句丽引起。

可能是本着"敌人的敌人就是朋友"的原则，在唐朝建立之后，高句丽与唐朝的关系相对不错。此时高句丽国王已经发生了更替，那个惹怒隋朝的国王高元已经去世了，继位的是他同父异母的弟弟高建武，在高建武的任内，高句丽与唐朝的关系非常融洽。

武德二年，高建武遣使来朝；武德四年，高建武再次遣使朝贡；武德五年，高建武奉高祖李渊之命搜罗隋末因战争散落在高句丽各地的原隋朝士兵以及百姓，以礼遣返，前后达一万多人。

双方的友好关系一直延续到贞观五年，这一年，两国的关系发生了微妙的变化。

两国关系的变化是由一个人性化措施引起的。

贞观五年，李世民派广州都督府司马长孙师出使高句丽，交给他一项任务：收集隋朝三征高句丽时阵亡将士的遗骸统一加以安葬。这个任务很特殊，也很人性化，彰显了李世民胸怀天下的博爱之心。

值得一提的是，一千多年后的 2009 年，同样有一个人性化的举措让世人感动，这个举措最先由民间发起，然后由我国政府正式出面，这个举措就是迎接散落海外的抗战英雄遗骨回家。

回过头接着说长孙师出使高句丽，奉命出使的长孙师开始非常顺利，然而不久就遇到了一个难题：高句丽居然将隋军将士的遗骸修筑成宣扬武功的京观。

京观是中国人的发明，功能是宣扬武功，京观的修筑是这样的：先堆集敌军的尸骸，然后封土而成。修筑好的京观展示的是本方的战斗力，羞辱的是对方的无能。现在高句丽就是用隋军将士的遗骸修筑成一座宣扬高句丽武功的京观。

看着这刺眼的京观，长孙师出离愤怒，尽管距离三征辽东已经过去了将近二十年，但这施加于隋军阵亡将士身上的屈辱却一直延续到了贞观五年，死后不能入土为安，还要接受这样的屈辱，太残酷了！

长孙师长啸一声说道："毁掉京观，正式安葬这些为国捐躯的将士！"

在长孙师的主持下，京观毁掉了，死后背负屈辱的将士遗骸得到了安葬，长孙师将这些遗骸下葬，祭奠一番，然后回朝复命。

长孙师的使命就这样结束了，然而留给高句丽的震动却刚刚开始。在长孙师看来，他只是拆除了一座京观，在高句丽看来，这或许是大唐发动战争的信号，连京观都毁了，还有什么做不出来呢？

从此之后，高句丽加强了对大唐的戒心，并且开始修筑用以防守的长城，中国的长城是万里规模的，他们的差点意思，千里级别，东北自扶余城，西南至海，千里有余。

不过防范归防范，两国的微妙关系还没有到破裂的地步。贞观十四年，高句丽国王高建武还遣太子高桓权朝贡，李世民对之优劳有加！

高句丽与大唐关系彻底破裂是因为一个人的出现，这个人就是高句丽权臣渊盖苏文。

自古以来皇帝与大臣就是猫和老鼠的关系，时而猫强大，时而老鼠强大，猫强大的时候，老鼠给猫当三陪；老鼠强大的时候，猫给老鼠当三陪。现在高句丽国就出现了猫给老鼠当三陪的情况，猫叫作高建武，老鼠叫作渊盖苏文。

渊盖苏文在贞观十六年（642年）成为高句丽朝中尾大不掉的权臣，出任东部大人（东部总监官，《旧唐书》称渊盖苏文时任西部大人），性情粗暴，违法乱纪，已经露出不臣的苗头。

不甘心被架空的高建武召集了部分大臣，计划除掉渊盖苏文，然而很不幸，消息还是走漏了，"除渊计划"被渊盖苏文提前知晓，这一下刀把握到了渊盖苏文的手中。

此时的渊盖苏文已经掌握了高句丽的兵权，发动兵变只是抬抬手的事情，以前不发动兵变是因为时机未到，现在对方的"除渊计划"已经出台，再不兵变就没机会了。

渊盖苏文决定兵变，在发动兵变之前对高建武撒了一个谎。他谎称要举行一次盛大的阅兵式，邀请国王和朝中大臣一起检阅，为了表示诚意，还给大家准备了酒席。

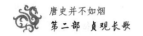

受邀检阅部队的大臣们没有多想，尽管他们知道渊盖苏文一直有不臣之心，但他们还是认定渊盖苏文不敢胡来，这么多朝中大臣在场，谅他不敢怎样。

渊盖苏文确实没有胡来，他是硬来的！

就在大臣们一一入席准备享受大餐时，渊盖苏文的伏兵杀了出来，一百多名朝中大臣没有享受到大餐，却吃到了渊盖苏文免费赠送的"乱刀剁"。

那个年月，吃顿大餐真不容易。

处理完朝中大臣之后，渊盖苏文挥刀冲进了王宫，亲自招待了国王高建武。君臣二人经过一番"礼让"，以渊盖苏文将高建武砍成数段告终，然而这还不算完，事后他还把零碎的高建武遗块扔进了水沟。

三条腿的人难找，两条腿的国王有的是，在剁完高建武后，渊盖苏文拥立了新国王。新国王是高建武的侄子，名叫高藏，显然这个高藏也就是个木偶，牵线的还是渊盖苏文。

从此之后，渊盖苏文自称莫离支（中央执政官），集高句丽军政大权于一身，相当于唐朝的吏部尚书加兵部尚书。与唐朝吏部尚书和兵部尚书不同的是，唐朝皇帝货真价实，而高句丽国王只是摆设。

此时的渊盖苏文就是高句丽事实上的国王，气焰之盛无人可挡，平常身背五把佩刀杀气腾腾，属下无人敢正视他的眼睛，上马下马采用的都是人梯，无论多贵的贵族，多高的将领，在渊盖苏文眼中就是一个马镫，用来踩在背上上马的马镫而已。

至于出行，渊盖苏文的排场更大，一律军队开道，仪仗队高喊，闲杂人等规避，实在没处躲的，可以先跳进旁边的深沟或者山谷躲一会儿。经过渊盖苏文的不断出行，高句丽老百姓几乎不敢上街了，毕竟深沟和山谷不是那么好跳的！

渊盖苏文的嚣张很快从国内延伸到国外，向邻国新罗发起了攻击，这一下触动了唐朝的神经，因为新罗与高句丽一样都是唐朝的朝贡国。

高句丽入侵新罗，这就打破了原有的平衡，如果放任渊盖苏文坐大，那么很可能在朝鲜半岛以及辽东半岛兴起一个新的军事强国，这恰恰是李世民所不愿看到的。

李世民先是派出司农丞相里玄奖前往调停，劝说渊盖苏文停止进攻新罗，李世民满心以为渊盖苏文会听话立即收兵，没想到渊盖苏文并不买账。

渊盖苏文说道："以前隋朝三次攻打我们的时候，新罗趁火打劫蚕食了我们五百里领土，现在不让我们攻打，除非他们主动归还，否则这仗没完！"

面对不听话的渊盖苏文，相里玄奖的嘴上功夫也不含糊，马上回应道："这都是陈年旧事了，不能论了。真要论起来，辽东各城过去都是我们的郡县，被你们吞并了，我们都没再说什么，你们怎么能再和新罗算那些旧账呢？"

相里玄奖苦口婆心，渊盖苏文置若罔闻，一句话，高句丽的事，唐朝管不着！

贞观十八年二月一日，相里玄奖回到长安，将碰壁的经历一一回奏。这次回奏成为大唐与高句丽关系的分水岭，在这次回奏之后，李世民决定对高句丽进行讨伐，而且要御驾亲征！

李世民说道："莫离支（渊盖苏文）贼弒其主，尽杀大臣，用刑有同坑阱。百姓转动辄死，怨痛在心，道路以目。夫出师吊伐，须有其名，因其弒君虐下，败之甚易也。"

"弒君虐下"，这就是李世民给渊盖苏文定的罪名，这个罪名很恰当，却未必是大唐出兵高句丽的必然理由。李世民决定出兵高句丽，应该不外乎三个原因：

一、地缘政治需要，不能允许渊盖苏文一味坐大，不然将对唐朝的东北部安全构成严重威胁；

二、自登基以来，李世民再也没有御驾亲征了，这一次他要御驾亲征，他要证明自己依然没有老，依然可以南征北战；

三、几年来，立储、废储让他心力憔悴，苦闷不已，他需要发泄，需要一场酣畅淋漓的胜利。

总之，在公在私，李世民都要出征高句丽，对于大唐，对于他自己，都很重要！

出　征

对于李世民的出征，朝中是分成两派的，一派是鹰派，一派是鸽派，鹰派以主战的李世勣为代表，鸽派以主和的褚遂良为代表。

李世勣举出对薛延陀汗国的陈年往事，贞观十五年薛延陀汗国犯边，李世民准备大举讨伐结果被魏征叫停。时隔三年，恶果出现，薛延陀汗国依然在边境制造摩擦，由此可见，该讨伐的一定要讨伐。

褚遂良则提出，不怕一万就怕万一：一般情况下大唐出兵必胜，但是万一此次失利呢？一旦失利就很有可能重蹈隋朝的覆辙，越想发兵报复越报复不了，最后的结果可能会影响国家安危。

对于李世民的御驾亲征，褚遂良更是举双手加双脚不赞成，以万金之躯，轻行远举，不敢想象，令人担忧。

此时的朝中大臣，多数站在褚遂良一边，他们反对远征高句丽，更反对李世民御驾亲征。然而李世民就是李世民，一旦决定就很难更改，况且此战于公于私他都要打，即使一百头牛也拉不回，即便魏征在世，也未必能让李世民回头。

贞观十八年十一月二十四日，李世民任命刑部尚书张亮为平壤道行军大总管，领将军常何等率江淮、岭南、三峡劲卒四万，战船五百艘，同时在长安、洛阳招募士卒三千人，总计四万三千人从莱州出发，横渡黄海，直击高句丽首都平壤；任命太子詹事、左卫率李世勣为辽东道行军大总管，率领步骑六万以及兰州、河州二州降胡向辽东城进发，两军合势并进。

李世民采用的方法与隋炀帝杨广的方法一样，同样是两路并进，同样是海陆夹击，只不过杨广已经失败了，那么等待李世民的又是什么呢？

在李世民看来，等待他的除了胜利，还是胜利。

李世民为什么这么自信呢？他自己给出了五个理由：

一曰以大击小，二曰以顺讨逆，三曰以治乘乱，四曰以逸敌劳，五曰以悦当怨，何忧不克！

贞观十八年十二月十四日，李世民下诏，远征各军以及百济国军队、新罗国军队、奚部落军队（滦河上游）、契丹部落军队（辽河上游）各军分道直击高句丽。至此，李世民已经完成了战略布局，从这一刻开始，至少有六只拳头分六个方向向高句丽挥去，至于高句丽能不能挺住，就看自己的造化了。

李世民已经决定御驾亲征，长安和洛阳就处于权力的真空地带，该留下谁镇守长安和洛阳呢？

《礼记》有云：储贰镇中，意思是说皇帝不在，则由储君镇守，全面主持工作。在李承乾做太子时一直维持着这个惯例，然而这一次李世民有了独特的安排，他没有把太子李治留在长安或者洛阳，而是把长安交给了房玄龄，洛阳交给了萧瑀。李世民把房玄龄和萧瑀这两名重臣放在留守的位置上，就是为了给李治锤炼的机会。

事实上，从贞观十七年立储以来，晋王李治一直没有像样的功绩，这在李世民看来是致命的缺憾，如此何以服众，何以君临天下，更何况李治生性柔弱，这让李世民非常担心。

"生子如狼，犹恐如羊"，生个男孩即使有着狼一样的性格，家长还是担心孩子像羊一样柔弱，因为男孩要顶天立地，需要有坚毅的性格。李世民这个第一家庭的家长同样需要磨砺儿子的性格，因此他没有把李治留在长安，而是带到了定州（今河北省定州市）。

贞观十九年三月二十四日，李世民从定州出发，留下高士廉、刘洎、马周、太子少詹事张行成、右庶子高季辅同掌机务，辅佐太子李治。

临别之际，太子李治哭泣不已，这几天他一直在哭，一是心里没底，二是不忍与父亲分别。看着哭泣的李治，李世民的心中有一丝酸楚，难为他了，一个十七岁的孩子就要挑起社稷的重担，然而不如此也不行，自己百年以后他还是要独立承担，是时候让他接受磨炼了。

李世民对李治说道："今留汝镇守，辅以俊贤，欲使天下识汝风采。夫为国之要，在于进贤退不肖，赏善罚恶，至公无私，汝当努力行此，悲泣何为！"

"欲使天下识汝风采"，这是李世民的刻意安排，也是一个父亲的用心良苦。

说完，李世民亲佩弓矢，手结雨衣于鞍后，此战他已经把自己皇帝的身份放在脑后，这一次他不是皇帝，而是冲锋陷阵的将军。在他拍马离去的一瞬间，他终于找回了久违的冲锋感觉。久违了沙场，久违了雄兵，我李世民又回来了！

在李世民从定州出发后不久，李世勣正式吹响了出征高句丽的号角。

当时李世勣驻军柳城（今辽宁省朝阳市），出军可以有两个选择，一是向东穿过怀远镇，一是向北直指通定镇，向东还是向北呢？

种种迹象表明，李世勣的军队很有可能直接向东，因为这条路线距离最短，最便捷，而李世勣军队确实也做出了向东的态势，这一下将高句丽军队的重心都吸引到李世勣的东线上。

然而，声东是假，向北才是真，李世勣在做出一系列东进假象之后迅速挥军向北，在高句丽守军还在瞠目结舌之际，李世勣已经从通定镇渡过辽河，挺进到了玄菟（今辽宁省沈阳市）。这一出其不意的进攻震动了整个高句丽国，高句丽国境内所有城市立刻紧闭城门，闭门自守，不好了，李世勣来了！

几乎就在李世勣挺进玄菟的同时，辽东道副总管李道宗率领的数千士兵兵临新城（今辽宁省抚顺市北）城下，折冲都尉曹三良甚至率领十余名骑兵直接冲到了新城的城门下，挑衅了半天，却遭遇了死一般的寂静。

不是城死了，而是人死了，怕死了！守卫新城的高句丽守军骚动不已，就是没有人敢迎战，得了，闭上眼，就当他们不存在。

然而唐军毕竟是存在的，而且不只李世勣和李道宗这两支，此时营州都督张俭也率军渡过辽河，直扑建安城（今辽宁省盖州市），大破高句丽军队。

如此一来，同时有三支唐军攻入高句丽境内，高句丽的压力越来越大，疲于抵抗。

最先攻入高句丽的李世勣和李道宗呈现出不可阻挡的态势，在新城和玄菟耀武扬威之后，两人迅速合兵一处，包围了真正的目标盖牟城（今辽宁省抚顺市）。

盖牟城是高句丽当时的重要城市，与辽东城遥相呼应，要想拿下辽东城必须先攻下盖牟城，不然唐军就将两面受敌，同时盖牟城也是高句丽重点经营的城市，这里有唐军最需要的东西——粮食。

盖牟城是不幸的，它面对的是初唐两大名将李世勣和李道宗，这二人是当时硕果仅存的三大名将中的两位，同时也是李世民最看重的两位。

当时李靖已老，侯君集已诛，尉迟敬德忙于研究长生不老避祸，此次征战辽东只是作为左一马军总管随军出征，已经注定与主角无缘了。此时与李世勣和李道宗齐名的只有薛万彻，不过同李世勣和李道宗相比，薛万彻的起伏太大，李世民评价他说，要么赢得惊天动地，要么败得溃不成军。李世勣与李道宗则不同，他们不会有惊天动地的大胜，也不会有溃不成军的惨败，古往今来的名将，均是精于此道！

现在李世勣、李道宗这两员名将坐镇，盖牟城注定无法挡住唐军的兵锋，从四月十五日到四月二十六日，盖牟城抵挡了十一天，到第十一天实在抵挡不住了，李世勣挥军攻入了城中，俘虏两万余人，缴获粮食十多万石，大大减轻了唐军的粮草压力，也正符合孙子所说"因粮于敌"。（从敌人处缴获粮草为我所用。）

李世勣大军旗开得胜，平壤道行军大总管张亮的开局也非常不错，他的部队从莱州出发，跨海北上，直接攻击卑沙城（今辽宁省大连市）。

卑沙城四面悬崖峭壁，只有西门坡度稍缓可以攀上，这唯一的漏洞被唐军抓住，卑沙城破只是时间的问题。由于卑沙城是辽东半岛的最南端，高句丽对此的经营并不用心，防守非常稀松。当夜，右骁卫将军程名振率军抵达，副总管王文度迅速爬上城墙，里应外合，卑沙城破！

打开卑沙城这个缺口，平壤道行军大总管张亮迅速派出总管丘孝忠挺进鸭绿江口，形成海陆合围之势。

与张亮遥相呼应，李世勣大军攻占盖牟城之后稍事休整，随即南下直扑辽东城。这颗挡住隋炀帝杨广两次兵锋的硬钉子终于迎来了第三拨拔钉人，这一次结果会如何呢？走着瞧！

辽 东 城

贞观十九年五月八日，李世勣和李道宗对辽东城形成了合围之势，然而高句丽军也不是吃素的，在李世勣完成合围之后，援救辽东的高句丽援军已经到了，步兵骑兵合计四万人。

如果放在以前，四万高句丽兵不在话下，然而这一次却有所不同，因为这一次唐军的兵力处于明显的劣势。

细心的读者会记得，隋朝时远征高句丽的军队动辄数十万，隋炀帝杨广第二次远征居然动用了上百万军队，这一次李世民动用了多少呢？只有十余万！

李世勣部六万余人，张亮部四万三千人，李世民亲自指挥的天子六军，再加上一定比例的后勤补给部队，合计人数应该在十五万左右，连隋炀帝杨广的一个零头都不到，这就是李世民征辽东的全部家当，而这也正是李世民的聪明之处，他想征辽东，但他不想动摇国本，隋炀帝那种赔本赚吆喝的买卖他是不

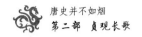
会干的。

然而李世民的精明也增加了唐军的压力，以十余万唐军征讨高句丽还是非常吃力的，更何况高句丽处于守势，唐军处于攻势，守比攻容易，地球人都知道。

现在李世勣和李道宗就遇到了很现实的问题，他们属下的军队总计六万余人，除去一部分后勤部队，除去一部分围城，能用来打援的部队已经不多了，具体到李道宗手下只有四千骑兵，而他就要用这四千人去迎战高句丽的四万援军。

听说对方有四万人，而盘点本方只有四千人，李道宗的部下们有了畏难情绪，四千打四万挑战性太强了，难度太大了，能不能等皇上来了一起打啊，那时咱的兵多点。

话虽然这么讲，然而李道宗坚决不同意，大喝一声说道："敌军以为人多势众，必定有轻视我军的心理，况且他们远道而来已经疲顿，此时攻击必能击败他们，我们是前军，就是要为天子扫清道路，哪有把大敌留给皇上清理的道理！"（且吾属为前军，当清道以待乘舆，乃更以贼遗君父乎！）

李道宗说完，李世勣重重地点了点头，食君俸禄，为君分忧，为人臣子者，当如是也！

李道宗和李世勣的精神感动了属下，果毅都尉马文举腾地站了出来，曰："不遇劲敌，何以显壮士！"

说完，马文举率先策马冲向高句丽军阵营，所到之处，敌军纷纷落马，辽东城打援之战正式拉开序幕，李道宗带领四千骑兵杀向了四万高句丽援军，李世勣则在后面相机而动！

战局一度向着有利于唐军的态势发展，不料一个胆小鬼的举动将唐军推向了危险的边缘，行军总管张君乂居然临阵退缩，拨马跑了回来！

榜样的力量是无穷的，坏榜样的力量同样无穷，有这个领导带头，部分唐军也打起了退堂鼓，纷纷掉头往回跑，这一下李道宗的四千骑兵全乱了！

李道宗不愧是一代名将，在乱军之中依然保持着清醒的头脑，他先是压住了阵脚，然后登高眺望，他在看双方的阵势，看看高句丽有没有致命的漏洞。很快，李道宗发现，不仅唐军乱了，高句丽军其实也乱了，四万高句丽部队可能是缺乏统一指挥，已经不是铁板一块，此时如果冲击其中心地带，高句丽军队也将大乱。

李道宗随即集合数十名精锐骑兵，自己亲自带队冲向了高句丽军队的核心地带，然后从核心地带开始向外冲锋，这一招叫"中心开花"，为的就是彻底搅乱敌人的布局。

乱了，彻底乱了，此时李世勣及时率援军赶到，从外围向里冲击，四万高句丽援军只见唐军源源不断赶来，更是慌乱，很快溃不成军，被李道宗和李世勣掩杀一千多人，败逃而去，这四万援军彻底指望不上了。

两天后，李世民渡过辽河，过河后他用一个小小的举动坚定了全军的信心，什么举动呢？拆掉辽河上桥梁，朕不胜不归！

古有项羽破釜沉舟，今有李世民过河拆桥，不胜不归。

随即李世民驻扎马首山下（今辽宁省辽阳市西），先来一个赏罚分明：

江夏王李道宗退敌有功，赏！

果毅都尉马文举（正六品，县处级）勇气可嘉，赏，越级擢升为中郎将（正四品，正厅级）！

行军总管张君乂临阵退缩，罪无可恕，斩！

赏罚之后，围攻辽东城大战正式开始，李世民亲率数百名精锐骑兵抵达辽东城下，进行大战第一项：运土填壕沟！

此时的李世民不再把自己当成皇帝，而仅仅当作普通一兵，他冲进运土士兵的行列，叫住了背土最多的一名士兵，从士兵的土袋里分出了一部分放到自己的马背上，然后拍马走进了运土的行列。

皇帝亲自运土了！

随行的大臣们慌了，一个个从运土士兵那里抢到了一部分土，然后迅速跟了上去。

村看村，户看户，群众看干部，此言不虚！

在李世民的带领下，辽东城外的护城河被填平了，呈现在唐军面前的是一马平川，现在壕沟的阻挡已经没有了，能阻挡住唐军的只有辽东城的城墙，而这高高的城墙曾经挡住了隋军两次狂攻，还会有第三次吗？

隋军的前两次狂攻其实是有机会开花结果的，只可惜——错过了，第一次狂攻原本成功在望，结果被高句丽兵的假投降给忽悠了，第二次狂攻更加可惜，与城墙等高的高速公路都修好了，却因为国内杨玄感谋反而功败垂成，现

在李世民带领他的唐军来攻打第三次，这一次呢？

事不过三！

李世勣指挥围城大军足足攻打了十二天，辽东城依然固若金汤，如果照此发展下去，唐军恐怕要重蹈隋军的覆辙，难道就没有别的办法了？

进攻进行到了第十三天，局势终于有了变化，这一天夜晚有风，而且是南风大作，久经沙场的李世民很快想到了破城的方法：火攻！

是夜，李世民派出勇士来到辽东城下，这位勇士的任务就是上辽东城纵火，然而辽东城城墙高耸，徒手无法攀爬，难道勇士能插着翅膀飞上去？

翅膀真没有，冲竿可以有！

纵火勇士抓住冲竿的一端，搭档们抱住冲竿的另一端，两端一起发力，将纵火勇士送上了辽东城的城墙，下端搭档手足一起发力，上端勇士脚踩城墙噌噌上行，一眨眼的工夫爬上了辽东城墙，纵火目标——西南城楼就在他的面前。

火起，夜亮，大火蔓延到辽东城的内城，城内已经乱作一团，而就在此时，更多唐军士兵爬上了城墙，冲向了火光辉映下的辽东城。

这一夜辽东城很乱，这一夜辽东城很忙，忙乱过后，一万高句丽士兵阵亡，一万高句丽士兵被俘，四万高句丽平民被俘，杨广想到没有做到的事情终于被李世民做到了，不知道九泉之下的杨广有没有不服？

到此为止，李世民的远征节节胜利，尤其是攻下盖牟城和辽东城，更是让这次远征有了充足的粮草保障，盖牟城粮草有十余万石，辽东城粮草有数十万石，手中有粮，心中不慌，有如此多的粮草做后盾，李世民对这次远征充满了期待。

辽东城都攻下了，平壤还会远吗？

以 德 服 人

功夫巨星李连杰曾经演过方世玉系列，在电影中他饰演方世玉，雷老虎是他的岳父，雷岳父经常会跟方世玉说同样的话：行走江湖，要以德服人！

其实"以德服人"只是雷岳父的一个幌子，他本人说到没有做到，而远征高句丽的李世民却是说到做到，事实证明，效果不错！

攻克辽东城后，李世民挥军进抵白岩城（今辽宁省灯塔市西），在这里他与契苾何力一起将"以德服人"发挥到极致，既攻城，又收心，两手抓，两手都很硬！

右卫大将军李思摩很荣幸，他成为李世民的第一个模特。

李思摩原本是突厥的将军，后来归顺唐朝成了唐朝的将军并被赐姓李，这样阿史那思摩摇身一变就变成了李思摩。后来李世民交给李思摩数万突厥部属，同时委任他为东突厥的新任可汗，希望他能建立一个效忠于唐朝的新东突厥汗国。然而李思摩是将才却不是帅才，数年后数万部属不服他的管理纷纷离去，他的新东突厥汗国就此终结，已成光杆可汗的李思摩无处可去又回到了长安，当上了李世民的右卫大将军，这一次远征高句丽他伴驾出征。

贞观十九年五月二十九日，李思摩将军中箭了，而且一中就是两箭，一箭是高句丽守城士兵射的，一箭则是李世民射的，高句丽士兵射的在身上，李世民射的在心里。

李世民射的是什么箭呢？笼络人心的收心之箭！这支收心之箭很准，很强，让所有士兵无法抵御。

他竟然亲自用嘴帮李思摩吸出了中箭之后产生的瘀血！这就是李世民的收心之箭。

此箭一出，全军上下无不感动，皇帝爱护至此，三军焉能不用命？至于李思摩，更是把这一收心之箭牢牢地记在了心里，生死不忘！

对李世民同样生死不忘的还有白岩城的老百姓，在这次战争中，他们虽然经历了战火，但同样记住了大唐皇帝的恩德，如果不是李世民，战后的白岩城本来会是一座空城，一座死城！

这一切还得从白岩城的反复无常说起。

贞观十九年五月十七日，唐军攻克辽东城，兔死狐悲的白岩城守军预感到挡不住唐军的兵锋，就向唐军表达了投降的意愿，唐军欣然接受。然而几天之后，白岩城的守军又变卦了，不投降了，接着打！

十一天后，唐军挥军包围了白岩城，不是不投降吗？狠狠打，往死里打！此时唐军士兵已经不希望白岩城投降，坚固的辽东城都攻下了，还怕小小的白岩城吗？更何况攻城之后还可以劫掠，苦哈哈地出国作战不就图个战后劫掠吗？

　　然而李世民想的注定与普通士兵不同，他要的是天下人心，要的是战后完整的城市，而绝不是劫掠一空的空城、死城，如果能够和平接收，又何必动干戈呢？

　　此时白岩城城主（城防司令）孙代音派来了秘密使节，给李世民带来了愿意投降的消息，只不过担心城内还有人不服。

　　还有人不服？好办！李世民专治各种不服，随即命人拿出唐军旗帜交给使节，说道："回去告诉你们城主，愿意投降的话，就把旗帜插上白岩城的城头！"

　　转眼间，白岩城上插上了唐军旗帜，城内守军以为唐军已经登城，抵抗无望，糊里糊涂地就跟随城主孙代音向李世民投降，不费一兵一卒，白岩城已落入唐军手中。

　　这样的结果让李世民很高兴，却让李世勣以及手下的诸多将领非常不爽，士兵们浴血奋战就为了战后捞一把，这下全没了，到哪说理呢？

　　李世勣说道："士卒所以争冒矢石、不顾其死者，贪房获耳；今城垂拔，奈何更受其降，孤战士之心！"

　　李世民闻言，下马对李世勣说道："将军言是也。然纵兵杀人而虏其妻孥，朕所不忍。将军麾下有功者，朕以库物赏之，庶因将军赎此一城。"

　　用自己国库赎敌方一城，古往今来不知有几个皇帝可以做到。

　　"攻城为下，攻心为上"，三国时马谡就说过这样一句价值连城的话，而李世民就把这句话牢牢地记在了心里。

　　随后，李世民在河边搭起帐篷，接受白岩城一万余百姓的投降。所有投降百姓都提供饮食，八十岁以上者按等级赏赐绸缎，白岩城以外城市前来协防的士兵同样加以抚慰，愿意留下的欢迎，愿意离开的发给粮草，一切随意！

　　在投降的人群中，李世民还发现了一个特殊的人物，这个人不是白岩城本地人，他是从辽东城来的，准确地说，他是护送上司的灵柩以及上司的妻儿来的。

　　原来此人是辽东城长史的侍从，他的上司被人谋害，身后妻儿孤苦无依，无法在辽东城安身。这名侍从就护送着长史的灵柩带着长史的妻儿逃到了白岩城，现在白岩城也破了，哪里是他们的下一站呢？

　　李世民给他们安排好了下一站！平壤！那里是辽东城长史的家乡！

李世民赏赐给有情有义的侍从五匹绸缎，同时为他制造了运送灵柩的车辆，有情有义的人啊，送你的主人回家吧！

有情有义，你的朋友佩服你，你的敌人也会佩服你！

就这样，在辽东城李世民展示了自己的"以德服人"，与此同时，他的属下、右骁卫大将军契苾何力也展示了自己的英雄本色。

同辽东城大战一样，在白岩城之外同样发生过一次围城打援的激战，唐军出战的是契苾何力率领的八百精锐骑兵，对方则是从乌骨城（今辽宁省凤城市）赶来的一万高句丽援军。

契苾何力率领八百骑兵杀进了重围，不幸被高句丽士兵的长矛刺中，腰部受伤落马。就在这千钧一发之际，薛万彻的弟弟薛万备单枪匹马杀了进来，在重重包围之中愣是把契苾何力救了出来，算是替两位哥哥报了契苾何力当年在吐谷浑之战的救命之恩。

被救之后的契苾何力重伤却不下火线，竟然将伤口简单一包扎，翻身上马又杀了回去，几番反复，杀死对方一千余人，直至天黑各自收兵。

随后，白岩城投降，李世民居然让人找到刺了契苾何力一长矛的高句丽士兵！李世民将这名士兵交给了契苾何力，是剁是剐，随意。

契苾何力却摇摇头，坚定地说道："彼为其主冒白刃刺臣，乃忠勇之士也，与之初不相识，非有怨仇。"随后契苾何力亲手放走了那位差点儿置自己于死地的高句丽士兵。

契苾何力，爷们，纯的！

错　过

世界上有一种遗憾让人铭心刻骨，这种遗憾就叫作错过！无论是错过爱情，还是错过成功，错过给人带来的遗憾无药可医！

贞观十九年六月二十日，李世民挥军攻向了安市城（今辽宁省海城市），在这里李世民先后三次错过了出奇制胜的机会，这三次错过让他一生痛心不已。

在李世民挥军攻向安市城的第二天，高句丽北部总督高延寿、高惠真率军向安市城增援，他们的背后是高句丽士兵以及靺鞨部落士兵的混合部队，总计十五万人。鼎盛时高句丽全国军队数量在三十万左右，这一次高延寿和高惠真带来了一半家当，就是要与李世民进行一场死磕。

对于这场死磕，李世民充满期待，也充满担忧，因为此时他手中的牌并不多，能用于与高延寿死磕的机动部队只有三万人。李世勣步骑混编一万五千人，长孙无忌精锐士兵一万一千人，李世民亲自率领的步骑四千人，这就是李世民此战的全部家当。或许很多人会问，剩下的唐军做什么去了？剩下的唐军也没闲着，一部分从事后勤运送粮草，一部分包围安市城，不肯多动员部队的李世民这一次遭遇了捉襟见肘。

以三万对十五万，李世民的压力可想而知，不过他并不着急，他已经在内心中替高句丽军队虚拟了三套作战方案，然后他自己再见招拆招，一一拆解。

方案一：十五万大军一直向前，与安市城结成营垒，同时扼守高山险要坚守不战，放纵靺鞨骑兵出来骚扰唐军，届时唐军进不能立即攻克，退又有沼泽河流阻隔，势必坐困山中，进退两难；

方案二：救援安市城，救出全城军民后火速撤退，虽不能取胜唐军，但至少可以保存实力；

方案三：毕其功于一役，与唐军决战！

方案一上策，方案二中策，方案三下策，高句丽军会采用哪个方案呢？李世民认定会是方案三，因为十五万打三万优势太明显了，更何况这三万唐军还是孤军！

不出李世民所料，高延寿和高惠真确实采用了第三方案，在他们看来，以十五万大军救援安市城方案一和方案二都太保守了，要救就救个彻底，要救就要把唐军打得满地找牙，一败涂地！

事实证明，高延寿和高惠真想得很好，也想得很对，只可惜，这一切悄悄地换了一个主语。满地找牙、一败涂地的不是唐军，而是他们自己！

此时李世民其实得到了一个釜底抽薪、出奇制胜的建议，提出建议的正是江夏王李道宗。

李道宗说道："高句丽倾国以拒王师，平壤之守必弱，愿假臣精卒五千，覆其本根，则数十万之众可不战而降。"

精兵五千，直扑平壤，这就是李道宗出奇制胜的奇袭建议。倘若李世民能够采纳，远征高句丽的结果就会被改写，然而这个奇思妙想被李世民错过了，他居然没有批准。

一生善于出奇制胜的李世民为什么会错过这个大计谋呢？根源就在于这一次他想求稳，五千精兵奇袭平壤听起来不错，然而执行起来必定风险重重，与惊天动地的大胜如影随形的一定是伤筋动骨的惨败，而这一次李世民是惨败不起的，他手中的王牌原本就不多。

由于兵力的捉襟见肘，奇袭平壤计划胎死腹中，李道宗也不敢坚持，只能将遗憾埋在心中，集中精力应对眼前之敌。

现在十五万高句丽大军已经在唐军的诱导下进抵安市城东南八里，安营扎寨，高句丽与靺鞨兵连营达四十里，阵势咄咄逼人。

然而再多的兵在李世民看来也不过是饺子馅，只是用来包的而已。李世民火速地将手下三万机动部队进行了调配，李世勣率领一万五千步骑兵在西岭构筑阵地，正面迎击高句丽兵；长孙无忌率精锐士兵一万一千人从山北峡谷迂回出击，冲击高句丽兵后卫部队；李世民自己率步骑兵四千携带战鼓旗帜，登上北山，全体以战鼓号角旗帜为号，一起发动攻击！

调配停当后，李世民又做了两件事，一件事是忽悠高延寿，一件事是安排明日受降。

李世民派使节对高延寿说道：“我以尔国强臣弑其主，故来问罪；至于交战，非吾本心。入尔境，刍粟不给，故取尔数城，俟尔国修臣礼，则所失必复矣。”大国天子说话就是霸道，同时又虚虚实实，真真假假，给你一种既可和又可战的烟雾弹，而高延寿也在不经意中被这个烟雾弹给迷惑了，他居然有一点相信了，表现是戒备竟有所松弛，这一松弛可要了亲命。

忽悠完高延寿，李世民还不忘交代有关官员，赶紧在行宫宝殿旁边搭建受降帐篷，后天中午就要用了，急活！

贞观十九年六月二十二日，决战开始。

先是高延寿发现自己上当了，大唐皇帝居然说话不算话，不是说不打吗？不打怎么还让李世勣构筑阵地了，这分明是打的架势啊，太不讲究了！

就在高延寿准备下令发起攻击时，李世民的战鼓先敲响了。长孙无忌大军从山北进军扬起的灰尘告诉李世民他们已经准备好了，而西岭的李世勣早就严阵以待。李世民一声令下，战鼓齐鸣，号角连天，三万唐军发起了对十五万高

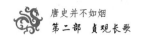

句丽军的冲锋。

人顺的时候连老天都帮忙，这一战又证明了这一点。

在唐军发动进攻的同时，天际夏雷阵阵，闪电交加，此时有一白盔白甲的怪物仿佛从天而降，挥舞着兵器向高句丽士兵的阵营杀了过去。

我的天！这是神，是人，还是鬼？

高句丽士兵不由自主地向后败退，三万唐军趁势向高句丽军大营扑去，前后夹击，此时高延寿才想起分兵抵抗，然而来不及了，阵营已经大乱，混乱中的十五万大军分崩离析，各自为战，根本无法组织起有效抵抗。这一战高句丽兵阵亡两万余人，伤者无数，高延寿集合残兵靠山扎营想要顽抗到底，然而这个想法也成了奢望。

李世民指挥手下各路兵马将高延寿的残兵团团围住，根据事后统计，此时高延寿的残兵还有三万六千八百人，其余的十多万士兵要么阵亡，要么逃亡，总之指望不上了，雪上加霜的是，长孙无忌率领一部分士兵切断了附近的所有桥梁，想要撤退？插俩翅膀先！

暂且不管高句丽人的翅膀，先来说说那个白盔白甲的怪物，这个怪物不是神，不是鬼，而是人，一个青史留名、至今不衰的大唐名将，他的名字叫薛礼。薛礼这个名字还有点陌生，那就再说他另外一个名字，薛仁贵，三箭定江山的薛仁贵！

远征高句丽正是薛仁贵军事生涯的起点，也是这位名将起飞的地方。实际上薛名将在战前的身份就是普通老百姓，他是自愿来到远征军中效力，为的就是博取日后的富贵。临行前，他对自己的妻子说道："放心吧，此行一定成功，一定会赢得日后的富贵！"

薛名将说到做到，他怪异的装扮为唐军赢得了胜机，也为自己迎来了一生的转机。李世民在北山高处看到了这个怪异的年轻人，这个年轻人触动了他的好奇心！

这次接见为薛仁贵的戎马生涯起了个好头，爱才心切的李世民直接擢升白丁薛仁贵为游击将军，从今以后你就是从五品官员了，享受副厅级待遇！

从此薛仁贵成为李世民重点培养的青年将领，在班师回朝的路上，李世民对薛仁贵说了这样一番话："朕诸将皆老，思得新进骁勇者将之，无如卿者；朕不喜得辽东，喜得卿也！"

第二天，也就是贞观十九年六月二十三日，李世民设想中的受降仪式正式开始，刚刚搭好的受降帐篷马上派上了用场，一分钟都没有耽误。

高延寿和高惠真两个败军之将率三万六千余名士兵向李世民投降，为表诚意，高延寿一干人等膝行（膝盖跪地）爬到李世民的面前，请求宽恕。秦末诸强拜见项羽时用上了膝行重礼，现在高句丽降将对李世民也用上了。

对于高句丽降将，李世民既保持着大国皇帝的风度，也保留着咄咄逼人的锋芒，指着高延寿等人说道："东夷少年，跳梁海曲，至于摧坚决胜，故当不及老人，自今复敢与天子战乎？"

死一般的沉静，无人应答！

此战唐军缴获马五万匹，牛五万头，铠甲一万领，收获颇丰。

然而缴获容易处理，降兵却难处理，该如何处理这三万多降兵呢？李世民给了这三万余人三条路，只是这三条路是李世民指定的，降兵只有认命，没得选！

高延寿以下三千五百名酋长，加授武职散官，押往长安；

余下所有高句丽士兵全部释放；

三千三百名靺鞨部落士兵，全部坑杀！谁让你们狗拿耗子多管闲事，竟敢跟大唐作对！

三万余名降兵片刻间各得其所，出国的出国，回家的回家，坑杀的坑杀，自此十五万援军尘埃落定，再无痕迹。

在十五万大军兵败的传染下，安市城周边的后黄城、银城守军纷纷弃城而逃，并且把逃跑的风气传染了下去，从安市城往外数百里内已无人烟，唐军要想进攻平壤，就需要先通过数百里无人区！

此时的李世民先不去想无人区，他的目光集中在眼前的孤城安市城上，他不相信这座孤城能挡住他的刀锋，更不相信这座孤城会是他解不开的死结，不会，绝不会，李世民的征战史上没有死结。

其实对于安市城，李世民是有考虑的，早在攻克辽东城之后，他就把安市城提上了议事日程，一向讲究变通的李世民听闻了安市城守将的事迹。他已经意识到这将是一块难啃的骨头，他甚至动了绕过这块骨头的念头，然而这个念头却被李世勣给打消了。

此时镇守安市城的高句丽守将叫杨万春，是一个性格刚烈的主，权臣渊盖苏文夺权之后，命令高句丽境内各城向自己表忠心，诸多城市纷纷响应，唯独杨万春镇守的安市城对渊盖苏文的命令置若罔闻，压根儿没有搭理。气恼之下的渊盖苏文派兵对安市城进行了攻打，然而没想到，杨万春镇守的安市城针扎不进，水泼不进，渊盖苏文干瞪眼没办法，只能听任杨万春继续镇守安市城，以后再找机会慢慢收拾他。

正是基于杨万春镇守安市城，李世民才想到了迂回作战的办法，在他看来，不必急于拿下安市城，完全可以绕过安市城先攻打建安城，等攻打下建安城之后再回军包围安市城。如此一来，安市城就处于唐军的完全包围之中，就算打不下，围也把它围死了。

遗憾的是，李世民这一跳跃性战略思想被李世勣给否决了，因为李世勣觉得这太冒险。李世勣说道："建安在南，安市在北，吾军粮皆在辽东；今逾安市而攻建安，若贼断吾运道，将若之何？不如先攻安市，安市下，则鼓行而取建安耳。"

跳跃的李世民遇上了步步为营的李世勣，很难说谁对谁错，以往很有自己主见的李世民这一次没有坚持，他认同了李世勣的说法，说道："以公为将，安得不用公策。勿误吾事！"

然而该耽误的还是耽误了，后来的事实证明李世民的跳跃是对的，李世勣的步步为营是错误的：安市城城险兵精，绕过容易，攻取却难上加难，而偏偏李世勣就与安市城较上了劲，这一较劲就让李世民又一次与胜利擦肩而过。

安市城下，唐军重重包围，双方进入胶着状态，高句丽守军在守城的同时还用上了无成本的防守武器——谩骂，漫无边际的谩骂让唐军愤怒到了极点。

高句丽守军很有眼色，很会挑时候，专等李世民出现的时候大肆谩骂。他们未必认识李世民，但他们认识唐朝皇帝的旗帜，只要皇帝旗帜出现，就是他们大肆谩骂的开始，绵绵不绝，层层叠叠。

谩骂之下，李世民怒不可遏，急火攻心，恨不得将安市城一口吞下，一旁的李世勣看出了皇帝的愤怒，当即提议："克城之日，男子皆坑之。"盛怒之下的李世民准奏！

这一次，李世民和李世勣这对君臣过了嘴瘾，却犯了兵家大忌。兵家围城讲究"围师必阙"，也就是说围城时不要把城彻底围死，要给里面的人留下所谓的突围缝隙，有突围缝隙存在，被围的人就不会殊死搏斗，而会在生存欲望促使下选择突围，而突围时，正是围城部队对之实现有效打击的时刻。

现在李世民和李世勣恰恰相反，他们把城围死了，而且把城里人的生路全断了，城破之日就是城中男子集体被坑杀之日，还有比这更差的结局吗？没有！既然死守是个死，城破也是个死，那么不如死守到底，总比平白无故被坑杀好得多！

城险兵精，众志成城，安市城之战已经进入死局。

此时唐军阵营中有两个人站了出来，他们提出了一个建议，如果这个建议被采纳，唐军远征高句丽的战局依然有可能做活。

提出建议的正是高句丽降将高延寿和高惠真，两人说道："我们既然已经委身于大国，就不能不拿出我们的真心实意，期望天子能早日建立大功，我们也能与妻子团聚。目前安市城守军为了保护家人，个个奋勇作战，安市城一时半会不容易攻下。我等率十余万大军都败在唐军手下，高句丽国内更是闻风胆寒，现在乌骨城守军都是老弱残兵，不能坚守，如果唐军发兵攻打，早上到晚上就能攻克，其余当道的小城，必定望风而逃，这样唐军一路收集沿途的粮草，一路向前，平壤必定守不住了！"

堡垒往往从内部攻破，高延寿和高惠真的话再一次证明了这一点。如果李世民能够采纳，此次远征高句丽或许可以以胜利收场，然而李世民偏偏没有采纳，只能再一次与胜利错过。

其实，听完高延寿和高惠真的话，李世民动了心，多数随行官员和将领也动了心，官员们甚至建议召唤张亮的那部分军队合兵一处，进攻乌骨城，进而进攻平壤。

几乎所有人都动了心，除了长孙无忌。

长孙无忌说道："天子亲征，异于诸将，不可乘危侥幸。今建安、新城之虏，众犹十万，若向乌骨，皆蹑吾后，不如先破安市，取建安，然后长驱而进，此万全之策也。"

长孙无忌的依据很简单，天子亲征不能处于险地，残敌尚未肃清，不能冒险出击，否则一旦被抄了后路，后果不堪设想。

显然长孙无忌追求的是万无一失，然而古往今来，行兵用险，战场之上如果只追求万无一失，那么就必定与大胜无缘。没有无缘无故的胜利，也没有无缘无故的失败，如果你追求行兵万无一失，那么你就注定与胜利渐行渐远。

每一个惊天动地的胜利背后，必定潜伏着波涛汹涌的风险，这是战场的定数，也是人生的定数，同时原本这也是李世民一生的写照。

然而这一次，李世民却倒向了长孙无忌一边，他放弃了行兵用险，选择了万无一失。这次选择让他的最后一次亲征只能以平淡收场，登基以来的养尊处优已经磨平了当年的锐气，现在的李世民已经背叛了当年的自己。

令人痛心的是，其实此时张亮的部队已经抵达了建安城，完全可以与李世民合兵一处执行奇袭平壤的计划，只可惜那个年月，"交通基本靠走，沟通基本靠吼"。尽管建安城与安市城已经近在咫尺，然而两军愣是没有联系上，白白错过了天赐良机。

三次奇袭良策胎死腹中，三次无可奈何的错过，此时远征高句丽的唐军已经与惊天动地的大胜渐行渐远，只能集中精力对付安市城这根难啃的骨头。

为了拿下安市城，李世民将李世勣和李道宗兵分两路，李世勣在城西侧攻打，李道宗在城东南侧攻打，两军齐发，安市城再无宁日。

安市城依山而建，东高西低，李世勣负责的城西一侧，进攻难度非常大，因为地理位置决定了高句丽守军居高临下，而李世勣则要从低到高，采用最难受的进攻姿势——仰攻！如此一来就让李世勣的进攻大打折扣，进攻事倍功半，收效甚微。

李世勣是指望不上了，要想攻城还得指望李道宗。

安市城东南角的李道宗没有闲着，他正在大兴工程，构筑土山，他要构筑一座大大的土山，这座土山就是他攻城的最后法宝。

为了构筑土山，李道宗采取了一手攻城，一手建设的方法，一方面唐军对安市城的攻势不减，每天至少进攻六七次，让安市城守军疲于奔命，唐军的抛石车已经屡次轰开了安市城的城墙，然而安市城的守军非常顽强，哪里有缺口，哪里就有堵缺口的守军，一有缺口，守军就迅速挡上栅栏，然后迅速修复。唐军多次反复，就是无法打开安市城的缺口，最后的宝只能押在李道宗的土山上。

李道宗构筑的这座土山可要了亲命，工程量巨大，前后耗去了六十天，日夜不停，最后总计耗去人工五十万人次。按照现代工地的劳动报酬标准，假设每一个劳工工作一天报酬为五十元，李道宗构筑这座土山的人工成本达到了二千五百万元，大家可以想象一下这座土山的工程量。

众人堆土土堆高，经过唐军士兵的不断努力，土山工程终于完工了，此时的土山已经高出了安市城的城墙，与城墙的直线距离只有几丈远，安市城守军的一切动向都暴露在唐军的眼皮底下。如果以土山为跳板向安市城发起攻击，城中男子集体被坑杀已经可以进入倒计时。

就在此时，意外发生了。

这次意外的起因还是李道宗的脚。

原来在构筑土山的过程中，李道宗不慎扭伤了脚，影响了行走，为此李世民还亲自为李道宗针灸了一次，让李道宗又感动了一番。然而皇帝的针灸形式大于内容，李道宗的脚一时半会儿并没有好利索，这就极大地影响了李道宗的工作效率，进而影响了他对手下士兵的管束力度。

在土山完工之后，李道宗委派果毅都尉傅伏爱率军驻扎在土山山顶，以防高句丽守军突袭，这是唐军唯一的制高点，必须万无一失，一旦丢失，后果不堪设想。

然而，不堪设想的事情还是发生了！

耗费李道宗无数心力的土山居然崩塌了！

崩塌的土山倒向了安市城的城墙，城墙因此被压塌了一段，如果此时唐军顺势攻城，安市城城破的厄运在劫难逃。

然而，在这个关键的时刻，果毅都尉傅伏爱居然不在阵中，他居然趁李道宗管束不力之际私自离岗了！这次离岗要了唐军的亲命，也要了傅伏爱的小命。

在唐军六神无主、群龙无首之际，几百名高句丽守军已经从城墙的缺口处杀了出来，直奔守护土山的唐军士兵。此时的土山只是崩塌了一部分，依然是有效的制高点，疯狂的高句丽守军正是来争夺这致命的制高点。

没有将领主事，守卫土山的唐军很快败下阵来，唐军费了五十万人次的土山落入高句丽守军的控制之中。随后高句丽守军在土山周围挖掘了壕沟，重兵防守，土山不再姓唐，改姓高了！

震惊之余，李世民下令全力攻打，夺取土山。然而，谈何容易，高句丽守军居高临下，占据有利地形，唐军由低到高仰攻，双方在地利上已是天壤之别。

众将攻了三天，毫无结果，土山依然在高句丽士兵的控制之下。

盛怒之下的李世民将果毅都尉傅伏爱斩首示众，然而已经于事无补，即使再

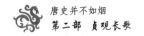

斩一万个傅伏爱也挽救不回丢失的土山，更挽救不回唐军已经失去的时间。

李世民心中叹息不已，他赦免了双脚赤裸请求处罚的李道宗。虽然李道宗管束不力，按罪当死，但是李世民愿意给败军之将机会，更何况李道宗先前还有攻克盖牟城和辽东城的功劳，算了，特赦！

从贞观十九年六月二十日抵达安市城开始，李世民在安市城下足足耗去了两个多月的时间。这两个多月中他先后错过了三次出奇制胜的机会，最终还是被这座孤城挡住了远征高句丽的步伐。

李世民已经不能再继续打下去了，他已经耗不起了，时间已经进入农历九月，严寒即将到来。

顺便说一下，我的大学时代就是在辽宁沈阳度过，我非常了解那里的气候。在那里，一过十一国庆节（农历一般为九月份），气温便急转直下，秋风肃杀没几天，冬季就会迅速来临。贞观十九年的李世民就是处于那样一个气候转冷的临界点，在这个临界点上，不退兵也得退兵，对于冬季，唐军根本没有抵抗能力。

贞观十九年九月十八日，李世民下令班师，远征高句丽以这样一个结果平淡收场。李世民命唐军裹胁辽东城、盖牟城的所有居民渡过辽河，从此你们不再是高句丽的国民，而是大唐的子民。

在退兵的当天，李世民在安市城下举行了盛大的阅兵仪式，展示唐军军威，虽然不能攻城征服你，至少在气势上压倒你。

在李世民退兵之际，高句丽守将杨万春出现在安市城的城头，就是他将李世民牢牢地挡在了安市城的城墙之下，也为高句丽赢得了喘息之机，此刻他来到城头做什么呢？

向李世民叩拜，行送别之礼！

对手，朋友！

李世民远远地看着杨万春，心中有气恼也有佩服，普天之下能挡住我李世民兵锋的没有几个，而你杨万春就算一个。食君之禄，忠君之事，纵是敌将，也值得尊重。

随即李世民命人为杨万春送去一百匹绸缎，作为他忠于王事的一种勉励：虽然你是我的敌人，但是我依然欣赏你！

顺着这个话头说说杨万春的结局，不说则已，一说全是眼泪。

这个几乎以一己之力挽救高句丽危局的将军尽管为李世民所欣赏，却不为渊盖苏文包容。在目前朝鲜的所有正史中，居然都没有杨万春这个名字，而我们知道他的名字，都是来自朝鲜的民间传说。

据柏杨先生推测，杨万春将军很有可能在不久之后被渊盖苏文以诡计召回平壤，进而以谋反罪名秘密处决。尽管这一切都是推测，但最后的结果是，这个堪称高句丽民族英雄的将军居然没有在正史上留下自己的名字，这本身就是一场悲剧。

贞观十九年十月十一日，李世民抵达营州，在这里他命人收集远征高句丽士兵骸骨，统一安葬于柳城东南，用太牢祭奠。据《资治通鉴》记载，此战远征高句丽，唐军阵亡将士将近两千人，战马死亡率更高，达到80%。

此战，唐军攻陷玄菟、辽东等十城，迁居唐朝居民达七万人，杀死高句丽士兵四万余人，这在别人看来是大胜，而在李世民看来则是失败。

失败的情绪一直笼罩着李世民，以至于一项跨时代的科技发明都让他厌恶不已。

十一月十六日，李世民经过易州，易州司马陈元寿让老百姓利用地窖，燃起温火，种植出新鲜蔬菜呈献给李世民，没想到这也触了李世民的霉头。

不务正业，只知谄媚，要你何用！李世民一皱眉头，免职！

可惜，温室蔬菜；可怜，陈元寿用心良苦却成空。

怪只怪，时机不对，皇帝没有心情！

远征高句丽，原本为了打出军威，同时也为调整心情，现在远征半途而废，军威也打了折扣，李世民原本不畅快的心情更加雪上加霜。

不久，李世民病了，病不仅在身上，更是在心里！

第十七章　猜　疑

刘　泊

李世民在班师回朝的路上病了，症状表现为生疮化脓。不用问，这一定跟郁闷的心情有关，很有可能是郁闷导致的急火攻心，如此一来，马已然骑不了了，只能乘坐软轿。

李世民这一病倒是给了两个人机会，这两个人，一个借此表现了自己的仁慈忠孝，一个则在无意之中表现了自己的大嘴，结果前者赢得加分，后者则遭遇减分，直至将自己的一生清零。

赢得加分的是太子李治，在李世民患病期间，他用自己的表现深深打动了父亲的心。

他居然用嘴帮父亲吸出疮里的脓！

写出这几个字很简单，然而要真的做出来却很难，十七岁的李治就是用这样的举动打动了自己的父亲，也打动了朝中群臣，大家不由得为李治竖起了大拇指："太子仁孝啊！"

李治的吸脓举动究竟是发自肺腑，还是有人授意，我们无从考究，我们只知道最后的结果是他做到了。如果说之前他的储君之位还有可能受到吴王李恪的冲击，那么从此之后，李治的储位已经坚若磐石，对老爹交心到这种程度，李世民再也没有三心二意的权利。

皇权，父子，皇帝父子之间的关系也需要经营，李世民和李治父子就是最好的例证。

同太子李治获得加分不同，侍中刘洎却在李世民患病期间一败涂地，将自己的一生完全清零，这又是为什么呢？

论起来，此时的刘洎已是朝廷重臣，他与马周一起并称为贞观一朝的"职场奇迹"。马周从布衣奋斗成正三品中书令，刘洎也不含糊，从一名降官奋斗为正三品侍中，与马周不相上下。

刘洎原本是萧铣的手下，时任萧铣的黄门侍郎，萧铣败亡之前委派他到岭南一带收服一些城市。刘洎不辱使命，也很能干，在他的努力下，五十多座城市愿意听命于萧铣，这让刘洎大喜过望。

令刘洎没想到的是，他还没来得及向萧铣汇报，萧铣就已经被李孝恭和李靖的大军灭了，消灭得太快了，让刘洎连表功的机会都没有，一下子就成了无家可归的丧家狗。

冷静下来之后，刘洎重新审视了形势，他发现其实他不是丧家狗，因为他手中还有五十余座联系好的城市，有了这个法宝，还愁找不到下家吗？

很快，刘洎调整了心态，改换了门庭，从萧皇帝的门下投入了李渊李皇帝的门下，由萧铣的黄门侍郎变成了南康州都督府长史，虽然级别降了好几级，但刘洎也知足，作为一只跳槽的丧家狗，要多少是多呢？

刘洎这个人还是有能力的，尤其善于进谏，正是在不断的进谏中，刘洎在贞观年间平步青云，一升再升。

贞观七年，累拜给事中，封清苑县男；

贞观十三年，迁黄门侍郎；

贞观十五年，转治书侍御史；

贞观十七年，加授银青光禄大夫，寻除散骑常侍。

贞观十八年，迁侍中；

贞观十九年，李世民征高句丽，刘洎辅皇太子于定州，仍兼左庶子、检校户部尚书，总管吏、礼、户部三尚书事。

这就是刘洎在贞观年间的升迁履历，从履历中不难看出，刘洎非常得宠，尤其是贞观十三年以后，几乎每年一升，贞观十九年更是达到了炙手可热的地步，总管吏部、礼部、户部三部尚书事，总共六个部，他直管三个，权势已经

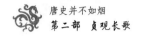
非同一般。

人的一生就是这样，有走好运的时候，也有走背运的时候。贞观十九年之前的刘洎几乎走的都是好运，有一次甚至已经犯了大逆不道之罪，却被李世民一句话轻轻化解。

那是一场君臣甚欢的宴席，李世民宴请三品以上官员饮酒，作为饮酒助兴的佐料，喜欢书法的李世民当众写了几幅字赏赐群臣。群臣都知道李世民喜欢学习王羲之，尤其擅长飞白（一种笔法），现在李世民操笔作飞白字赏赐群臣，这一下让群臣都红了眼，谁不想弄幅皇帝的字光耀门庭呢？

借着酒劲，群臣冲动了起来，纷纷冲上前想把皇帝的亲笔抢到手。抢到兴起，竟然有人冲到了最前面，踩着李世民的御座，把皇帝的亲笔抢到了手。

得手的人还在兴奋，跟在后面的人却全傻了，这是谁啊，不要命了，竟敢踩踏御座，这可是死罪啊！

得手的人正是刘洎，此时的他一看自己脚的位置也傻眼了，自己的脚居然踩在了御座之上，完了！

酒被吓醒一半的群臣也没闲着，皆奏曰："洎登御床，罪当死，请付法。"

刘洎已经身不由己，一脚踩着生，一脚踩着死，李世民的嘴只要一动，就直接关乎着刘洎的生死，等待刘洎的会是什么呢？

李世民笑而言曰："昔闻婕妤辞辇，今见常侍登床。"心情不错的李世民竟然不予追究，反而愿意把这件事当成美谈，这一切只能说明，此时的刘洎很红！

刘洎的红，一直延续，一直延续到贞观十九年，这一年，他依然很红，红得有些发紫！

红不可怕，红得发紫呢？

贞观十九年三月二十四日，李世民从定州出发出征高句丽，留下刘洎与马周等人坐镇定州，一起辅佐太子李治，此时刘洎官职为侍中，仍兼太子左庶子、检校户部尚书，总管吏、礼、户部三尚书事。在诸多辅佐李治的大臣中，除了德高望重的老资格高士廉，往下数就是位高权重的刘洎。

李世民出发之前，特意对刘洎交代了一番，说道："我今远征，使卿辅翼太子，社稷安危之机，所寄尤重，卿宜深识我意。"

此时刘洎自我感觉特别良好，也非常想表现自己的忠心，慨然回应道：

"陛下您就放心吧，大臣们如果有出现过失的，我直接就诛杀！"（愿陛下无忧，大臣有愆失者，臣谨即行诛！）

这就是刘洎，自我感觉良好的刘洎，这句不知深浅的话让李世民当场不悦，指着刘洎说道："君不密则失臣，臣不密则失身。卿性疏而太健，恐以此取败，深宜诚慎，以保终吉。"

刘洎的话李世民并不爱听，只是此时恩宠未减，他还愿意耐着性子教导刘洎一番，他的话无非是想敲打一下刘洎，没想到却一语成谶！

时间走到了贞观十九年十二月，这个月李世民生疮化脓，这个月刘洎将自己的一生清了零。

刘洎惹下杀身之祸其实只是因为一句话。

在李世民患病的某一天，刘洎前往行宫拜见李世民，君臣交谈一番之后，刘洎辞别出宫。

出宫后的刘洎难掩悲伤的神情，他还在为李世民的病情担忧。就在这时，他遇到了几个同僚，这几个同僚可能比他的级别低，没有机会面见李世民，这次撞见刘洎自然要询问一下皇帝的病情。

刘洎并没有意识到危险正向他逼来，直言不讳地说道："疾势如此，圣躬可忧！"意思是说，皇帝的病情挺严重，真让人担忧。

说完，刘洎转身离去，留给同僚们一个远去的背影。远去的刘洎如同以往一样，走得安静从容，此时的他恰恰淡忘了一个最普通的真理：东西越传越少，话却越传越多！

看似平常的一句话，经过几人之口，可能已经完全走样。

不久，李世民接到密报，刘洎图谋不轨！

证据呢？

刘洎曾经说：国家之事不足虑，正当辅少主行伊、霍故事，大臣有异志者诛之，自然定矣。

这个证据表明，刘洎想做伊尹、霍光那样的辅政大臣，这个说法深深刺痛了李世民。

伊尹，霍光，在历史上虽然有辅政有功的声名，但辅政有功的潜台词就是皇权旁落，也就是说，伊尹和霍光辅政有功，青史留名，一定程度上是因为他们在那个时期大权在握，几乎行使了皇帝的所有权力。在他们辅政时期，皇帝只是名义上的皇帝，实权则是握在他们的手中。尽管他们最终都把皇权交到了皇帝手中，但这种交还实际就是一个良心活，可以交，也可以不交，以当时的背景，两人取而代之，也未必不可。

现在刘洎想把这个场景复制到李唐王朝，李世民能答应吗？

刘洎栽了，彻底地栽了，一头栽进了万劫不复的深渊，起因就是在错误的时间，错误的地点，讲了一句错误的话。

那么是谁诬陷了刘洎呢？《实录》《旧唐书》《新唐书》将矛头指向了褚遂良，异口同声地指出，正是褚遂良诬告了刘洎。

不过，尽信书则不如无书，在编辑《资治通鉴》时，司马光对这个说法提出了质疑。他认为，诬告这种事情连一般人都做不出，口碑很好的褚遂良更难做出这样的事情。司马光推测，很有可能是负责编撰《实录》的许敬宗讨厌褚遂良，所以在编撰《实录》时将诬告刘洎的屎盆子扣到了褚遂良头上。

现在谁诬告刘洎已经不重要了，重要的是，李世民信了！

以李世民的智商，以他的手腕，原本这样的诬告是不会成功的，然而，贞观十九年的李世民已经不再是以往的李世民，贞观十九年的高句丽之战成为了李世民一生的分水岭。在征战高句丽之前，李世民充满自信，而在征战高句丽之后，李世民的自信心受到了严重的打击，雪上加霜的是，在回军的路上，他病了，一度比较危重。

这一年，李世民四十八岁，如果没有这次得病，他可能还会一如既往，然而十二月这一病，让李世民突然感觉"老之将至"，老了，经不起折腾了，一场失利居然导致了一场病，真是老了！

生病的李世民已经没有了往日的从容，感到"老之将至"的他考虑更多的是皇权的平稳交接。自己不可能陪伴太子一辈子，那么就要把最好的局面、最好的大臣留给太子，绝不能在自己的手中留下任何隐患，绝不！

很不幸，曾经很红的刘洎就成了一个安全隐患，此人居然想成为伊尹、霍光，这样的人是不能留给太子的，尽管他曾经很红。

其实李世民未必相信别人对刘洎的诬告，他曾经在刘洎的要求下召来马周对质。一种说法是马周证明刘洎没说过那样妄自尊大的话，一种说法是马周保持了沉默。然而无论马周的态度如何，刘洎必须死，因为李世民可以证明，他确实说过那样的话，时间就在贞观十九年三月。

"愿陛下无忧，大臣有愆失者，臣谨即行诛！"刘洎，你还记得你说过的话吗？

时间再回到贞观十七年四月，刘洎同样有让李世民反感的举动，他竟然上疏，拥立魏王李泰继任太子，这说明他属于魏王一派，有结党营私之嫌。

结党营私，妄自尊大，位置敏感，身为侍中兼任太子左庶子的刘洎再一次踩上了生死线。如果闯过这条生死线，身为太子左庶子的他很有可能在李治的手下赢得更高的权位，而如果闯不过去，他的一生就要清零。

然而新账老账叠加到了一起，刘洎的鸿运终于走到了头。数年前李世民一句话将刘洎推向了阳光明媚的生路，现在李世民一句话又将刘洎推向了漆黑一片的死路。

李世民说道："洎与人窃议，窥窬万一，谋执朝衡，自处伊、霍，猜忌大臣，皆欲夷戮。宜赐自尽，免其妻孥。"

贞观十九年十二月二十六日，曾经很红的刘洎伏诛，临刑前他向监刑官员讨要纸笔，想要给李世民写最后一道奏疏，然而监刑官员坚定地摇了摇头，不给！刘洎死后，李世民得知了这件事，盛怒之下将监刑官员投入了大牢。

李世民的内心是矛盾的，其实他知道刘洎可能很冤，但为了皇权，他不能把这颗权臣的种子留给自己的子孙。为了皇权，一切可能挡路的都必须除掉，必要时可以良莠不分！

在刘洎身后，其子刘弘业两次为父翻案，第一次失败，第二次终告成功。

高宗显庆年间，刘弘业上书指控褚遂良诬告父亲刘洎，请求为父亲翻案，这次翻案得到了权臣李义府的支持，因此高宗李治亲自过问了这件事。李治向近臣询问对策，给事中乐彦玮曰："辨之，是暴先帝过刑。"第一次翻案就此失败。

则天临朝，其子刘弘业再次上书，奏称父亲刘洎被褚遂良诬告而死，第二次为父翻案，这一次终于成功，武则天诏令复其官爵，最终算是为刘洎平了反！

复官也好，平反也罢，对于刘洎而言，一切都是身后之事，在他临刑之际他可能想到我曾经很红，也可能想到我此刻很惨。红也好，惨也罢，人头落地之际，就是一生清零之时。

不过，如果刘洎地下有知，他或许会有一点勉强的安慰，因为这样的倒霉蛋不止他一个，而是一下子三个！

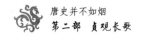

张 亮

在刘洎伏诛后三个月，又一个倒霉蛋出现，他也死于李世民的猜疑。

在写侯君集的时候，我曾经说过，侯君集对于凌烟阁来说，既是一出喜剧，又是一出悲剧，喜的是，在他的有生之年他看到了他的画像挂上了凌烟阁，悲的是，仅仅一个多月之后，他就再也无法看到凌烟阁。

如果要找出一个人与侯君集经历相似，这个人就是郧国公张亮。

张亮，一个有故事的人。

隋朝末年，张亮参加了李密的起义军，起初并没有得到李密的赏识，然而张亮没有气馁，他一直在等待机会。不久，机会来了，李密军中居然有人谋划推翻李密，这下给了张亮告密的机会。

有了这次至关重要的告密，李密从此对张亮刮目相看，并把他提拔为骠骑将军，隶属于李世勣名下。后来李世勣归顺唐朝，张亮也随之归顺，被委任为郑州刺史。张亮踏上了赴任的道路，没想到这次赴任居然是一件不可能完成的任务——在张亮赴任之前，王世充已经攻陷了郑州，张亮想赴任，得先问问李渊的死敌王世充。

此时的张亮倒霉到了极点，向前不能赴任，向后道路已经被王世充的军队阻隔，前后两条路都走不通，无奈之下张亮只能亡命于共城山泽，当起了无人问津的野人。

张亮的野人生涯持续了一段时间，直到得到房玄龄和李世勣的推荐，李世民闻听此人倜傥有智谋，这才把张亮委任为秦府车骑将军，正式结束了张亮的野人生涯。

张亮还是很有能力的，在李世民的麾下他一直表现不错，武德七年更是被李世民派往洛阳，交通联系各路英雄豪杰，以备将来不时之需。然而好景不长，在洛阳左右逢源的张亮很快被齐王李元吉诬告下狱，罪名是图谋不轨，这下麻烦大了。

然而，李元吉低估了张亮，他满心以为，只要把张亮投入大狱就能得到有利于自己的口供，进而可以将李世民一派置于死地，事实证明，他想错了。

狱中的张亮居然一言不发！

零口供！爱咋的咋的！

现在在我国的司法体系里，零口供也可以判刑，然而在古代，还是非常看重口供，有口供才算认罪，可是零口供呢？

后来在李世民的斡旋下，零口供的张亮被无罪释放，从此得到了李世民的加倍信任。

贞观十年，为了让倍受宠爱的魏王李泰留在长安，不去属地相州镇守，李世民为李泰找了一个替身，这个人就是张亮。张亮随即晋升为金紫光禄大夫（正三品），代理相州都督，代替魏王李泰镇守相州，这是李世民对他的信任，也是对他的莫大恩宠，能给当红的李泰当替身，说明你张亮是个值得信任的人。

事实证明，张亮这个人确实有头脑，有能力，在相州经常微服私访，断案如神，扶危济困，打击豪强，在当地的口碑相当不错。

然而，家家有本难念的经，官场得意的张亮却过着狼狈不堪的家庭生活，这一切都是因为一个女人，张亮的第二任妻子李氏。

为了李氏，张亮放弃了糟糠之妻，转而娶了他。然而没想到，这个李氏一点儿都不省油，恰恰相反，超级费油！

李氏素有淫行，忌妒心特强，张亮一方面很宠她，一方面又很怕她，最后到了听之任之的程度，即使被戴上绿帽子，张亮居然都表现得无所谓。

在相州，李氏有个相好，此人以卖笔为业，擅长歌舞，与李氏一见钟情，开始私通。为了私通方便，李氏居然将相好领回了家，与张亮商议之后，将该相好包装成张亮的私生子，取名张慎几，从此李氏就在家中放心大胆地与张慎几私通，而张亮权当没看见。即使张亮与前妻所生子张慎微屡次规劝，张亮还是不以为意，到底是咋想的呢？

如果李氏仅仅是私通也就罢了，要命的是她还有一个爱好：旁门左道。巫师占卜师都是她家中的上宾，慢慢地张亮就与这些左道人士交上了朋友，而这些朋友恰恰是他人生路上的定时炸弹。

具有定时炸弹功能的主要有两个人，一个叫程公颖，一个叫公孙常。

程公颖：男；年龄籍贯不详；职业：方术师；类别：旁门左道。

据说在相州时，张亮与程公颖曾经有过一次谈话。

张亮说道："相州这个地方地势非常好，有人说，不出数年，将有王者从这里崛起，对此你有什么看法？"（相州形胜之地，人言不出数年有王者起，公

以为何如?)

闻听此言,程公颖听出了几分味道,回应道:"卧似龙形,必当大贵。"意思是说,张亮睡觉时有龙的形状,日后必定贵不可言。(忽悠死人不偿命!)

公孙常:男;职业:不详,自言有黄白之术;类别:旁门左道。

公孙常与张亮据说也有一次谈话。

张亮谓曰:"我曾经听说图谶上说'有弓长之君当别都',虽然有这样的说法,我实际是不想听到的!"(吾尝闻图谶"有弓长之君当别都",虽有此言,实不愿闻之。)

公孙常回应道:"名应图录,大吉!"(忽悠年年有,今年特别多!)

以上两次谈话,得到了程公颖和公孙常的证实,但均遭到张亮的否认,因此粗略判定,可信度50%,或许可以有,或许真没有。然而,张亮与旁门左道交好的事实不可否认,这一点很致命!

从此,官场得意的张亮开始走下坡路,官声受损,口碑变差,原本的青云直上也变成了起伏不定。到贞观十七年,还是靠告密侯君集即将谋反重新赢得了李世民的重用,从洛州都督又升任刑部尚书,并且得到了画像凌烟阁的无上荣光。

如果生活轨迹平淡无奇地延续下去,张亮很有可能在刑部尚书任上终老,然而生活注定充满了变数,贞观十九年之后李世民多疑了,不巧的是,张亮的身上又背着定时炸弹。

贞观二十年三月,张亮的苦主来了,此人名叫常德玄,陕州(今河南省三门峡市)人。

常德玄向李世民举报:张亮蓄意谋反,名下有义子五百人!

这不能说是要命,而是相当要命!

在马周的审判下,旁门左道朋友程公颖和公孙常供认不讳,张亮却态度决绝,坚决否认:"此二人畏死见诬耳!"

到此时,张亮谋反的所有证据只来自三人之口,举报人常德玄,污点证人程公颖和公孙常。虽说三人成虎,然而在张亮身上却未必。

我们不知道常德玄举报张亮出于什么动机,是信口胡说,抑或有人授意,抑或自己一直在暗中调查,总之张亮谋反的所有证据只来自这三人之口,有人证,却没有关键的物证,证据链条根本无法形成。

如果张亮的人缘够好，此时或许还有一线生机，然而要命的是，有李氏那盏费油的灯存在，张亮的人缘不是不好，而是相当不好，满朝官员只有一人为张亮说话，其余人要么主张问斩，要么难得糊涂。

作为唯一的反对派，将作少监（建设部副部长）李道裕态度很坚决："反形未具，即为无罪！"

满朝文武都是有罪推定，唯独李道裕坚持无罪推定！

到底该有罪推定，还是无罪推定呢，这直接关乎张亮的命！

李道裕注定是孤独的，满朝文武都站到了他的对立面，更要命的是，此时的李世民也是有罪推定的坚决拥护者。

"亮有义儿五百，蓄养此辈，将何为也？正欲反耳。"李世民恨恨地说道。

倒霉的张亮，谁让你认那么多干儿子呢？干爹是那么好当的吗？

古往今来，干爹难当，当女演员的干爹，人家会说你是色狼，当五百人的干爹，人家会说你想当狼王，倒霉的张亮，没有死于定时炸弹，却死在了五百义子身上。

贞观二十年三月二十七日，郧国公、刑部尚书张亮被绑缚长安西市斩首，陪斩的还有他的左道朋友程公颖，另一左道朋友公孙常却不知道什么原因逃过了这一斩。

在张亮身后，他的全部家产被没收充公，家人入宫为奴，曾经的国家功臣，曾经的朝廷命官，到头来，不过是大梦一场。

一年后，刑部侍郎出缺，人事部门考察了多位人选都不合适，最后李世民说话了："不用找了，这个人我已经找到了，将作少监李道裕！"

李世民接着说道："往者李道裕议张亮云'反形未具'，此言当矣。虽不即从，至今追悔。"

张亮冤不冤，问天，问地，问李世民！

李 君 羡

武则天天授二年，贞观年间一员名将家属上书武则天，为名将翻案，不久武则天下诏，追复官爵，以礼改葬。武则天也在心中默默地念着：谢谢了，李

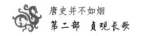
兄弟，谢谢你替我顶了雷！

替武则天顶雷的人名叫李君羡，他的一生由无数巧合构成，巧合到现代科学无法解释。

李君羡，洺州武安（今河北省武安县）人，原本是王世充麾下的骠骑将军，因为看不起王世充的为人，在秦叔宝和程咬金跳槽之后，他也带着自己的队伍打包归顺了李世民。从此李君羡成为李世民麾下的一员猛将，跟随李世民先后征讨过刘武周、王世充，每次征战，必定单枪匹马冲在队伍的最前面，多次征战下来，受赏宫女、黄金、牛马无数，总之，该有的都有了。

在战功的积累下，李君羡晋升为左武卫将军（从三品，副部级），封武连郡公，率部镇守玄武门！

此时的李君羡要风得风，要雨得雨，关键还深得李世民赏识。要知道，不是非常心腹的将领绝不能镇守玄武门，玄武门对于皇帝有多重要，地球上没人比李世民更清楚。

然而，老天偏偏跟李君羡过不去，就在李君羡镇守玄武门不久，长安上空的天象出现了异常：太白昼见！

李世民命令天文官员对这一特殊天文现象进行了研究，很快天文官员得出结论：女主昌！

"女主昌"，意思是说，在将来的某一天，会有一位女性成为天下的主宰，这不要了亲命了吗？自盘古开天地以来，天下虽然有女神仙的传说，但从来没有女皇帝的传说，即使是汉朝的吕后、北魏垂帘听政的皇太后，她们都是听政，皇帝还是男人，这下玩笑开大了，未来居然还会出一个女皇帝，这个女皇帝会是李唐王朝的吗？她会是姓李的吗？

李世民想不明白，天文官员们也想不明白，但大家都知道，这个消息对于李唐王朝而言就是晴天霹雳，偌大的天下将来会由女人主宰，这不是全乱了吗？

就在李世民还在为这次占卜结果忧心忡忡时，令他更担心的事情出现了。民间居然正在流传一本《秘记》，《秘记》上的话让李世民更加惊愕！

《秘记》是这样说的，"唐三世之后，女主武王代有天下"，这下更直接，居然连未来女皇帝的姓都说出来了，这能让李世民不郁闷吗？

李世民下令追查《秘记》的由来，然而查来查去，线索断了，《秘记》似乎就是从天而降，没有源头。

女皇帝，武姓，这个人到底会是谁呢？

此后不久，李世民召开了一场宫廷宴会，宴请的都是武将，左武卫将军李君羡也在此列，他跟其他将军一起来蹭李世民的酒喝。

同现代社会喝酒时讲黄段子助兴一样，那时的酒宴也讲究助兴，这场宴会李世民定下了一条新的饮酒助兴规则：每人都必须说出自己的小名。

这下热闹了，五花八门的小名随之而出，"狗剩""栓柱""小强"齐齐出现，笑得大家前仰后合。到了李君羡这里，大家都静了下来，听一听这个五大三粗的将军小名究竟叫什么。

李君羡站了起来，理直气壮地说道："臣的小名叫五娘！"

喷了，彻底地笑喷了，大家怎么也不能把眼前这个李君羡与五娘这个小名联系起来，反差也太大了吧。

李世民也加入了爆笑的行列，指着李君羡说道："这算哪门子女子啊，长得如此壮实，五大三粗！"（何物女子，乃尔勇健！）

李世民笑着笑着差点岔了气，突然，他的脑海中快速组合起一串词组：

武连郡公，左武卫将军，玄武门守将，五娘子，李君羡！

这五个词组组合到一起是什么呢？难道他就是唐三世之后那位女主！

不可能，不可能！

李世民在心中盘算了半天，还是不能把李君羡和女皇帝联系到一起，这一切或许只是巧合吧，怎么说，李君羡也算是忠臣良将！

然而，事情巧合到这个程度，李世民心中还是有所顾忌，重中之重的玄武门不能让李君羡再守了，不怕一万，就怕万一。

不久，李君羡被免掉左武卫将军职务，出任华州（今陕西省华县）刺史！

如果此时的李君羡意识到自己的处境，谨慎交友，或许还可以一生平安无事，然而李君羡偏偏没有意识到，在华州他很快结识了一些朋友，其中有一位朋友叫员道信！

员道信这个人说起来比较神奇，他自称可以不吃任何东西，只需采天地之灵气就可以维持生存，听起来像是一台永动机。一般人都不相信，偏偏李君羡就信！

另外，员道信还有一个特长，通晓佛教法术，这个特长同样折服了李君羡。时间不长，两人就成了无话不谈的朋友，在两人谈话时，李君羡一律清退左右，只与员道信密谈。李君羡满心以为，这样的谈话只有天知地知，他知，员道信知！

事实证明，这是错觉，他们的谈话不只天知地知，李世民也知！贞观二十二年七月初，李君羡倒霉到了极点，老天彻底跟他过不去了！

七月初，长安上空再次出现奇异天文现象：太白昼见！

原本渐渐淡忘的李世民再一次被提醒，"女主昌"三个字再次萦绕在李世民的心头。

几天后，有御史上奏："君羡与妖人交通，谋不轨！"

七月十三日，华州刺史李君羡伏诛，身后家产全部充公！

倒霉的太白金星，莫非你跟李君羡前世有仇！

其实，尽信书，则不如无书，如果你真的认为李君羡死于太白金星，那么你被耍了！

这是一个复杂的连环套，而这个连环套的制造者其实是两个人，一个是李世民，一个是武则天。

晚年的李世民是猜疑的，他猜疑一切可能威胁皇权的人。李君羡被杀，其实原因很简单：一、曾经镇守过玄武门；二、与妖人交际！

以玄武门政变起家的李世民比所有人都清楚玄武门的意义，小小的玄武门其实就是李唐王朝的命门。只要运作得当，几百人的政变队伍就能通过玄武门夺取李唐王朝的皇权，这一点，李世民比谁都清楚，所以他格外看重玄武门，不是绝对心腹，绝不可能镇守玄武门。

李君羡原本是可信的，然而承平已久、养尊处优，曾经的忠心是否还会涛声依旧，这让李世民有些怀疑，侯君集、张亮的例子近在眼前，所以李世民有了让李君羡出任华州刺史的举动；然而，在华州，李君羡偏偏不检点，居然与妖人交往甚密，仅这一点，李君羡已经在劫难逃。

说到底，李君羡不是死于太白金星，只是死于李世民的猜忌，而太白金星不过是一颗替罪星！

李世民没有想到，他为巩固皇权所做的努力，最后居然成了武则天的宣传工具。

李君羡交往妖人，太白金星白天出现，两者组合到一起，李世民最终诛杀李君羡，这是李世民的连环套；

太白金星异常，李君羡身上有一连串与"武"有关的符号，李君羡伏诛，武则天却最终登基，组合到一起就是武则天的连环套：朕早有天命！这就是武则天最想要的！

到此时，一切已经真相大白，贞观年间的"太白昼见"只是普通的天文现象，天文官员可能只是占卜出"未来国家政权可能存在变数"，这一结果加重了李世民的猜疑之心，也导致了结交妖人的张亮、李君羡人头落地。

所谓"女主昌"，所谓"唐三世之后，女主武王代有天下"，这一切说辞其实都是武则天后来的伪造，一切的一切，都是武则天为了向天下证明：看，朕有天命，天命不可违！

然而，无论是李世民的连环套也好，武则天的连环套也罢，总之曾经的名将李君羡已经人头落地，撒手人寰，留下一系列巧合让人无法解释。

为什么偏偏是他？

为什么他会与"武"字那么有缘？

玄武门，左武卫将军，武连郡公，五娘！这一切究竟是天意，还是巧合？

没有人能够说得清楚！

我们只知道，在贞观二十年前后，先后有三名高官死于冤案，侍中刘洎，刑部尚书张亮，左武卫将军李君羡，前两位是正三品，正部级，后一位是从三品，副部级。短短三年时间，三大高官人头落地，罪名可以有，罪名莫须有！

这一切，只因为，皇帝老了，他很猜忌！

第十八章 伤离别

说 再 见

仕途千里，终有一别。

同现代社会的离退休制度不同，在古代，官员的任期其实是终身制的，只要有一口气在，你就还是国家官员，什么时候把眼睛闭上了，你的这一辈子才算剧终，你的仕途才能打上鸣谢字幕！

从贞观十九年开始，李世民手下的重臣纷纷到了剧终时刻，从贞观十九年到贞观二十二年，短短四年时间，就有五名重臣先后去世，分别是岑文本、高士廉、马周、萧瑀、房玄龄。

最先去世的是岑文本，他死于东征高句丽的征途之中，时间是贞观十九年四月十日。

在贞观十八年八月，他刚刚升任中书令（正三品，正部级），兢兢业业了一辈子，终于到达了仕途的顶峰。

然而，岑文本在顶峰的时间实在太短，从贞观十八年八月到贞观十九年四月，只有短短半年时间。半年之后，他就病逝于东征高句丽的大军之中，他是日夜操劳，累死的。

在他去世的当天，李世民已经看出端倪，对左右侍从忧虑地说道："文本与我同行，恐不与我同返。"

当天，岑文本遇暴疾而死，可能是过劳死，时年五十一岁！

岑文本，降官出身，武德年间割据政权萧铣败亡后投降唐朝进入李世民帐下，贞观年间一路平步青云，最后官至正三品中书令，也算创造了贞观一朝的职场奇迹，与他齐平的只有后来被处斩的侍中刘洎，不同的是岑文本虽遇暴疾也算善终，而刘洎，只能三声叹息！

在岑文本去世两年之后，贞观二十一年正月五日，老资格、开府仪同三司（从一品）高士廉病逝，享年七十二岁。

高士廉，长孙无忌和长孙皇后的亲舅父，长孙皇后兄妹父亲早逝，高士廉这个舅父就承担起养育的责任，也正是高士廉慧眼识珠，在长孙皇后小时候就为她选定了李世民这个夫君，事实证明，高士廉的眼光很独到！

事实上，无论是个人谋略还是为官，高士廉都非常有一套。玄武门政变他是策划者之一，贞观年间他也曾经长期主持人才的选拔，这样的故旧去世，李世民的心疼可想而知。

时间进入贞观二十二年，这一年，李世民更加感伤，因为在这一年，他一下失去了三位重臣，马周，萧瑀，房玄龄。

正月九日，一直受消渴病（糖尿病）困扰的马周撒手人寰，享年四十八岁。他的去世，也意味着贞观一朝的职场奇迹彻底终结！

马周，贞观四年以布衣身份得到李世民垂青，历经十八年努力，最终官至正三品中书令，从平头百姓到正部级高官，其间的跨度有多大，可以想象。难能可贵的是，马周在不断攀升的同时，还保持着不错的官声，贞观二十一年，李世民以神笔赐马周飞白书曰："鸾凤凌云，必资羽翼。股肱之寄，诚在忠良。"

李世民对马周的厚爱还不止于此，甚至在李世民驾幸翠微宫时，还下令寻觅一块风水宝地，做什么用呢？为马周起宅！

至于马周病重期间，恩宠尤甚，名医中使，相望不绝，每天令尚食以膳供之，李世民亲自为之调药，皇太子李治亲临问疾，于公于私，给足了马周面子。

李世民厚爱如此，马周也没有辜负李世民的厚爱。临终之际，马周还亲自做了一件事，对别人来说是小事，对他而言，则是大事。他找出了昔日上书所用的所有草稿，亲自付之一炬，慨然曰："管仲、晏子大肆宣扬国君的过失，为自己赢得身后之名，而我不能那么做！"（管、晏彰君之过，求身后名，吾弗为也。）

同样是上书的底稿，马周选择付之一炬，魏征选择流传于世，谁高谁低，李世民有数，历史同样有数！

在马周之后，六月二十四日，特进（正二品）、宋国公萧瑀病逝，享年七十四岁！

老资格萧瑀在前面我们已经介绍过，这位老资格能横跨武德、贞观两朝不倒，确实有自己的独到之处，不过他偏激的性格还是在无形之中让李世民非常不爽，以至于李世民要在他的谥号上做文章，改谥曰贞褊公，就是跟他过不去。

在萧瑀之后，李世民最心疼的事情来了，七月二十四日，他的肱股重臣房玄龄病逝了，房玄龄的病逝让李世民感觉几乎塌掉了半边天！

贞观一朝，能够从头至尾恩宠不衰的人其实不多，长孙无忌算一个，房玄龄也算一个。如果说长孙无忌凭借的是友情、亲情加能力，那么房玄龄完全凭借的是自己的能力，贞观一朝里里外外都需要他事无巨细的打理，一个人一时兢兢业业不难，难的是房玄龄二十余年兢兢业业，鞠躬尽瘁，我们现在看到的几乎所有有关李世民的仁政，其实都有房玄龄的功劳。

在房玄龄弥留之际，他还在做着一件事，上疏力谏李世民停止对高句丽用兵，让百姓休养生息。尽管李世民和他的子孙们并没有接受房玄龄的建议，但房玄龄的苦心，天地可表！

贞观二十二年七月二十四日，大唐第一名相房玄龄与世长辞，享年七十岁！

在房玄龄的身后，他的儿子房遗直、房遗爱依旧承受着李唐王朝的恩宠，房遗爱更是迎娶了李世民的女儿高阳公主。然而恩泽再盛，也有尽时，永徽四年因为房遗爱与高阳公主的愚蠢举动导致了房玄龄一脉永久衰落，大唐名相房玄龄的光芒在身后数年之后便被子孙丧失殆尽，可惜，可叹！

四年之中，送别五位重臣，李世民的痛心难以言表。

经历了太多生离死别，经历了远征高句丽的失败，自觉老之将至的李世民更加珍惜自己的生命，换句话说，更加怕死了。此时的他比任何时候都想延续生命，如果可能的话，他想再活五百年！

尽管在年轻时他不止一次嘲笑过秦始皇，嘲笑过汉武帝，嘲笑他们妄想长生不老，竟然吃上了所谓的丹药，现在轮到了他自己，他同样不可救药地迷恋上了丹药。

事实上，从贞观二十年起，李世民就开始服用丹药，尽管外界并不知晓，但贞观二十一年正月高士廉去世时，长孙无忌的一句话道出了端倪。

长孙无忌为了阻止李世民到高士廉家里奔丧，说了这样一句话："陛下饵金石，于方不得临丧，奈何不为宗庙苍生自重！"

长孙无忌所说的"金石"，实际就是丹药，这说明，从贞观二十年起，李世民已经迷恋上丹药，而这种迷恋随着贞观二十二年一次意外的战争更加登峰造极！

一人灭一国

有唐一代，英雄辈出，传奇不断，名将如李靖、李世勣、薛仁贵、郭子仪、哥舒翰等，至今流传，文臣如房玄龄、杜如晦、长孙无忌、魏征等，至今电视屏幕上还有着关于他们的各种各样的桥段，他们都是青史留名的人物。

其实，在唐朝还有很多传奇，这些传奇只是由于主人身份相对卑微因而流传不广，事实上，这些传奇一样精彩，一样值得后世传诵！

下面要说的是一个有关李唐王朝走势的一个传奇，这个传奇的名字叫一人灭一国！

一人，王玄策，一国，中天竺！

王玄策，时任东宫左卫率长史（东宫卫队秘书长、正七品、处级），事发时正作为唐朝外交使团正使访问中天竺，正是这次看似平常的访问引发了这段传奇。

说起来，唐朝与中天竺发展外交关系还是由一个老熟人牵的线，这个人就是孙悟空的师父，唐僧！

当年，唐僧玄奘感慨于隋末战乱不断，生灵涂炭，在签证得不到批准的情况下就随着逃荒的难民偷渡出了国境，一路逶迤来到了中天竺。

当时的印度大陆，五国并立，分为东、西、南、北、中五个天竺，在唐朝武德年间，中天竺国王尸罗逸多发愤图强，常年征战不已，象不弛鞍，士不释甲，打得其余四个天竺满地找牙，齐齐臣服于他的脚下。

在中天竺国王尸罗逸多意满志得之际，从东土大唐来了一个骑白马的人，骑白马的不是王子，而是唐僧——玄奘！

不久，国王与唐僧有了一次会面，这次会面拉开了大唐与中天竺友好交流的序幕。

国王尸罗逸多问道："而国有圣人出，作《秦王破阵乐》，试为我言其为人。"玄奘回应道："皇帝神武，平定祸乱，四夷宾服。"

尸罗逸多听完，很是高兴，唐朝圣人居然与自己有这么多相似之处，值得交往，随即说道："我当东面朝之。"

贞观十五年，尸罗逸多自称摩伽陀王，遣使者上书。李世民命云骑尉梁怀璥持节尉抚，尸罗逸多惊问国人："自古亦有摩诃震旦使者至吾国乎？"皆曰："无有。"（当时他们称中国为摩诃震旦。）

尸罗逸多乃出迎，膜拜受诏书，戴之顶，复遣使者随入朝。

贞观十七年三月，李世民命卫尉丞李义表到中天竺报聘，也就是第一次正式友好访问。在这个访问团中，王玄策是访问团的副团长。这次访问取得了巨大的成功，大臣郊迎，倾都邑纵观，道上焚香，国王尸罗逸多率群臣东面受诏书，并且又向唐朝奉献了火珠、郁金、菩提树等珍贵土特产！

时间过得真快，转眼到了贞观二十二年，这一年王玄策已经升任东宫左卫率长史，这一年李世民命令王玄策组织访问团，王玄策任访问团团长，他们将对中天竺进行第二次友好访问。

在前往中天竺的路上，王玄策的脑海中还一直回想着第一次访问时的盛大场面，这一次会不会比上次更大呢？

王玄策期待的盛大场景终于来了，而且来得很突然！

在王玄策带领的三十二人使团一入境，他们就受到了中天竺士兵的热烈欢迎，来迎接王玄策的士兵总计有两千人，平均六十人迎接一个唐朝外交官，这么高的比例，这么大的场面，太讲究了！

然而，就在一瞬间，王玄策发现，前来欢迎士兵们的眼神不对，他们好像不是来迎接的，似乎是一场早有预谋的伏击！

没错，正是伏击，等的就是你！

此时的王玄策还不知道，其实在他们赶路前往中天竺时，中天竺国内已经发生了变故，对唐朝友好的国王尸罗逸多去世了，帝那伏帝（今印度比哈尔邦北部蒂鲁特）王阿罗那顺篡位成功。

篡位成功的阿罗那顺可能是一个智商不高的人，不知道王玄策不好惹，王玄策背后的唐朝更不好惹，冲动之下，他竟然派兵伏击了来中天竺进行友好访问的唐朝使节。

阿罗那顺为什么要打劫唐朝使节呢？可能是为了标榜自己与前任国王尸罗逸多不同，凡是他支持的，就是我反对的！另外一个原因可能是见财起意，因为当时王玄策这个访问使团同时押送着一些国家送给唐朝的贡品。

总之，稀里糊涂，王玄策与自己的副手蒋师仁就从中天竺的座上宾变成了阶下囚，而手下的随从要么被俘，要么战死。

牢狱之中的王玄策思前想后，怎么也咽不下这口气：堂堂唐朝使节居然遭遇羁押，太欺我大唐无人了，不给你们点颜色看看，你们真当大唐是病猫了！

当夜，趁着夜色掩护，王玄策与蒋师仁成功越狱，接下来他们要做的就是复仇！

复仇有两个选择，一是回长安搬兵，二是就近求援，王玄策选择了第二种。

王玄策策马沿印度大陆北上，渡过了甘地斯河和辛都斯坦平原，以喜马拉雅山脉为目标，一路来到了尼泊尔王国。他知道，在这里他将得到重要的援兵。

王玄策为什么选择到尼泊尔搬援兵呢？因为松赞干布！

当时松赞干布主政吐蕃，与唐朝和尼泊尔王国都保持着睦邻友好关系，松赞干布不仅迎娶了唐朝的文成公主，也迎娶了尼泊尔王国的公主，有松赞干布这样一个中间人在，唐朝与尼泊尔也算友好国家。

然而古往今来，借钱不易，借兵更难，单凭王玄策的三寸不烂之舌，尼泊尔凭什么借兵给你呢？

王玄策有自己的办法，他知道自己的面子不够，所以就抬出了松赞干布，以松赞干布的名义向尼泊尔的那陵提婆王借到了七千骑兵，同时向邻近边境的各部军府及近处各大唐藩属国发布征兵公告，又征来了两千余人。此时吐蕃国王松赞干布闻听王玄策借兵的消息，又派了一千二百人前来帮忙，三方兵力累计下来已经达到了一万余人。只要王玄策一声令下，这支多国部队就将直扑中

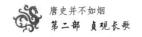

天竺复仇!

王玄策将这一万余人进行了整编,自己出任多国部队总管,蒋师仁出任先锋,一声令下,一万余人兵发中天竺茶镈和罗城,在这里他将与篡位的阿罗那顺决一死战。

此时王玄策手下一万余人,阿罗那顺精锐部队三万,战象部队七万,敌我军力比十比一。不仅如此,阿罗那顺本土作战,王玄策远道而来,连人带马都是借的,这仗能打吗?

这仗可以打,有得打!

为了激励队伍的士气,王玄策选择了背水而战,前面是敌军,后面是大河,进则殊死一搏,退则退无可退,是进是退,你们自己看着办!

在王玄策的激励下,置之死地而后生的多国部队向阿罗那顺的部队发起了猛烈冲击。这一战打了三天三夜,最终背水一战的多国部队大胜,杀死敌军数千、溺毙万余、俘虏一万多人。

首战告负,阿罗那顺并不气馁,在他手中依然有一张王牌,这就是战无不胜的战象部队,中天竺把其他四个天竺打得满地找牙靠的就是大象,现在大象依然可以把你们这些杂牌军打得满地找牙。

阿罗那顺亲率七万战象部队向王玄策部队压了上来,黑压压的大象群咄咄逼人压了上来,王玄策却不以为然,因为在他的心中早有退象妙计!

象群越来越近了,象腿越来越粗了,七万战象部队压了上来,不用打,踩也把人踩死了。

就在这关键的时刻,王玄策出招了,他一挥手,从不远处跑出了无数疯跑的牛,跑得火急火燎,屁股似乎被火烧了一样。

没错,这就是王玄策的火牛阵,战国时田单退敌就曾经用过,现在被王玄策照猫画虎用来对付战象部队!

在火牛的冲击下,七万战象部队很快溃不成军,王玄策驱军乘胜追击,斩首了三千余级,同时将大批逃兵往河里逼,在河中又淹死了上万人。这样一仗下来,七万战象部队几乎损失殆尽,阿罗那顺在印度大陆所向无敌的象兵就这样被王玄策击破。

到了这个时候,阿罗那顺的牌基本打光了,就剩一张牌——城墙。从此之后,阿罗那顺守城不出当起了缩头乌龟,你王玄策有能耐就打进来。

王玄策真不含糊，把唐军攻城用的手段全用上了，云梯，抛石车，火攻，没过多久，城破！

王玄策一路追击，阿罗那顺一路逃窜，逃到首都之后屁股还没坐热，王玄策又追了上来，没有办法，只能放弃首都，接着再跑。

如果阿罗那顺一门心思逃跑或许还有一条活路，然而这是一个不服输的人，一个爱折腾的人，在逃跑时他居然集中残兵败将向王玄策的多国部队发起了反扑，这一次他又赔了，而且连自己都搭了进去。

先锋蒋师仁先是将多国部队分兵几部，一部诱敌，其余几部伏击。诱敌的一部佯装不敌，将阿罗那顺引进伏击圈，然后回过头来与其余几部一起将阿罗那顺的部队包了饺子，生擒阿罗那顺之后，其余随从一律坑杀！

仗打到现在，中天竺已经奄奄一息，阿罗那顺的王后本来还拥兵数万，还想据险坚守乾陀卫江（印度河），然而人心已经散了，队伍不好带了。先锋蒋师仁趁势发起攻击，中天竺最后的军队全部崩溃，防无可防。

至此，王玄策率领的多国部队俘虏阿罗那顺的王后和太子，男女老少一万两千余人，各类牲畜三万头，城市和村庄五百八十余处，原本生猛叫嚣的中天竺就这样倒在王玄策的手下。

中天竺灭了，东天竺也危了，在中天竺与王玄策大军对抗时，东天竺曾经派出援军援助，现在王玄策将兵锋指向了东天竺。

事实证明，东天竺国王尸鸠摩很识时务，反应也很快，没等开打，先送来了牛马三万头犒劳大军，另外还有弓刀、宝璎珞，然后派使节可怜巴巴地看着王玄策："王将军，您看我们表现如何？"

算了，既往不咎，王玄策大度地挥了挥手，旁边的东天竺使节如释重负，长出了一口气。

不久，正七品东宫左卫率长史王玄策押着阿罗那顺回到了长安，并将这一战果通报给了李世民。这次通报让李世民喜出望外，太意外了，一个使节居然灭了一个国，强！

李世民说道："夫人耳目玩声色，口鼻耽臭味，此败德之原也。婆罗门不劫吾使者，宁至俘虏邪？"

这样，阿罗那顺就同颉利可汗阿史那咄苾一样成为被唐朝俘虏的敌国国王，在李世民身后，他们的石像被放到了李世民的墓前，象征着李世民一生的

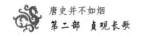

文治武功。

一人灭一国，这就是处级干部王玄策的传奇。然而由于他在中国境内并没有太大作为，所以他的传奇逐渐湮没于历史的烟尘之中，直到20世纪70年代，日本玄幻文学宗师田中芳树重新"发现"了他。

田中芳树在大学图书馆翻阅日本平凡社出版的《亚洲历史百科词典》，读到这位有着传奇经历的唐代使节的条目时，不禁惊呆了。十余年后，他决心将这段历史写成小说，又过了二十年，田中芳树的小说最终完稿，名字叫《天竺热风录》，在日本相当畅销！

田中芳树对王玄策是这样评价的："即使把他当成好莱坞具有华丽风格之冒险电影的主角，也丝毫不会缺失分量。"

其实，王玄策原本有机会在李唐王朝平步青云，贞观二十二年得胜回国之后，他就被李世民晋升为朝散大夫（从五品，副厅级），而更令王玄策扬扬自得的是，除了中天竺国王阿罗那顺，他还为李世民带来了另外一件礼物——天竺方士！

天竺方士

《旧唐书·太宗本纪》中有这样一段记载：贞观二十二年，使方士那罗迩娑婆寐于金飚门造延年之药。

那罗迩娑婆寐就是王玄策送给李世民的礼物，也是王玄策手中的最大筹码，如果这个天竺方士真的有他自己声称的那么神，那么作为推荐人的王玄策，未来前景不难想象。

说起来，天竺方士那罗迩娑婆寐也能吹，见了李世民之后就开始往自己脸上贴金。他平静地告诉李世民，自己已经二百岁了，而且有长生不老之术，他本人非常愿意为李世民服务，将自己的长生不老之术与李世民共享。

如果时光倒退二十年，李世民一定会抽那罗迩娑婆寐一顿大耳光，然后让他在自己眼前消失，然而时代不同了，李世民也不一样了，此时的李世民渴望延年益寿，渴望长生不老，他愿意相信世间有长生不老之药，所以他愿意为那罗迩娑婆寐提供机会，让他为自己制造延年之药。

就这样，李世民命那罗迩娑婆寐在金飚门炼制丹药，命刑部尚书崔敦礼作为此次炼丹工程的总负责人，其他相关部门予以高度配合。

从此，一切为了丹药，一切服务于丹药，为了采集原材料，李世民派出的使者遍布天下，他们的任务是到各地采集怪药异石，他们中最远的足迹遍布东西南北中五个天竺。

那罗迩娑婆寐的丹药配方不仅怪，而且采集起来难度很大。

有一种配方叫畔茶法水，《新唐书》是这样介绍的：

> 所谓畔茶法水者，出石臼中，有石象人守之，水有七种色，或热或冷，能销草木金铁，人手入辄烂，以橐它髑髅转注瓠中。

从描述来看，可能是硫酸硝酸一类的东西。

除此之外，还有一种配方，一种叫咀赖罗的树叶。

要采集这种树叶，可费劲了，这种树的树叶外形像梨，一般地方不长，专门长在穷山崖腹，平坦的地不长，专门往悬崖上长，采集难度比天山雪莲都难。长的地方险还不算，要命的是这种树的旁边一般都是毒蛇的洞穴，有毒蛇在洞里守着，人根本过不去。

爬又爬不到，上又上不去，可又必须采到，怎么办呢？

用方镞箭射！

不过用箭射也得碰运气，如果运气不好，刚把树叶射下来就被鸟叼走了，这时候你只能耐着性子再射，什么时候叶子飘到你手里了，什么时候才算完！

总之，那罗迩娑婆寐就是这样诡谲，灵不灵先不说，反正折腾死人不偿命！

那罗迩娑婆寐的丹药到底灵不灵呢？还是赵本山那句广告词：别看广告，看疗效！

第十九章　驾　崩

天不假年

　　时间走到贞观二十三年，李世民的身体再也挺不住了，他的生命进入了倒计时。

　　三月十七日，李世民带病前往显道门，宣布大赦天下，此举是为了显示天子的仁德，也是为了向上天乞求延年益寿，但李世民心中比谁都清楚，他剩下的日子已经不多了。

　　四月一日，夏日来临，一直怕热的李世民再次前往翠微宫，翠微宫他已经去过几次，不知道这一次会不会是最后一次。

　　到此时，李世民在乎的不再是自己的寿命，而是自己身后帝国的稳定。现在贞观一朝的重臣已经所剩不多，能用来托孤的文臣只有长孙无忌、褚遂良，武将呢？只有李世勣！

　　其实，到贞观二十三年，能征善战的武将还有三人，李世勣，李道宗，薛万彻，然而三人比较下来，只有李世勣最合适，其余二人身上都带有不同的符号。

　　李道宗，李世民的堂兄，同属李唐皇室，这样的大将用来征战可以，用来托孤必定不行。不要忘了，对皇权最大的威胁其实来自宗室，一旦李道宗受命托孤，尾大不掉，如之奈何？

薛万彻，李世民非常看重的名将，但是不要忘了，他毕竟曾经是李建成的属下，更何况此人脾气不好，有跋扈之势，贞观二十二年时更是被李世民贬黜出京，因此薛万彻也不能用来托孤。

三大名将排除了两个，剩下这一个只能是李世勣，尽管李世勣经历复杂，但是对皇室的忠心不容置疑。李世民唯一担心的是，太子李治太年轻了，而且对李世勣没有恩德，如何才能调动李世勣对李治效忠呢？想来想去，只能李世民自己当一次恶人了。

五月十五日，李世民下诏，同中书门下三品李世勣出任叠州（今甘肃省迭部县）都督，即日起程！

好好的，怎么就贬出京城了呢？这个任命让很多官员看不明白，然而李世民很明白，李世勣也很明白。接到任命的李世勣没作任何停留，连家都没有回，转身就踏上了前往叠州的路，以至于家属在家等他吃晚饭，等了半天一打听才知道，今天不回来了，去叠州了，什么时候回来，等通知！

在李世勣前往叠州的同时，李世民对李治说道："李世勣才智有余，然汝与之无恩，恐不能怀服。我今黜之，若其即行，俟我死，汝于后用为仆射，亲任之；若徘徊顾望，当杀之耳。"

原来，李世民给李世勣出的就是一道二选一的选择题，而这个二选一是需要悟性才能悟得出来，如果李世勣没有悟性，傻乎乎地回家告别，那么等待他的就是无情的诛杀。

李世勣是聪明的，他用他的毫不迟疑躲过了一场杀身之祸。他的火速上路实际就是向皇帝表明，无论什么命令，臣李世勣一律服从，不打折扣！李世勣明白，自己不过是李世民父子的一条狗，呼之即来，挥之即去！

至此，李世民对李世勣的恩宠就如同挂在墙上的画皮，昭然若揭。所谓皇帝恩宠，所谓君臣际遇，都不过是伪装，一切都是为了皇权的稳定，其余免谈。

打发走李世勣，李世民的日子也不多了，他要用剩下不多的日子跟长孙无忌和褚遂良好好交代一下，从此好儿子和好儿媳就全托付给这两位重臣了。

五月二十四日，李世民召见长孙无忌，用自己的手抚摩长孙无忌的脸。长孙无忌泪如雨下，李世民也哽咽得说不出话来，此时已经没有皇帝和大臣之分，这是两位老朋友的生离死别。这一次见面，两人都没有说话，相对无言，

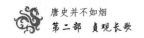
唯有泪千行！

两天之后，李世民再次召来了长孙无忌和褚遂良，这是他生命中的最后一天，他有很多话要讲。

李世民感伤地对长孙无忌、褚遂良说道："朕今悉以后事付公辈。太子仁孝，公辈所知，善辅导之！"

转过头来又对太子李治说道："无忌、遂良在，汝勿忧天下！"

最后又对褚遂良说道："无忌尽忠于我，我有天下，多其力也。我死，勿令谗人间之。"

太多话，已经来不及说，太多的牵挂，值得留下，然而天不假年，人毕竟不能与命争。

在李世民的脑海中不断闪现着以往的人生片断，晋阳起兵，进军长安，平定洛阳，玄武门政变，渭水盟誓，宗庙献俘，废立太子，远征高句丽，过去的片断不断在脑海中闪回，我这一辈子，我这一辈子！

无限江山，万望子孙能够主宰。

弥留之际的李世民是痛苦的，也是焦虑的，根据《旧唐书·李淳风传》记载，李世民曾经与李淳风有过这样一次谈话：

> 初，太宗之世有《秘记》云："唐三世之后，则女主武王代有天下。"太宗尝密召淳风以访其事。
>
> 李淳风曰："臣据象推算，其兆已成。然其人已生，在陛下宫内，从今不逾三十年，当有天下，诛杀唐氏子孙殆尽。"
>
> 李世民曰："疑似者尽杀之，如何？"
>
> 李淳风曰："天之所命，必无禳避之理。王者不死，多恐枉及无辜。且据上象，今已成，复在宫内，已是陛下眷属。更三十年，又当衰老，老则仁慈，虽受终易姓。其于陛下子孙，或不甚损。今若杀之，即当复生，少壮严毒，杀之立雠。若如此，即杀戮陛下子孙，必无遗类。"
>
> 太宗然，竟善其言而止。

如果这次对话是真的，那么弥留之际的李世民必定更加担心，三世之后就会有女主武王主宰天下，自己的子孙还会遭到屠戮，这将是多么可怕的局面。

如果这次对话是假的，那么弥留之际的李世民一样会担心，柔弱的李治能挑起江山社稷的重担吗？李唐王朝会延续多少年呢？李唐王朝以晋阳起兵开始，又会以什么样的方式结束呢？

一切都是天问，没有人能够回答。

贞观二十三年五月二十六日，李世民在交代完后事不久，与世长辞，享年五十二岁。三个月后，李治将李世民安葬于昭陵，奉上庙号：太宗！

纵观李世民的一生，他是一个好皇帝，却不是一个好人。

在他的治下，政治清明，法律公正，百姓安居乐业，军事卓有成效，向东、向西、向南、向北，版图都得到拓展，异族压迫中原政权的现象不再出现，唐朝得以以开放大国的形象展示在世人的面前。

然而，好皇帝并不等于好人，李世民这个好皇帝与好人永远画不上等号。

他残杀过兄弟，他逼迫过父亲，他霸占过弟媳，尽管在人生的最后几年他有过悔过，但一切都晚了，人生的劣迹与他的文治武功一起被载入史册，千古功过，只能任由后人评说。

如果以功绩和道德作为衡量皇帝的两把尺子，我们又该如何衡量李世民呢？

贞观二十三年，李世民五十二岁，如果李世民能够像房玄龄、李靖、萧瑀一样活到七十岁以上，或许武则天不会再有机会，或许李唐王朝的历史也会改写。

可惜，天不假年！

继　位

李世民已经去了，李治还没长大。

在李世民的身后，李治抱着长孙无忌的脖子痛哭不已，二十二年来他一直陪伴在李世民的身边，一下子失去了李世民这个靠山，他不知道以后的路该如何走。

冷静下来的长孙无忌擦干了眼泪，他知道现在不是痛哭的时候，尽管在李世民的治下国家稳定，但现在李世民已经故去，国家进入敏感时期，此时略有风吹草动就有可能影响国家稳定，当务之急就是李治赶紧继位。

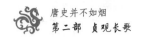
　　李治还在痛哭，长孙无忌意识到必须严厉起来，让这个还没有长大的外甥看到紧迫的形势，长孙无忌说道："主上以宗庙社稷付殿下，岂得效匹夫唯哭泣乎！"

　　看看，当皇帝多不容易，连爹死了都不能像一般人那样尽情哭。

　　李治止住了哭声，擦干了眼泪，一切听从舅舅长孙无忌的指挥。

　　为了不引起不必要的骚动，长孙无忌决定秘不发丧，对外封锁李世民已经驾崩的消息，请李治率军先回长安坐镇，他与褚遂良随后从翠微宫向长安进发。一路之上，皇帝的护卫仪仗一切照旧，只不过李世民已经由活人变成了灵柩。

　　五月二十八日，李治进入京城，长孙无忌护送李世民的灵柩随后入城，停放灵柩于两仪殿。

　　这时，除了极个别重臣，其他人依然不知道李世民驾崩的消息。长孙无忌遂用李世民的名义进行朝廷的布局，任命太子左庶子于志宁为侍中，太子少詹事张行成兼任侍中，代理刑部尚书、太子右庶子兼吏部侍郎高季辅兼任中书令。这三个人一直都是李治的左膀右臂，现在他们集体由东宫平移到朝堂之上。

　　任命发布之后，一切已经昭然若揭，若不是皇帝驾崩，太子宫的官员不会得到集体升迁，现在他们得到了升迁，那么就意味着皇帝已经驾崩了，只是没有宣布而已。

　　五月二十九日，长孙无忌对外公布皇帝驾崩的消息，同时宣读李世民的遗诏："太子即位。军国大事，不可停阙；平常细务，委之有司。诸王为都督、刺史者，并听奔丧，濮王泰不在来限。罢辽东之役及诸土木之功。"（可怜李泰，老爹死了连奔丧的权利都没有。）

　　六月一日，李治正式登基称帝。

　　无论愿意还是不愿意，李世民的时代结束了，李治的时代来了！

第二十章 整　肃

长孙无忌

贞观二十三年六月十日，李治任命长孙无忌为太尉，代理中书令，同时主持尚书省、中书省工作。如此一来，这三处机关都由长孙无忌一个人说了算，所谓三省分立，只不过是长孙无忌的左手与右手以及脚趾的关系，无论哪个部位说了算，都是长孙无忌说了算。

长孙无忌还是谦逊的，他诚惶诚恐地向外甥李治表示："陛下，您就别让我主持尚书省的工作了，我坚决辞让！"

其实，长孙无忌坚决辞让只是一个姿态，只是不想让群臣觉得他要独揽所有大权，把尚书省让出来可以堵住别人的嘴。

然而，李治现在太需要长孙无忌这个舅舅了，他需要舅舅把他扶上马，然后再送两程，所以他现在要拼命地往舅舅身上加工作。看到舅舅坚决辞让尚书省主持工作的大权，李治也不勉强，他又给舅舅加了个名头，这个名头一加，舅舅照样有宰相之实，同时又避免了风头太劲。

长孙无忌的新名头是以太尉同中书门下三品。

同中书门下三品，这是典型的中国式智慧，这个名头是什么意思呢？听我慢慢说来。

太尉是正一品，三公之一，品级高，但实际是闲职，没有实权，只是把人

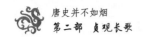
架上去而已，位高，权不重。

同中书门下三品，是指比照正三品的中书令和正三品的侍中，中书令和侍中都是实权，因此同中书门下三品就是把你当成中书令和侍中使用。用现在的话说，相当于先委任你为排名比较靠后的闲职副委员长，然后在实际使用中却当成有实权的部长使用。

同中书门下三品，对于唐代的官员而言是个重要的标签。有这个标签即视为你进入了宰相班子，没有这个标签，即使你是太尉或者是司徒，都是闲差，进不了宰相班子这个核心层。

在前面我曾经说过，唐代的宰相是委员制，群相制，宰相不是一个，而是一群，三省的首长，即中书令两人，侍中两人，尚书左仆射和尚书右仆射，这六个人就是宰相，没有宰相之名，但有宰相之实。除此之外，如果你的名头后有"同中书门下三品"或者"参与政事"的字样，那么恭喜你，你也宰相了。

李治让长孙无忌以太尉同中书门下三品，实际上还是把长孙无忌当成实质宰相使用，只是没有主持全面工作那么扎眼而已，其实最后的效果是一样的，以长孙无忌的资历和权势，在那一群宰相里，他不排名第一谁排名第一呢？尽管对外都宣称排名不分先后，实际上在中国的政治体系里，只要有两个人存在就一定会有排名，两个科员，一定会有主任科员与一般科员的区别，两个副主任，也一定会有主持工作副主任和一般副主任的区别，这就是中国式的智慧。

无论是主持尚书省工作也好，还是以太尉同中书门下三品也罢，奋斗了几十年，长孙无忌终于得到了他想要的东西：六年前，他力排众议力挺李治当太子，为的就是这一天。

在读李承乾和李泰争储这段历史时，其实很多人都有疑惑，为什么长孙无忌最后会力挺李治，而对于李泰，就跟没有这个亲外甥一样，难道李泰一直没有做过长孙无忌的工作？

实际上，李泰不傻，他很精，他一定做过长孙无忌的工作，只是工作没有做通，最终没能把长孙无忌拉到自己的阵营。

不是李泰的工作力度不大，也不是长孙无忌无动于衷，而是长孙无忌需要的，李泰根本给不了。试想贞观年间的长孙无忌一直是李世民身边的红人，比房玄龄还红，一人之下，万人之上，到这个时候他需要的是什么呢？是更进一步！

更进一步，只能是皇帝，但经历以及操守决定，长孙无忌不会篡位，那么不篡位又怎么能获得皇帝一般的权力呢？那就是摄政，代皇帝行使权力。

要想摄政，皇帝本人年龄不能太大，像李泰这样年龄的选手第一时间就被淘汰了，而十五岁的李治就是不错的选择。

李治任命长孙无忌为太尉，代理中书令，主持门下省，同时以太尉同中书门下三品，三大权力机关都处于长孙无忌的掌控之下，如此一来，不是摄政又是什么呢？

没有摄政之名，大行摄政之实。

没有比这更好的结果，没有比这更好的时代，此时的长孙无忌有些沉醉了，沉醉于自己六年前那场惊天布局，在妹夫李世民面前红透二十三年不倒，现在这个纪录又将在外甥面前延续。

或许长孙无忌会说：我喜欢红，这是我的味道！

公元 650 年，李治改元永徽，甥舅联手昂首走进新时代。

高 阳 公 主

永徽元年，李治新时代的开始。

坦白地说，李治这个皇帝挺悲哀的，整个皇帝生涯，真正属于他自己的时间并不多。在他皇帝生涯的前期，其实主政最多的是他的舅舅长孙无忌；在他皇帝生涯的中期，他那野心勃勃的皇后已经迅速崛起与他并称"二圣"；在他皇帝生涯的晚期，皇后的力量似乎已经悄悄占据了上风，只不过隔着一层窗户纸，谁也没有去捅破而已。

请问，李治先生，你什么时候自己承包一段，自己说了算呢？

或许你会说："这个，真没有！"

玩笑开过之后，还是来说说李治新时代的初期，这个时代可以称作长孙无忌的时代，为长孙无忌时代作最好注解的是那一场惊天动地的疑似谋反。

这场疑似谋反的引子是一位公主，高阳公主。

高阳公主，李世民的爱女之一，她还有另外两个身份，房玄龄的二儿媳，房遗爱的妻子，深受李世民宠爱的她正是李世民指定下嫁到房家。忙于叩头谢

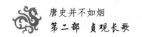
恩的房玄龄怎会想到,这位皇帝的爱女不但不是家族的祥瑞,而是房家的定时炸弹。

皇帝的女儿不愁嫁,皇帝的女儿更不好惹,身受恩宠的高阳公主,性格刁蛮,骄横跋扈,房家上下都忌惮三分,他们知道娶进门的这位不是儿媳,而是女大爷,得罪不得。

对于这位女大爷,房家能忍就忍,能退就退,房玄龄的长子房遗直更是不轻易招惹这位弟媳,对付她的招数就是不断退让,直到退无可退。贞观年间,房遗直以嫡长子身份受拜银青光禄大夫,这是李世民给房玄龄的恩宠,指定由一个儿子接受这个官职,房遗直因为是嫡长子就得到了这份恩宠。

然而得到这份恩宠之后,房遗直却浑身都不自在,他知道自己那个刁蛮弟媳正在背后恶狠狠地盯着他,不禁脊背有些发凉。算了吧,都是人家的东西,还是让出去吧,让给遗爱,她总没话说了吧!

高阳公主没话说了,李世民却不答应了,自古以来恩宠均由嫡长子继承,朕的女儿也不能坏了这个规矩,不准!

在李世民的主持下,高阳公主终究没能把这份恩宠抢到手,不过她并不罢休,她一直在等待机会。

贞观二十二年,老公公房玄龄去世了,高阳公主又闹出了幺蛾子:分家!

在古代讲究的是祖孙同堂,几代不分家,要的就是一大家其乐融融的效果,尽管家庭内部也会龃龉不断,但能不分家就不分家,这个观念根深蒂固,甚至于在我出生几年后已经进入了 20 世纪 80 年代,我的爷爷还苦口婆心教导我的父辈,打死也不愿意分家,由此可见中国人的大家庭观念多么根深蒂固。

在高阳公主的撺掇下,房遗爱跟老大房遗直提出了分家,分财产,然而房遗直抱定房玄龄的嘱托:不分!

房遗直的坚决触怒了原本就不省油的高阳公主,女大爷决定,要折腾就折腾到底,马上指使房遗爱向李世民参了一本,狠狠地告了房遗直的刁状。

清官难断家务事,李世民念在房玄龄的面子上还是过问了这件事。一过问不要紧,这些龃龉事居然都是自己那位宝贝女儿折腾出来的,这个高阳,太不省油了。

在李世民的安抚下,分家事件暂时告一段落,并不是高阳公主彻底放弃了,而是暂且搁置,留待以后再议!

然而，折腾的人永远是折腾的，李世民的宝贝女儿高阳公主用自己的事实证明，她就是一台永动机，生命不息，折腾不止！

发黄的历史书证明，这是一个折腾的公主，一个不守妇道的公主，她与后来的太平公主一起营造了"唐朝公主都不太守妇道"的现象。事实上，守妇道的是大多数，不守妇道的只是高阳公主为代表的一小撮。

与高阳公主传出绯闻的是一个和尚，辩机！

堂堂大唐公主，居然与和尚私通，这也太有失身份了吧！

其实，也不算失身份，因为辩机不是一般的和尚，他是名和尚，他本人可能不太出名，但他的三个师兄都很有名，他的师父兼老板也很有名，他的三个师兄分别是孙悟空、猪八戒、沙和尚，他的师父就是唐僧——玄奘，不同的是，三个师兄都是吴承恩演绎的，辩机则是货真价实的。

贞观十九年，玄奘从天竺回到了长安，随身带回了大批原文佛经，辩机就是在这个时候走近了玄奘。玄奘在长安弘福寺首开译场之时，辩机便以谙解大小乘经论、为时辈所推的资格，被选入玄奘译场，成为九名缀文大德之一。这一年辩机二十六岁。

在玄奘的指导下，辩机编撰了流传至今的一本著作《大唐西域记》，这本著作至今仍是研究唐代无法绕过的著作，记述了玄奘游历西域和印度途中所经国家和城邑的见闻，范围广泛，材料丰富，除了大量关于佛教圣迹和神话传说的记载外，还有许多关于各地政治、历史、地理、物产、民族、风尚的资料。此书问世之后，影响极大，至今还在再版发行！

辩机不仅有才，而且有貌，据他在《大唐西域记》卷末的《记赞》中叙述，他少怀高蹈之节，容貌俊秀英飒，器宇不凡，或许这正是他吸引高阳公主的原因。

高阳公主与辩机和尚是如何相识的呢？

那是一场浪漫的野外偶遇。

那一天，高阳公主与房遗爱外出打猎，巧合的是，他们打猎的地方正好是辩机和尚的封地，在这块封地上，辩机还盖起了一处草庐，自称庐主。就是在辩机的草庐内，高阳公主第一次见到了辩机，一下子被气度不凡的辩机吸引住了，芳心为之一震。

一番攀谈之后，高阳公主深深喜欢上这个有文化的和尚，在用罢午餐告别

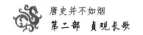

时，她不断回望着辩机，她知道，他们两人之间会有故事发生。

接下来就是男女之间的俗套，高阳公主与辩机迅速坠入爱河不能自拔，而房遗爱明明看到自己头上的帽子变色，却无可奈何，只能暗自叹息。好在高阳公主也是个讲究人，随后自己出钱买了两个美女送给房遗爱，以慰藉房遗爱失落的心，"没事，我偷一个，我让你偷两个！"

然而纸是包不住火的，除非是灯笼纸。

现在灯笼纸也包不住了，辩机和高阳公主的绯闻还是传了出来。

绯闻的源头其实不是别人，正是辩机和尚本人，他大义凛然地说出这段绯闻不是为了吸引眼球，而是为了保命。

说起来，辩机身陷囹圄还是因为一场突如其来的盗窃案。这场盗窃案不知什么原因查到了辩机的卧房之内，辩机原本跟这场盗窃案没有任何关系，然而等捕盗的官员们搜查完卧房之后，事大了！

在辩机的卧房内没有搜到这次盗窃案的赃物，却搜出了比赃物更惊人的物件：皇家御用珠宝、御用枕头。莫非这是一个专门行窃大内的江洋大盗？

为了保命，辩机和尚开始为自己辩护，不是偷的，是高阳公主赏的！

高阳公主赏的？你一个和尚，为什么呢？

绯闻自此论斤称！

没有人比李世民更尴尬，也没有人比李世民更愤怒，一声令下，斩辩机和尚外带高阳公主十余名侍女，谁让你们知情不报！

情人死了，老爹下的手，从此高阳公主对李世民充满了怨恨。即使李世民去世，她也没掉一滴眼泪，因为在她心里，情人比爹重要。

李世民走了，能管束高阳公主的人已经不存在了，不安分的高阳公主又闹腾了起来，还是老话题：分家！

房家分家的话题再次闹到了皇帝面前，而且兄弟俩相互控告，此时皇帝已经由年老的李世民换成了年轻的李治，年老的李世民还可以包容，李治却不想包容。李治将房老大和房老二各打五十大板，老大房遗直贬出京城出任隰州（今山西省隰县）刺史，老二房遗爱出任房州（今湖北省房县）刺史，要闹到外地闹，总之别在长安城里闹。

房遗爱的分家闹剧就此暂告一个段落，但这并不是最终结果。在将来的某一天，房遗爱和他的妻子高阳公主还会旧话重提，他们势将分家进行到底。

其实，在闹分家的同时，高阳公主一直也没有闲着，在偷情这条第二战线上，她也是很有收获的。

告别辩机和尚之后，高阳公主又迎来了新宠，这些新宠各有各的特长，智勖和尚能迎占祸福，惠弘和尚能视鬼，道士李晃医术高明，这三个情夫组合简直是绝配，他们一起努力让高阳公主的绯闻漫天飞扬。

除此之外，在政治上，高阳公主也没闲着，居然安排掖廷令（皇宫监狱官）陈玄运监视皇宫动态，随时向自己汇报。

她究竟要做什么？或许连她自己都不知道。她只知道，父皇李世民对她不好，兄弟李治对她也不好，小小的分家要求他们都不满足，老皇帝小气，小皇帝更小气！

如果换别人当皇帝是不是会好一点呢？这样的念头在高阳公主脑海中一闪而过，她自己没有在意，也没有坚持。

背后无眼，此时的高阳公主并不知道，她的一举一动其实都有人在意，而且很在意，这个人不会允许任何人影响目前的政局，因为这是他的时代。

是你，长孙舅舅？

薛 万 彻

贞观年间，李世民曾经对三大名将进行了品评，李世民是这样说的："当今名将，唯李勣、道宗、万彻三人而已。李勣、道宗不能大胜，亦不大败；万彻非大胜，即大败。"

现在，李世民驾崩了，三大名将迎来了李治的时代，与当年的并驾齐驱不同，如今三人境遇，天壤之别。

李世勣，尚书左仆射，开府仪同三司（从一品），同中书门下三品，国之重臣；

李道宗，太常卿（祭祀部长），永徽元年加授特进（散官，正二品），闲人一个；

薛万彻，贞观二十二年除名流放象州（今广西象州县），永徽二年，授宁州（今甘肃省宁县）刺史，衰人一个。

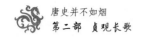

说起来，薛万彻这个人跟侯君集一样，城府不深，话太多。

薛万彻一生之祸的起源来自贞观二十二年那场远征高句丽之战。这场远征相比于贞观十九年李世民的御驾亲征算一场小规模战役，但对于薛万彻而言却是一场大战。

这次大战，他出任青丘道行军大总管，率甲士三万自莱州泛海讨伐高句丽，沿着鸭绿江逆流而上行进百余里，抵达泊灼城（今辽宁省丹东市东北）。泊灼城附近的守军看到唐军的架势纷纷弃城而逃，只剩下不知死活的泊灼城主所夫孙孤军奋战。

所夫孙率领步骑万余人挑战薛万彻，以为凭借这一万多人就可以把薛万彻赶回去，没想到被赶回去的却是他自己。薛万彻派右卫将军裴行方率领一支部队与所夫孙正面接战，他自己则率军绕到了所夫孙的侧面，两军同时攻击，所夫孙扛不住了，所部溃散大半，所夫孙疯狂逃窜一百余里。就在所夫孙以为自己安全的同时，薛万彻又追了上来，这下所夫孙跑不了了，身子不再听头的话，薛万彻帮他把头搬了家。

薛万彻趁势进兵围攻泊灼城，然而泊灼城因山设险，城外还有鸭绿江做天然阻隔，攻打数天，泊灼城依然固若金汤。此时，高句丽的援军到了，浩浩荡荡，三万余人，兵分两路向薛万彻进攻。狠人薛万彻随即应对，兵分两路退敌，刀锋闪闪向高句丽援军逼近。可能是以前被唐军打怕了胆，前来援助的三万高句丽军队刚跟薛万彻接触就迅速崩溃，四散逃命而去，薛万彻虽然没能拔下泊灼城，但两战大胜也算大功一件。

然而，薛万彻这个人跟侯君集一样，管得住自己的手却管不住自己的嘴。薛万彻最大的问题是话太多，说话太随便，在军中仗气凌物，口无遮拦，侮辱同僚，辱骂属下是家常便饭，心情不好的时候还发发牢骚，骂骂领导。

事实证明，这个不良习惯害了他一辈子。

从高句丽班师回朝，他人未到，弹劾他的奏疏先到。为了表示对他的恩宠，李世民第一次放过了他，说道："上书者论卿与诸将不协，朕录功弃过，不罪卿也。"随后李世民取过那封奏疏，当着薛万彻的面烧掉了。（跟曹操学的！）

奏疏表面虽然烧掉了，但还留在李世民的心里，忍而不发，不是不发，只是等待时机。

不久，薛万彻的副手、青丘道副总管裴行方又将弹劾薛万彻的奏疏放到了李世民的面前，弹劾薛万彻对皇上有怨气，这一次薛万彻躲不掉了。

薛万彻与裴行方当廷对质，裴行方有理有据，薛万彻理屈词穷，惭愧地低下了头。这时如果有人出来捞薛万彻一把，薛万彻还有得救，会有人站出来吗？

同为名将的李世勣站了出来。李兄，有劳你了，薛万彻在心中暗暗地说。

李世勣清了清嗓子，说道："万彻职乃将军，亲惟主婿，发言怨望，罪不容诛。"

啊，你是来落井下石的！

在李世勣的石头下，薛万彻困顿到了极点，最后李世民念及他曾经有功，再者也是自己的女婿，法外开恩，免除薛万彻所有官职，开除出干部队伍，流放象州（今广西象州县）。

往前倒退八年，名将侯君集灭国高昌却遭下狱；八年后，名将薛万彻大胜高句丽横遭流放。幸福的名将各有各的幸福，而不幸的名将，悲剧却一脉相承。

从此，薛万彻走上了与侯君集相同的道路，郁郁寡欢，牢骚满腹，而那些牢骚之言，最终酿成了他的悲剧。

永徽三年，时任宁州州长的薛万彻回京朝见，在见过李治之后，他又见到了一个老熟人，房遗爱。

论起来，薛万彻与房遗爱还是连襟，他们娶的都是李世民的女儿，再者薛万彻与房玄龄长期同朝为官，两家还是有一些交情。现在薛万彻与房遗爱更是有谈不完的话，他们都被贬出京城，同是天涯沦落人。

尽管已经被贬三年，薛万彻还是排解不了心中的怨气，对着房遗爱说道："我虽然现在脚有毛病，留在京城，我看谁还敢动我！"（今虽患脚，坐置京师，诸辈犹不敢动。）

房遗爱静静地听着，频频点头，他同样被郁闷的日子压抑得有些透不过气。

接下来两人又进行了密谈，具体谈了些什么，没有人知道，事后，他们两人对这次谈话有着两种截然不同的解释。

《资治通鉴》是这样记载的：

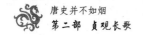

万彻因与遗爱谋："若国家有变，当奉司徒荆王元景为主。"

而《旧唐书》则是这样记载的：

遗爱谓万彻曰："公若国家有变，我当与公立荆王元景为主。"及谋泄，吏逮之，万彻不之伏，遗爱证之，遂伏诛。

从两书的记载来看，两人的谈话可能涉及"国家有变"，房遗爱对此供认不讳，薛万彻则矢口否认，这又是一次天知地知的谈话，至于究竟有没有，究竟谈没谈，天知道！

关　联

高阳公主、房遗爱、薛万彻、李元景，这些人都进入了永徽四年长孙无忌拟定的谋反名单，这些人有一个共同的特点，都是皇亲国戚。

是的，打的就是你，皇亲国戚！

荆王李元景是如何卷入谋反旋涡的呢？与房遗爱交往过密。

荆王李元景是高祖李渊的第六子，在李世民驾崩之后，他就成了李渊在世皇子中最大的一个。

李元景的履历大体是这样的：

武德三年，封为赵王；

武德八年，授安州都督；

贞观初，历迁雍州牧、右骁卫大将军；

贞观十年，徙封荆王，授荆州都督；

贞观十一年，定制元景等为世代传袭刺史；

后李世民废除刺史世袭之制，转任鄜州刺史；

高宗李治即位，进位司徒。

李元景之所以进位司徒，其实只不过是李治和长孙无忌笼络人心之举，让如此老资格的第一代皇子列三公，为的就是给李治筑起挡风的墙，所以李元景这个司徒说到底是个摆设，位高，权不重。

值得一提的是，此时位列三公的其实还有一个熟人，这个人就是吴王李恪。同李元景一样，李恪在李承乾去世之后也成为同辈中最大的皇子，李治在继位之后也把吴王李恪抬了出来，让他出任司空。

如此一来，三公位置都满了，太尉长孙无忌，司徒李元景，司空李恪，看似都是位列三公，但明眼人都知道，太尉是掌权的，李元景和李恪则是负责鼓掌的。

老资格皇子李元景会有不臣之心吗？我很怀疑。

武德九年六月，李世民玄武门兵变时，他还是小孩，未必有什么印象，进入贞观年间，李世民前后统治了二十三年，而荆王李元景也当了二十三年大臣，现在进入了侄子李治统治的时代，难道他在此时动了心思？可能会，也可能不会。

其实李元景最终被卷入谋反旋涡，主要还是因为与房遗爱有交往，他俩之间有什么渊源呢？

他俩是拐着弯的亲戚。

李元景的女儿嫁给了房遗爱的弟弟房遗则，从这个角度论，房遗爱应该叫李元景一声"遗则他岳父"；同时房遗爱又是李世民的驸马，从这个角度论，他应该叫李元景叔叔，无论从哪个角度论，李元景叔叔的辈分是跑不了了。

有叔叔的辈分，再加上亲上加亲，李元景与房遗爱的关系非常好，他们虽然差着辈分，但年龄很有可能相仿，因此无话不谈。

最终李元景倒霉就倒霉在与房遗爱无话不谈上。

李元景曾经做过一个梦，梦见自己一手握着太阳，一手握着月亮，这个梦代表着什么呢？莫非代表着更大的富贵？又是太阳，又是月亮的！

李元景把这个梦告诉了房遗爱，而房遗爱就把这个梦记在了心里，在随后的某一天，已经深陷大狱的房遗爱又把这个梦告诉了长孙无忌，于是就成了众所周知的秘密。

梦可以随便做，梦话却不能随便说，李元景，与君共勉！

其实，在李元景之外还有一个人与房遗爱有关联，这个人就是父子两代驸马的柴令武。

柴令武的父亲是柴绍，柴绍娶的是高祖李渊的女儿平阳公主，柴令武娶的则是太宗李世民的女儿巴陵公主，从优生学来看，柴令武是不懂优生学的，转着圈近亲结婚。

从血缘上看，柴令武的母亲平阳公主很可能与李世民是同父同母的亲兄

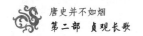

妹，李世民是柴令武的亲舅舅，现在柴令武又娶了亲舅舅的女儿，这是典型的表兄妹结婚，如假包换的近亲！

不过在中国古代近亲结婚是允许的，而且传为美谈，美其名曰：亲上加亲。最离奇的是刘邦的儿子汉惠帝刘盈，本着肥水不流外人田的原则，吕后把刘盈的皇后指标内部消化，指定刘盈的亲外甥女张嫣出任刘盈的皇后，而刘盈与张嫣小姐的母亲是如假包换的同父同母姐弟。

说完近亲，接着来说驸马柴令武。

柴令武与房遗爱娶的都是公主，而且两家的家长都曾经是李世民的左膀右臂，用现在的话说，他俩都是高干子弟。这两个高干子弟以前曾经一起效力于魏王李泰的帐下，李泰倒了，树倒猢狲散，而柴令武和房遗爱的友情还是没有变，一有时间他们还是愿意凑到一起。

永徽三年，柴令武出任卫州（今河南省卫辉市）刺史，然而他却假托巴陵公主有病，滞留长安不出，整天与房遗爱厮混在一起。

房遗爱，薛万彻，李元景，柴令武，三个驸马，一个老牌皇子，经过房遗爱的串联，四个人裹胁到了一起，四个人组成了不挂牌子的贵族俱乐部，而这个贵族俱乐部将走向何方，旋涡中的他们并不知道！

祸　起

倒霉孩子房遗爱，不省油的灯高阳公主，两个活宝叠加到一起，房家的好日子到头了！

虽然李治继位之初已经把房老大和房老二各打五十大板，但还是遏制不住房家骚动的心。这次发难的又是房遗爱的妻子高阳公主，她盯着房遗直的爵位红了眼。

凭什么房玄龄老爷子的爵位就由他老大继承呢？那爵位是我们家赏的，理应由我们家的女婿继承，他房遗直算哪根葱呢？

高阳公主直接调整了闹腾目标，不闹分家了，直接闹爵位，而且一闹就要闹个天翻地覆！

她说到做到，果真闹得天翻地覆，然而事情一旦发生，就脱离了她所能控制的轨道，无论是她自己，还是房家上下，他们都已经无法收场！

高阳公主命人上书李治："房遗直无礼，企图施暴！"

玩笑开大了！

面对高阳公主的指证，房遗直急红了眼，如果罪名属实，这可是死罪。房遗直马上反戈一击，指证高阳公主以及房遗爱图谋不轨，说道："罪盈恶稔，恐累臣私门。"

房家上空的炸弹炸了！

房家的私事摆到了皇帝的面前，也就是摆到了长孙无忌面前，长孙无忌等这个机会已经等了很久，现在蛋终于有缝了，这只叫作长孙无忌的嗜血苍蝇迅速扑了上来。兄弟阋墙的房家兄弟怎么也不会想到，一场家庭纷争居然引起了大唐王朝的惊天骇浪，长孙无忌竟然将这场家庭纠纷进一步放大，然后一竹竿打翻了一船人！

经过长孙无忌"调查"，高阳公主、房遗爱企图谋反，证据确凿，罪无可赦！

顺着房遗爱这根藤，长孙无忌顺利地摸出了瓜：

薛万彻与房遗爱交际，图谋不轨；

李元景与房遗爱交好，图谋不轨；

柴令武、巴陵公主与房遗爱交好，图谋不轨！

至此，房遗爱贵族俱乐部的主要成员已经一网打尽，成果明显，该收网了吧！

不，长孙无忌还要摸一颗大瓜，这颗瓜比这几个更大，更有效果，把他摸出来，长孙无忌就可以高枕无忧了，一定要把这颗瓜摸出来，而且要顺着藤合情合理地摸出来。

这颗瓜就是司空、吴王李恪，两人在贞观十七年立储事件上结下了仇，这辈子解不开。

虽然长孙无忌让李治晋升李恪为司空，位列三公，但在骨子里，他从来没有把李恪当成自己的外甥，更没有把他当成自己人，他们两个就是两条永远不会相交的平行线，永远平行对峙，不可调和。

现在房遗爱这根藤是现成的，能不能摸到李恪这颗瓜，只需要长孙无忌动动手指。

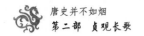
长孙无忌并没有露骨地让房遗爱指证李恪,他只是很平淡地向房遗爱传递了两个人的名字:纥干承基,李恪。

纥干承基就是指证李承乾谋反的原东宫勇士,他在被捕之后做了污点证人,结果李承乾阵营纷纷落马,而他却因为举报及时,不但免死,还升任祐川府折冲都尉,封平棘县公。

现在长孙无忌把纥干承基和李恪联系到一起,房遗爱,你明白了吗?

"司空、吴王李恪与罪臣一起谋反!"房遗爱说出了长孙无忌想要的话。他想明白了,他要牢牢抓住吴王李恪这根稻草。

有些稻草是救命的,有些稻草其实是要命的,房遗爱抓住的哪根呢?

扩　大

压垮骆驼的往往是最后一根稻草,现在长孙无忌把这根稻草放到了吴王李恪身上,然后再从容地扣上谋反的铁帽子。古往今来,无论曾经多么尊贵,曾经多么显赫,一旦沾上了谋反的边,处死正常,不处死才是反常。

"谋反"在长孙无忌手里就是一个筐,哪里需要哪里装,这个筐装进了薛万彻,装进了柴令武,又顺藤摸瓜装进了李恪,现在该是把谋反的源头房遗爱装进去的时候了。

从最终的结果看,房玄龄和长孙无忌虽然同朝为官二十余年,他们共同辅佐李世民。长孙无忌可以与李世民穿一条裤子,房玄龄可以与李世民穿一条裤子,而长孙无忌与房玄龄不会穿同一条裤子。

他们是同事,他们不可能成为朋友;他们是同僚,因此注定他们是对手,是冤家!

房遗爱不会想到,长孙舅舅最终还是骗了他,让他白白冤枉了吴王李恪,而他自己终究没能跳出谋反的旋涡。其实他没有想明白,无论是薛万彻,还是李元景,亦或柴令武,都是顺着他这根藤摸出的瓜,如果放过了他这根藤,单单处理那三颗瓜,可能吗?

皮之不存,毛将焉附,藤都过关了,瓜怎么办?难道让长孙大人白忙活一场?不可能!

永徽四年二月二日，李治下诏：房遗爱、薛万彻、柴令武皆斩，李元景、李恪、高阳公主、巴陵公主并赐自尽。三个驸马是外人，斩，剩下的都是自己人，留点面子，自尽！

至此，由房家家事升级而来的谋反大案有了初步结果，三驸马斩首，两公主自尽，司徒和司空相约而去。三公位置再次产生空缺，只剩下太尉长孙无忌一人唱独角戏，他会感到寂寞吗？

在生命的最后时刻，房遗爱只能痛骂自己愚蠢，在最后时刻还上了长孙无忌的当，人家明明已经挖好了一个坑，而你，还义无反顾地跳了下去，长孙舅舅，你好毒！

柴令武，多的也不用说了，怪只怪交友不慎，交了房遗爱这个不谨慎的人。

名将薛万彻，做梦也不会想到是这样的结局，仅仅因为话多，仅仅因为牢骚满腹，难道就应该有这样的结局？

薛万彻蒙难，说到底是因为他不是长孙无忌的自己人。他或许把长孙无忌当成了自己人，而长孙无忌从来没有把他当成自己人。不要忘了，你薛万彻原本是李建成的属下，长孙无忌，秦王属下，你们原本就是两个山头的人！

最后时刻，薛万彻大声喊道："薛万彻大健儿，留为国家效死力，岂不佳，乃坐房遗爱杀之乎！"

随后薛万彻解开衣服冲着刽子手指指自己的脖子，平淡地说道："来吧，爽快点！"

刽子手战战兢兢地冲着薛万彻砍下了第一刀，没有致命，薛万彻用尽力气大声喝道："何不加力！"刽子手壮着胆子连续狠砍了三刀，一代名将薛万彻，气绝，身死。

三位驸马伏诛之后，四位皇室自己人也走到了生命的尽头，高阳公主、巴陵公主、司徒李元景都没有留下只言片语，只有司空李恪大声地在天地间种下了自己的诅咒："长孙无忌窃弄威权，构害良善，宗社有灵，当族灭不久！"

一个诅咒生效期有多久，长孙无忌的经历表明，六年！

尾 声

处斩的处斩，自杀的自杀，长孙无忌亲自"侦破"的谋反大案已经进入尾声，几乎所有的人都以为谋反大案已经尘埃落定，而长孙无忌却摇摇头："不急，还有点尾巴！"

一天后，李治下诏：侍中兼太子詹事宇文节，特进、太常卿江夏王李道宗，左骁卫大将军驸马都尉执失思力并坐与房遗爱交通，流放岭表。

宇文节与房遗爱亲善，在房遗爱下狱期间，企图帮房遗爱脱险，碍了长孙无忌的眼。

江夏王李道宗素与长孙无忌、褚遂良不和，借此机会，一并流放象州。不过长孙无忌的阴谋并没有得逞，李道宗最终没有去象州，而是在去象州的路上病逝了，一代名将以这样的一种方式向政敌示威：不服，死也不服！

执失思力，也不是长孙无忌的自己人，一并扫除。

二月六日，新的打击名单又出炉了。

李恪之母杨妃（隋炀帝杨广之女）与李恪同母弟蜀王李愔一起贬为庶人，于巴州（今四川省巴中市）安置；

房遗直由银青光禄大夫（从三品，副部级）贬为春州（今广东省阳春市）铜陵尉（从九品，副股级）；

薛万彻之弟薛万备流放交州（去越南落户）；

撤除房玄龄配享李世民香火祭祀的牌位。

至此，长孙无忌的清算宣告结束，这次清算的名单很长，涉及的人很多：

司空吴王李恪

司徒、荆王李元景

宁州刺史薛万彻

房州刺史房遗爱

卫州刺史柴令武

高阳公主

巴陵公主

侍中宇文节

　　江夏王李道宗

　　左骁卫大将军执失思力

　　李恪之母杨妃

　　蜀王李愔

　　银青光禄大夫房遗直

　　薛万彻之弟薛万备

　　已故司空房玄龄

一竿子打落一船人！

经过长孙无忌的整肃，再加上之前李承乾和李泰争储时的牵连，贞观一朝名臣之后被打得七零八落，曾经的名门已经呈现出衰败之势。

房玄龄，杜如晦，柴绍，魏征，薛万彻，李道宗，这些贞观一朝的重臣后人都没有留住家族曾经的荣耀，这些家族在初唐荣耀一时，却在他们身后迅速衰落。

君子之泽，三世而斩！

整个世界安静了，长孙无忌的眼前也清净了许多，自己兢兢业业近三十年，为的不就是随心所欲、不受掣肘？现在终于实现了。所谓的司徒、司空不过是被自己挥挥手，弹指而去；所谓的三大名将，也在自己的谈笑间去掉两个，只剩李勣一棵独苗，还有比这更好的结果吗？

长孙无忌抬起头，望着远方的天空，天空那么蓝，那么高，似乎正在等待自己的翱翔。未来的日子，我一定辅佐外甥李治继续贞观一朝开创的局面，他会是千古名君，而我也将是千古留名的辅臣。

在长孙无忌眺望远方的同时，他并有注意到，其实还有两双眼睛在注视着他，一双来自侧面，一双来自他的背后。

来自侧面的就是他的外甥李治，在过去的四年中，他已经接受了作为一个皇帝所需的历练，他的年龄已经从即位时的二十二岁攀升到了二十六岁，曾经懵懂、涉世未深的毛头小伙，已经历练成胸有城府的青年，他已经慢慢地长大了，这一点他知道，而他的舅舅似乎并不知道。

永徽五年七月，有小鸟如雀，生大鸟如鸠于万年宫皇帝旧宅，这一切会意味着什么呢？

请看下部《武后当国》。